高职高专"十三五"国际贸易专业（含金融方向）系列规划教材

国际货运代理

GUOJIHUOYUNDAILI

（第二版）

主 编　向吉英

副主编　吴文英　赵　阔

西安交通大学出版社
XI'AN JIAOTONG UNIVERSITY PRESS

内 容 提 要

    本书分为八章，包括国际货运代理概述、国际海运班轮货运代理、国际海运租船货运代理、提单与提单业务、国际陆路货运代理、国际航空货运代理、国际多式联运代理以及国际货运货损事故处理等内容。每一章都包含"内容简介""教学目标""教学要求""案例导入""引导思路""思考与练习"等内容。

    本书有以下几个特点：1.体系完整，把握国际货运代理专业相关学科、课程之间的关系，整个系列体系严密完整。2.针对性强，切合职业教育的培养目标，满足国际货运代理实务技能的要求，弱化理论，强化实践内容。3.体例新颖，按照最新的教学体例编排；每章的编写先由实例导入，然后展开理论描述，最后再回归到操作性和技能性的训练中；章后的思考与练习由简答题、案例分析题和实训组成，充分体现职业技能培养的目标特性，不仅符合老师的教学要求，也方便学生透彻地理解国际货代理论知识及其运用。

    本书既可以作为国际贸易专业、报关与国际货运专业教材，也可作为从事国际货运代理相关行业的管理人员、操作人员的参考用书。

第二版前言
Second Edition Preface

中国全面加入到国际市场体系后,利用后发优势取得了世界制造业基地的地位。国际贸易飞速发展,进出口业务量不断增加。与此相关的国际货运代理业呈现出蓬勃生机,国际货运代理队伍已成为促进国际贸易、繁荣运输市场、满足货物运输关系人服务需求的一支重要力量。但随着国际经济环境的变化,国际货运代理业务在不断更新流程和变换运作模式,对从事国际货运代理人员的要求也在不断提高。为了反映国际货代业的最新发展,满足国际贸易和物流管理等专业相关课程的需要,我们组织编写了本书。

本书有以下几个特点:1.体系完整,把握国际货运代理专业相关学科、课程之间的关系,整个系列体系严密完整。2.针对性强,切合职业教育的培养目标,满足国际货运代理实务技能的要求,弱化理论,强化实践内容。3.体例新颖,按照最新的教学体例编排;每章的编写先由实例导入,然后展开理论描述,最后再回归到操作性和技能性的训练中;章后的思考与练习由简答题、案例分析题和实训组成,充分体现职业技能培养的目标特性,不仅符合老师的教学要求,也方便学生透彻地理解国际货代理论知识及其运用。

本书分为八章,包括国际货运代理概述、国际海运班轮货运代理、国际海运租船货运代理、提单与提单业务、国际陆路货运代理、国际航空货运代理、国际多式联运代理以及国际货运货损事故处理等内容。

本书是全国多所经济贸易类职业院校合作的结果,由深圳职业技术学院向吉英担任主编,浙江经济职业技术学院吴文英和辽宁经济职业技术学院赵阔担任副主编。全书由向吉英拟定写作大纲,进行总体设计和总撰、统稿,并编写了第七章;吴文英编写了第二章和第三章;赵阔编写了第五章和第八章;陕西工商职业技术学院姚涛编写了第一章和第四章;石家庄经济职业技术学院的朱显英编写了第六章;长江职业学院的刘真老师参加了书稿的讨论和全书的文字修改。在本书的编写过程中,得到了深圳市货运代理协会、深圳市通达国际货运有限公司的指导和帮助,并参考了国内同类教材和资料,在此一并表示感谢! 由于编者知识水平的限制,本书难免存在各种纰漏,不妥之处请同行指正!

编者

2017 年 6 月

目录
Contents

第四章　提单与提单业务 /122

第五章　国际陆路货运代理 /149

第一章
国际货运代理概述

内容简介

商务部统计数据显示,2012年中国贸易总额达到38667亿美元,仅次于美国,成为世界贸易规模最大的国家之一。对外贸易的强劲发展,势必会极大促进国际货物运输的发展,那么,作为货方与承运方的中间方,国际货运代理行业也正在呈现出蓬勃发展的局面。本章简要介绍了国际货运代理行业和国际货运代理企业的基本内容,着重介绍了中国的国际货运代理情况,分析了国际货运代理的法律地位和其作为独立经营人、代理人、无船承运人的法律地位与责任,从国家管理和行业管理两个方面阐述了对国际货运代理的管理情况。

教学目标

1. 知识目标

(1)掌握国际货运代理和国际货运代理人的定义;

(2)理解国际货运代理的特点;

(3)了解国际货运代理的性质和作用;

(4)了解中国国际货运代理的发展历程和发展趋势;

(5)理解货代与物流、第三方物流、其他外贸当事人的关系;

(6)了解对国际货运代理的国家管理和行业管理;

2. 技能目标

(1)对国际货运代理有基本了解;

(2)对国际货运代理企业有基本认知。

教学要求

通过本章的教学,使学生对国际货运代理的基础知识有一定程度的了解,能够认知国际货运代理企业及其在我国对外贸易中所发挥的重要作用,为其他章节的学习打下良好基础。

案例导入

海程邦达国际物流有限公司的业务发展

海程邦达国际物流有限公司成立于1993年,是FIATA和IATA国际运输协会会员,于1999年通过ISO9001质量体系认证。海程邦达自成立以来,一直致力于以专业化的服务提升客户价值,以 ISO9001 管理体系为标准完善质量保证体系,并成功通过英国劳氏船级社 ISO9001 质量体系认证。公司通过电子信息交换服务、VPN 网络应用以及货运追踪和供应链管理的信息平台,为客户提供独具创新的国际物流业务解决方案。与全球 200 余家代理公司保持着长期友好的合作关系。如今海程邦达已经发展成为年营业额近 30 亿人民币、拥有各类人才 3000 余人、网络遍及全国 70 余个港口和内陆城市的综合物流服务商。

进入 21 世纪后,随着我国外贸的迅速发展,海程邦达进一步拓展业务领域,在天津、成都、杭州、武汉、重庆等全国特大城市设立分公司,同时,加强员工培训与企业文化建设,积极投身社会公益事业,使其在业界的影响力与日俱增。

目前,海程邦达正在向综合物流企业发展,其业务主要有:

(1)海运服务。出口集装箱订舱提货;进出口拼箱服务;特种货物及危险品货物的运输服务;铁海、江海联运服务;AMS、ACI、ISF、ICS 申报服务;货物运输保险服务。

(2)空运服务。空运、海空联运、多式联运;欧美航线包板业务;为航空公司提供国内转运服务;空运包机业务及特种货运输服务;制订并实施进口 FOB 全程货物运输方案;提供进口货物分拨、转运、门到门及清关限时服务;为进口监管货物提供安全可靠的仓储服务;提供国内料件的寄售服务;鲜活易腐货物、贵重货物等特种货物运输方案的设计实施及专业物流咨询。

(3)供应链管理。利用在物流管理和路径设计方面的经验优势,对于具有互补性的内外部物流供应商所拥有的不同资源、能力和技术进行整合和管理,并提供整套供应链解决方案及咨询服务;通过先进物流信息技术集成供应链各环节,提高企业物流运作效率和供应链竞争力,降低企业采购及物流成本。

(4)通关服务。物流关务信息一体化解决方案、专业预归类等关务专业咨询;进出口代理报关报检;属地报关、口岸放行;监管证件咨询办理;检疫熏蒸处理;加工贸易报备报核;减免税申请;企业贸易代管;银行现金调拨清关服务;特殊物品进口预申报、货到放行;业内首创报关报检电子信息无纸导入申报;专业报关单证及手册外包业务管理。

(5)物流配送。城市快线、同城配送、仓储服务。

(6)展览运输。国内、国际展览运输;在中国举办的国际大型展览会物流运输;体育赛事物流;演出物流、大型活动及艺术品物流。

(7)工程物流。整厂搬迁服务:提供项目备案、减免税办理及门到门运输等一站式整厂搬迁服务;产品物流:航材、汽车、LED 及纺织品等产品的综合物流方案设计及实施;物流配套服务:为客户量身定做并实施综合物流方案,投入专业设备设施,提供物流配套服务;进出口大型设备全程运输业务及整体物流方案设计,设备安装定位;中国对外援助及承包工程项目运输业务:散杂运输、项目物资辅助采购、运输保险及海外内陆转运。

(8)保税物流。海关特殊监管区域(BLP/BLC/FTZ)保税仓储、"园区一日游",无须通过境外第三国,实现"国货复进口";出口采购分拨中心(DC),可实现出口入区退税、国内采购、物流园区集货、分拣、贴唛及简单加工等物流增值服务,实现按需向境外分拨;供应商管理库存(VMI)专业仓库经验,配以先进仓库管理系统(WMS)及先进贸易协同通关软件(TCS),实现企业 ERP 数据与报关数据对接,提高供应链响应时效;物流、资金流路径设计、优化,解决税率倒挂、三方贸易、加贸产品内销、超期手册核销等。

引导思路

1.货运代理是海程邦达最重要的业务内容,这其中尤以海运代理为主。那么,海程邦达能够提供的海运代理服务具体有哪些内容?

2.海程邦达近年来向综合物流企业发展,延伸出了多个业务领域,如物流配送、展览运输、工程物流、大件运输、保税物流等,可以通过网络等媒体找到相关的成功案例。

第一节 国际货运代理的概念及现状

一、国际货运代理的概念

(一)国际货运代理的定义

国际货运代理(简称货代)来源于"the freight forwarder"一词,近些年来,随着国际贸易和国际运输的发展,国际货运代理服务的范围不断扩大,其地位也日益重要。然而,不管如何发展,国际货运代理从事的基本业务是大同小异的,主要是代表客户完成货物的装卸、储存、安排运输和收取运费等。

国际货运代理协会联合会(FIATA)对货运代理的定义是:货运代理是根据客户的指示,并为客户的利益而揽取货物运输的人,其本人并不是承运人。1995年6月29日国务院批准的《中华人民共和国国际货物运输代理业管理规定》第2条规定:国际货物运输代理业,是指接受进出口货物收货人、发货人的委托,以委托人的名义或者以自己的名义,为委托人办理国际货物运输及相关业务并收取服务报酬的行业。我国普遍采用的是后者所做的定义。

通常情况下,国际货运代理并不是真正的承运人,他主要是充当发货人或收货人的代理人,并据此处理货物。从传统的运输形式看,发货人和收货人作为一方,承运人作为另一方,发货方可以直接找承运人安排货物运输,而国际货运代理的出现,很好地充当了两者之间的中间人,因此也可以将国际货运代理称为"国际货运服务经营者"。

(二)国际货运代理的特点

1.服务性和专业性强

国际货代业是从国际贸易和国际航运中派生出来的行业,是社会分工和代理行业不断细化的产物,其从事的国际货物运输代理业务具有明显的服务业性质。从事国际货运代理服务的企业必须具备货运、外贸和物流等专业性知识,才能够应付日常业务,提供优质高效的服务,才能在竞争激烈的货代业赢得一片天地。

2.涉及面广、单证繁杂

国际货运活动跨越国界,涉及诸多关系方:有政府机构如海关、商品检验检疫机构、动植物卫生检疫机构等;有运输部门如船公司、航空公司、铁路运输公司、港口码头作业部门、集装箱堆场等;有各种类型客户如各专业贸易公司、经销商、工商企业;其他有业务协作关系的海内外同行。可以说,整个业务操作的每一个步骤都直接关系到各当事人的经济利益。在这个过程中,涉及多种单证:装箱单、提单、检验检疫证书、商业发票等,通过业务单证缮制和流转,可以实现货运代理各个环节的运作、监管、控制和信息反馈,实现有形货物的接收、仓储、搬运、装卸、运输和交付的整个过程。货运代理工作,必须保证单证与进出口货物相一致,使货物和相关单证的流转相协调。

3. 对人才规格和信息化程度要求高

国际货运代理企业作为专业性和服务性很强的企业,要求国际货运代理业从业者必须具有国际贸易、物流管理等相关专业性知识与技能,具有较好的业务疏通能力和财务意识,并且在从业过程中要紧密关注行业发展动态,不断积累行业经验,才能更好地适应国际货运代理日益专业化的特点。随着全球经济趋于一体化,国际货代业越发需要一批能适应国际化经营与管理的人才队伍。同时,由于当代互联网技术的高度发达,网络作为商品买卖信息传播和扩散的重要平台,其迅速高效的程度超过了以往任何媒介,国际货运代理服务作为特殊商品也不例外,在一单货进出口的整个业务程序中,各环节、各岗位也依赖相关的计算机软件协同工作,这对国际货运代理业的信息化程度提出了极高的要求。

(三)国际货运代理的性质和作用

1. 国际货运代理的性质

国际货运代理业作为一个新兴行业,在社会产业结构中属于服务业,因此,其性质属于第三产业。从马克思主义政治经济学的角度来看,它隶属于除农业、采矿业、加工制造业以外的第四个物质生产部门——交通运输业,属于运输辅助行业。从经济贸易的角度来讲,国际货运代理的基本性质就是具有中间人性质的运输经营者。这在过去显得尤为突出,但如今货代的性质也发生了一定程度的变化,它已经不仅仅局限于充当货方的代理,在很多情况下,货代逐渐以当事人的身份参与到国际运输中,提供更为完善的服务,发挥更为独特的作用。

近年来,随着国际贸易及其运输方式的发展,国际货运代理已成为国际贸易中不可缺少的重要组成部分。市场经济的迅速发展,使社会分工愈加细化,单一的外贸经营者或者单一的运输经营者都没有足够的力量亲自经营处理每项具体业务,他们需要委托代理人为其办理一系列进出口手续。国际货运代理的基本特点是受委托人委托或授权,代办各种国际贸易及运输所需要的服务业务,并收取一定报酬,或作为独立的经营人完成并组织货物运输、保管等业务,因而被认为是国际运输的组织者,也被誉为"国际贸易的桥梁"和"国际货物运输的设计师"。

2. 国际货运代理的作用

(1)组织协调作用。国际货运代理人历来被称为"运输的设计师","门到门"运输的组织者和协调者。凭借其拥有的运输知识及其他相关知识,组织运输活动,设计运输路线,选择运输方式和承运人(或货主),协调货主、承运人及其与仓储保管人、保险人、银行、港口、机场、车站、堆场经营人和海关、商检、卫检、动植检、进出口管制等有关当局的关系,可以省却委托人时间,减少许多不必要的麻烦,使其专心致力于主营业务,也在客观上推动了国际贸易程序的简化。

(2)专业服务作用。国际货运代理人的本职工作是利用自身专业知识,为委托人提供货物的承揽、交运、拼装、集运、接卸、交付服务,接受委托人的委托,办理货物的保险、海关、商检、卫检、动植检、进出口管制等手续,还可以代理委托人支付、收取运费,垫付税金和政府税费。特别是对货物通关手续、国际货运行情、港口与机场的业务做法等有足够的行业经验。国际货运代理人通过向委托人提供以上专业服务,可以使委托人大幅度地提高工作效率和工作质量。

(3)沟通控制作用。国际货运代理人拥有广泛的业务关系,发达的服务网络,先进的信息技术手段,可以随时保持各有关当事方的有效沟通,对货物进行运输的全过程进行准确跟踪,保证货物安全及时地运抵目的地,准确送达收货人。在这个过程中,国际货运代理逐渐影响到新运输路线和新运输方式的开发、新运输费率的制订,以及新的货代产品的市场开拓。我国的国际货运代理也已经在世界各地建立了客户关系网和各级分支机构,能够在一定程度上控制货物运输。

(4)咨询顾问作用。在国际贸易各个程序环节中,国际货运代理人可以就货物的包装、储存、装卸和照管,货物的运输方式、运输路线和运输费用,货物的保险、进出口单证和价款的结算,海关、商检、卫检、动植检、进出口管制等有关当局的要求等向委托人提出较为明确具体的咨询意见,还能针对国外市场销售行情提供可行性建议,协助委托人设计和选择适当处理方案,避免不必要的风险浪费。

(5)降低成本作用。国际货运代理人掌握货物的运输、仓储、装卸、保险市场行情,与货物的运输关系人、仓储保管人、港口、机场、车站、堆场经营人和保险人有着长期、密切的友好合作关系,通过国际货运代理人的努力,可以在若干运输方式和众多承运人中选择货物最有价格竞争力、最优设计的运输方案和承运人,争取公平、合理的费率,甚至可以通过集运效应使所有相关各方受益,从而降低货物运输关系人的业务成本,提高其主营业务效益。

(6)资金融通作用。国际货运代理人与货物运输各方及银行、海关当局等关系密切,因为长期合作而彼此信任,国际货运代理人可以代替收、发货人支付有关费用、税金,提前与承运人、仓储保管人、装卸作业人结算有关费用,凭借自己的实力和信誉向以上各方提供费用、税金担保或风险担保,可以帮助委托人实现资金融通,减少资金占压,提高资金利用效率。

(7)特殊业务作用。国际货运代理可以提供各种特殊项目的服务。例如,将小批量的货物集中成整组货物,这对从事出口贸易的中小型企业非常有用,所有客户都可以从这种特殊的服务中受益,尤其是对那些规模较小、没有出口及运输能力的企业则更是如此。相反,也可以将不同委托人的同种或同类进口商品合并处理,以争取节省时间和成本。

二、国际货运代理的由来与现状

(一)国际货运代理的由来

国际货运代理行业早在公元 10 世纪就已出现,初期为报关行,其从业人员多是从国际贸易企业而来,人员素质较高,能为货主代办相当一部分国际贸易业务和运输事宜。随着海上贸易的扩大、公共仓库在港口和城市的建立以及欧洲交易会的举办,国际货运代理逐步发展成为中间性质的、独立的行业。到了 19 世纪,一些发达国家相继成立国际货运代理协会,以此加强对国际货运代理业务的管理,也促进了其健康发展。1926 年 5 月 31 日,16 国的国际货运代理协会在奥地利首都维也纳成立了国际货运代理协会联合会,即 FIATA,进一步加强了国际货运代理的国际合作。现在,国际货运代理已经能够从事海、陆、空多种运输方式的代理,有 80%的空运货物由空运代理所掌握,并且随着集装箱运输业务的空前发展,占据了海上运输的极大比例。

(二)国际货运代理的现状

20 世纪中叶以来,国际货代业得到迅速的发展,国际货运代理人也已成为促进国际经济贸易发展,繁荣运输经济,满足货物运输关系人服务需求的一支重要力量。目前,世界各国有货代公司 4 万多个,从业人员 1000 万人左右,且数量还在持续上升。

目前,全球国际货代业务基本上为经济发达国家的公司所控制。尤其是西欧发展水平较高,这些国家虽然国土面积狭小,但至少都拥有 300 家以上的货代公司,德国有 4500 家,法国有 2000 多家,美国有近万家。在亚洲,经济发达的日本有 400 多家,新加坡有 300 多家,中国香港有 1000 多家,台湾省也有 260 多家。据统计,2011 年全球十大货代公司中,有 9 个都来自欧美日等经济发达国家或地区。这些国家和地区的货代公司中大部分已经实现现代化管理,不仅实现系统全球子公司内部的计算机联网,而且同海关、港口、客户也用计算机联网,从而做到随时监控货物的流转进度,并根据客户要求进行分拨,提供门到门服务。而发展中国家国际货代发展程度相对落后。一般企业规模较小,较少应用网络软件系统对信息流进行有效管理,与发达国家或地区形成较大反差。

三、中国的国际货运代理

(一)中国国际货运代理的发展历史

早在通过丝绸之路与欧亚各地通商时,就已经存在有报关行业。1949 年新中国成立后,中国远洋与中外运两大公司组建了船队并不断壮大,拥有近、远洋船只 1800 余艘,2200 万载重吨运力,使贸易扩展到世界各地,相应地在沿江、沿海港口城市,建立起上千家报关行。

随着中国的改革开放,在货运代理以及物流市场逐年开发的过程中,一批国际物流和货运代理公司都以中外合资或独资的方式进入中国,凭借其发达的海外网络,良好的经营水平以及与国际航运或航空公司良好的合作基础,取得了长足的发展。在对外资货运代理公司或物流企业开放的同时,中国对内进一步放宽市场准入,取消了国际货运代理、国内铁路、水路货运代理以及联合运输代理经营资格的行政性审批,改变民航货运销售代理业管理办法,允许各种所有制主体特别是外商独资企业参与投资航空、铁路业。我国的国际货运代理市场逐步拓宽放开,也使得国际货运代理显得异常活跃。

(二)中国国际货运代理的现状

我国国际货代行业正在经历着前所未有的变革:审批制取消、CEPA 已经执行、国际货代业正在全面放开、NVOCC 另立门户、检验检疫的十大规定、空运代理的审批暂停、报关企业名称的规定、物流企业(含国际货代)的标准化、外资企业的纷纷进入等。这一切都充分说明,经过多年的发展,我国的国际货代行业已经基本上是市场化运作,已经适应了中国对外贸易运输的发展和需求。

据中国国际货运代理协会及其所属曦发国际货运物流咨询(北京)有限公司编纂的《中国货代企业名录大全 2006—2007 年版》统计,中国的货代企业共有 3 万多家,包括商务部审批或备案的和挂靠其他企业的。这其中以上海市最多,有 2100 个,其次是广东,有 1700 个,山东排在第三,有 800 个,而且这些数字在不断被刷新。目前,中国 90% 的国际航空货物运输业务、80% 的进出口贸易运输和中转业务(其中散杂货占 70%,集装箱货占 90%),都是通过国际货代企业完成的。

中国的物流公司更是多如牛毛。由于物流的概念比较新,原来的快递公司、搬家公司、运输公司、仓储公司和货代公司纷纷更名,冠以"物流"二字;海陆空运的承运人也延伸服务,提供物流服务;制造企业和商品流通企业也成立物流公司。这样,中国物流企业很快就形成了庞大的队伍,有关数据表明,中国的物流企业有 20 多万家。它们当中有相当一部分从事国际货代业务。

活跃的市场主体给行业带来了生机,但是,有市场就会有竞争,有竞争就可能导致不正当竞争。国际货运代理行业在发展中出现了非法经营的现象,损害了广大货主的利益,扰乱了国际货运代理市场的正常经营秩序。经过国家的大力整顿,我国的国际货运代理开始走向市场化、规范化、法制化。然而,要进一步地发挥国际货运代理在国际运输中的作用,尚需进一步完善我国的国际货运代理制度及其法律法规,营造一种良性发展的市场环境。

(三)中国国际货运代理的发展趋势

中国国际货代行业的良好发展环境已经形成。但是在增加世界网点、增加基础设施、向现代物流转化、规范市场经营秩序、国际货代企业平等竞争、在国际货代企业做大做强等方面,都还有很长的路要走。具体主要有以下趋势:

1.公司间并购成为企业提升竞争力的重要手段

虽然中国国际货代业已经发展到自由竞争的市场化运作阶段,但是大部分国际货代企业只有约 20 年的历史,中国国际货代业和物流业总体现状可以概括为"小、少、弱、散",在人员管理、营销管理、信息化管理及网络化管理等方面有待提高竞争能力。尤其在全球性经济危机阴影的笼罩下,中国快速发展的国际货代市场很可能面临着一个资源整合的调整阶段。

从世界范围来看,欧美等国的国际货运代理企业大规模并购日趋普遍,使得整体物流成本大幅度降低,并且有能力提供更优质高效的服务,团队和设备的专业化程度也大大提高。这对我国的国际货代业发展很有借鉴意义。

2.国际货代企业正在向"第三方物流企业"发展

随着全球一体化的发展、国际贸易的日益增长和跨国公司在全球范围内交易活动的日益频繁,货主的运输需求已经由原来的"港到港"发展到"门到门",由原来的海、陆、空等运输方式发展到多式联运等综合物流服务。

目前,中国大多数国际货代企业提供的服务局限于"代办运输",同质化现象严重,没有能力制订现代综合物流服务方案。从行业的生命循环周期曲线来看,中国国际货代企业必须寻找创新的出路,所以向"第三方物流企业"发展就成为可能。实际上,诸如 DANZASAEI、PANALPINA、MSAS、K&N 等业界领先的国际货代公司都正在或者已经完成了向综合物流公司的转变,还有越来越多的公司也在着手公司业务的转型,以适合客户不断变化的多层次需求。在中国,一些大型货代企业也正在向综合物流企业发展,如 2011 年度全国货代企业百强第 15 位的海程邦达国际物流有限公司,已经从成立之初的简单从事货代业务发展到如今能够经营物流配送、展览运输、保税物流、供应链管理等综合物流业务的现代化物流公司。

3. 信息技术被广泛应用

随着电子商务在物流业中的广泛应用,国际货代公司不仅可以通过网络查询本企业运单的动态,而且凭借先进的计算机技术和互联网技术,几乎所有规模较大的国际货代公司都能提供完备的网上追踪服务,还包括网上打印提单、网上订舱、网上支付运费、网上库存管理、网上供应链管理等增值服务,大部分国际货代公司都能够利用现代化的办公软件联网办公,将处于不同场所的业务部门联系起来,实现信息的及时传递。海关、码头等相关部门也基本实现了办公信息的网络化操作。因此,国际货运公司凭借服务的竞争实质上成为信息化服务的竞争。

4. "知识型货代"将成为国际货代业发展新趋势

一方面,从国际货代公司可以开展的业务范围来看,货代公司几乎可以经营运输过程中的所有日常服务和一揽子服务;另一方面,越来越多的企业将生产以外的业务如检验检疫、报关、包装等分包给物流公司和国际货代公司,以提高运作效率。因此,随着货主需求的不断扩展,国际货代公司除了要提供一般的海陆空运输服务,还要根据客户的行业特点、成本目标、生产流程、供应链管理等内容实现企业资源的最优配置,这对于员工的知识广度、知识层次、信息技术应用水平提出了更高的要求。因此,国际货代公司的核心业务将渐渐转变为高附加值的咨询服务,而低附加值的物理操作将外包给其他相关企业,所以说"知识型货代"将成为国际货代业未来发展的趋势。

四、货代与物流的关系

物流(logistics)是指利用现代信息技术和设备,将物品从供应地向接收地准确的、及时的、安全的、保质保量的、门到门的合理化服务模式和先进的服务流程。物流是随商品生产的出现而出现,随商品生产的发展而发展,所以物流是一种古老的传统的经济活动。

货代与物流有着紧密的联系。货代企业参与物流经营能够提供更专业、更快捷的服务,特别是货代发展第三方物流服务,也将成为货代业发展的主流趋势,物流把货代的具体工作当做物流链的一个环节并着重对各相关环节进行控制与管理。然而,传统货代业务与物流服务之间依然存在着很大的区别,具体如下:第一,货代注重货运安排与设备选用,如船公司与船舶的选择,货运进仓、进场站等;而物流注重的是货物流动过程及其协调与管理。第二,货代重视船期与航班"控制";而物流重视的是物流信息"跟踪"及其反馈作用。第三,货代单证是货代工作的主要内容;而对于现代物流,信息管理系统、互联网与资讯技术贯穿于其全过程,并已经成为物流运作的重要平台。

总之,货代是物流的一个环节。物流是从流通的角度来讲的;而货代是从货物的角度来讲的。货代同样能通过拓展一系列增值服务,如货物包装、储存、加工、配送等,来发展第三方物流服务。

五、货代与第三方物流的关系

第三方物流是指生产经营企业为集中精力搞好主业,把原来属于自己处理的物流活动,以合同方式委托给专业物流服务企业,同时通过信息系统与物流服务企业保持密切联系,以达到对物流全程的管理和控制的一种物流运作与管理方式。提供第三方物流服务的企业,其前身一般是运输业、仓储业等从事物流活动及相关的行业。在委托方物流需求的推动下,从简单的存储、运输等单项活动转为提供全面的物流服务,其中包括物流活动的组织、协调和管理、设计最优物流方案、物流全程的信息搜索、管理等。随着物流和多种运输方式的发展,国际货运代理的服务范围不断扩大,其在国际贸易和国际运输中的地位日益重要。在实践中,许多国际货运代理企业都拥有自己的运输工具,用来从事国际货运代理业务,包括签发多式联运单,有的甚至还开展了物流业务,这实际上已经具有了承运人的特点。将来会有越来越多的国际货运代理企业通过建立自己的运输组织,并以承运人身份承担责任的方式来谋求更广阔的业务发展。因此,国际货运代理向第三方物流发展的趋势也将会越来越明显。第三方物流经营人与国际货运代理人的区别在于:

第一,二者经营理念不同。现行的国际货运代理业务主要从事货物运输、进出口单证制作、报关报检代理,相对而言比较简单。而第三方物流经营人的业务范围除了货运代理人之外,还会有进一步的扩展,如货物的零星加工、包装、货物装拆箱、货物标签、货物配送、货物分拨等。此外,第三方物流经营人大多在通过软件服务的同时还提供硬件服务,即可对客户提供运输工具、装卸机械、仓储设施,并有效地利用自己所有的设备或设施,从中获取更大的"附加价值"或"附加效益"。

第二,国际货运代理人即使从事第三方物流,或成为第三方物流经营人,其地位仍受到定义限制。从目前第三方物流经营人的"出身"看,大多是国际货运代理人、仓储经营人、运输经营人,他们是在经营传统业务的同时进入物流业,并逐步为客户提供部分或全部物流服务的。因此,国际货运代理人从事第三方物流业不仅有其业务基础,也是社会分工专业化和市场竞争发展的必然结果。

在货代市场竞争日趋激烈的今天,如何应对物流业的变化和竞争是首要解决的问题。第三方物流是一个新的发展空间。货运代理企业可以在从事传统的货运代理行业基础上渗透至物流业,成为物流领域内的第三方经营人,通过为客户提供全程的物流服务,从中获得自身发展所需要的商业利润和市场空间。入世后,中外运、中远、外代、中海等国有大型货运企业都提出了明确的物流发展战略,通过第三方物流提高增值服务能力,由此增强核心竞争力,发挥市场价值,已经成为我国货代企业实现二次创业的最佳途径。

第二节　国际货运代理的法律属性

一、国际货运代理的法律地位

国际运输业在经历了大规模的重组后,随着集装箱作为主要运输容器的发展、单一运输方式向多式联运的转变及国际物流服务的拓展,国际货运代理也开始承担一定的承运人责任。然而由于各国做法不一,不同的业务性质导致其法律责任和风险也不同。实践中,国际货运代理与委托人或承运人之间往往没有规范性的合同。许多国家,包括发达国家尚无国际货运代理的专门法律。已经制定了相关法律的国家之间存在着很大的差异,从而造成了国际货运代理的法律中出现了不少混乱和不协调的局面,加之国内法难以在国外得到认同和适用,因而明确国际货运代理的法律地位具有很强的现实意义。

国际货运代理的法律地位主要指国际货运代理在国际货运中是以当事人的身份出现还是以代理人的身份出现。而国际货运代理以不同身份出现时所承担的责任是不同的,由于实际的情况较复杂,国际货运代理的身份往往不是一目了然的。在传统的国际运输中,常常会简单地把货运代理看成是货方的代理人,而承担代理人的责任,这主要是因为货运代理在整个运输过程中所发挥的作用是充当中间人,其业务主要是接受货方的委托发送货物,其中涉及订舱、报关和报检等具体行为。随着国际货物运输的发展,国际货运代理实际上提供着更为多样化的服务,所以也要求货代承担更大的责任。

二、国际货运代理的责任划分

(一)国际货运代理人身份地位的确定

通常,国际货运代理企业根据客户要求办理的业务实际情况,分别采取以下几种不同的运作方式。

(1)以发货人名义托运货物,直接交给承运人运输,取得承运人或其代理人签发的运输单据;

(2)以自己名义承揽货物,签发全程运输单据,通过自己的雇员、运输工具完成部分运输业务,其余部分分包给其他承运人完成;

(3)以自己名义承揽货物,向发货人签发运输单据,全部运输任务转委托其他承运人完成;

(4)以自己名义承揽货物,向发货人签发运输分单,集中发货人托运的货物,以自己的名义转交实际承运人运输。

在第一种情况下,一般认为国际货运代理企业是发货人的代理人。而在后三种情况下,对发货人而言,国际货运代理人是契约承运人;对其他承运人而言,国际货运代理企业分别是委托人和托运人,其分别根据适用于相应业务关系的法律法规,享受当事人的权利,承担当事人的义务和责任。

此外,还可以将货运代理人收取报酬的形式作为确定其是承运人还是代理人的重要因素。货运代理人从货主手中取得的报酬包括两种形式:包干费用和代理佣金。包干费用在货运市场上表现为由货主一次性支付一笔费用,包括货物的运费和装卸费、货运代理人的营业利润、再委托其他承运人运输的运费差价以及办理相关事宜的代缴费用。货主通过支付包干费用将运输的一切事宜委托货运代理人安排,其中包干运费部分成为认定货运合同关系成立的证明之一。如果收取包干费用这一事实再加上更进一步的证据表明货运代理人的利润来源是来自货主与承运人之间获取的运费差价,在无相反证据时可以证明货运代理人与货主间存在代理关系的情况下,货运代理人被视为具有承运人的法律地位。特别值得注意的是,实践中很少有货运代理人只收取佣金而不赚取运费差价的,所以根据货运代理人利润来源是代理佣金还是运费差价确定货运代理人法律地位的标准只能作为关联因素,而非决定因素。

实践中国际货运代理人身份地位的认定是一个相当复杂的问题,目前各国并没有非常确定的标准,法院总是综合多方面因素来对个案事实进行考察,以合理分配各方的风险和利益。

(二)国际货运代理人作为代理人的法律责任

国际货运代理人首先是代理人,其代理的是国际货物运输,应当以《民法通则》中所规定的代理原则为基础来确定其法律责任。《中华人民共和国民法通则》第六十三条规定:"代理人在代理权限内,以被代理人的名义实施的民事法律行为,被代理人对代理人的代理行为,承担民事责任。"但是在三种情况下,由代理人承担后果:无代理权的代理、超越代理权的代理和超越时限的代理。

纯粹的代理人一般只要遵守被代理人的指示,合理谨慎地选择履行运输合同的实际承运人,而不对货物的及时和安全运输承担责任。但如果货运代理人签发自己的提单,则可能承担承运人的责任。《德国商法典》规定,如货运代理人以一个确定的费用执行代理业务或将不同来源的货物组织到同一交通工具上运输,则不会被视为纯粹货运代理人,而更倾向于视其为承运人或发货人。此外,立足于代理法的基本原则,与货物的卖方或买方缔结合同,继而以自己的名义与海运或陆上承运人订立分合同的货运代理人,将很可能被视为相对于货物权利人的契约承运人,以及与海运或陆上承运人相对的本人。

根据过失责任制,货代在从事货运代理业务时,应对其本身的或其雇佣人员的疏忽和过失造成的货物毁损承担代理过错的赔偿责任。这些疏忽和过失可能包括有:未按指示交付货物、选择运输工具有误、选择承运人有误、报关报检内容有误等。国际货运代理还应对其经营过程中造成的第三人财产灭失或损坏承担责任。

(三)国际货运代理人作为当事人的法律责任

国际货运代理以自己拥有的运输工具进行运输,或以自己的名义与承运人签订运输合同,或租用他人的运输工具进行运输,在这些情况下,货运代理即为运输合同的一方,处于承运人或无船承运人的地位,国际货运代理承担的是承运人的责任。但在发生纠纷时,货代往往不愿意去承担承运人的责任,因为作为承运人无论本身是否有过失,都要对货物在运输过程中的延迟、毁损承担相应的责任,而作为代理人只需恪尽职责地完成代理事项即可。货代若以无船承运人的身份与发货人签订运输合同,其赔偿责任则采用运输合同所适用的制度,此类运输合同往往受国际公约或国内货物运输法的制约。目前,无论是水路、陆路、海运、空运或者是多式联运承运人的责任制都是比较清楚的。国际货运代理协会联合会(FIATA)标准规则第7.1部分对货运代理人作为承运人的责任规定如下:"货运代理人作为承运人所承担的责任不仅仅在于他直接使用自己的运输工具进行运输(从事承运人的业务),而且在于如果他签发了自己的运输单证,就已经明示或默示地做出承担承运人责任的承诺(作为契约承运人)。"

国际货运代理往往还经营国际多式联运业务,在此情况下,只要其签发了多式联运提单,不管是否实际参与了运输,均不影响其作为多式联运经营人的地位。根据有关国际多式联运的法律规定,多式联运经营人对全程运输负责。如在运输过程中发生货物的灭失、损坏或延误,多式联运经营人均应承担赔偿责任,除非能证明其为避免货物的灭失、损坏或延误已采取一切适当的措施。因此,在多式联运过程中,一旦发生货物灭失或损坏,作为多式联运经营人的货运代理,理应向委托人承担货损货差的赔偿责任,然后,再向发生货损货差区段的实际承运人追偿。

三、国际货运代理的除外责任

国际货运代理与承运人一样享有除外责任。对于承运人,我国《海商法》规定了12项免责事由,《海牙规则》和《维斯比规则》规定了17项免责事由。对于国际货运代理的除外责任,归纳起来包括以下七个方面:

(1)由于委托方的疏忽或过失;

(2)由于委托方或其他代理人在搬运、装卸、仓储或其他作业过程中的过失;

(3)由于货物的自然特性或潜在缺陷所致,如由于破损、泄漏、自燃、腐烂、生锈、发酵、蒸发或由于对冷、热、潮湿的特别敏感性;

(4)由于货物的包装不牢固、包装不当或标志不清所致;

(5)由于货物送达地址不清、不完整、不准确所致;

(6)由于对货物内容申述不清楚、不完整所致;

(7)由于不可抗力、自然灾害、意外原因所致;

但如果能证明货物的灭失或损害是由货运代理人过失或疏忽所致,则货运代理人应对该货物的灭失、损害负赔偿责任。

第三节 国际货运代理的管理

我国对国际货代行业的管理已经改变过去完全依照苏联的封闭垄断管理模式,逐步向限制模式、半封闭模式、开放模式转变。目前,我国国际货运代理行业实行的是以国务院商务主管部门为主、其他相关部门依职权参与管理、政府主管部门实行行政管理与行业协会自律并重的管理体制。

一、国家管理

(一)国家管理机构

国际货运代理在我国发展的历史并不长,并无专门政府机构对其进行管理,目前主要由对外贸易主管部门管理,即之前的对外贸易经济合作部,现在的商务部。按照现行规定,商务部和各级商务行政主管部门即省级商务厅、地市级商务局等对国际货代行业进行监督管理;另外,国务院公路、水路、铁路、航空、邮政运输行政主管部门以及联合运输行政主管部门也根据与之相对应的有关法律、法规和规章制度对国际货代企业的设立及其业务活动进行不同程度的管理。

(二)主要法律法规

目前,我国管理国际货运代理行业的主要法律依据是:1995 年颁布的《中华人民共和国国际货运代理业管理规定》;1998 年的《中华人民共和国国际货运代理业管理规定实施细则》;2002 年的《中华人民共和国外商投资国际货运代理业管理规定》和 2003 年的《〈中华人民共和国外商投资国际货运代理业管理规定〉补充规定》。

1.《中华人民共和国国际货运代理业管理规定》

该规定是为了维护国际货运代理市场秩序,加强对国际货运代理业的监督管理,促进我国国际货运代理业的健康发展,经国务院批准、由对外贸易经济合作部于 1995 年 6 月 29 日发布的。这是我国目前对国际货代行业进行管理的最基本和最重要的法律法规。对国际货运代理业的管理部门、国际货代企业的设立条件、审批程序及其主要业务、违反规定的处理办法等内容进行了较为详细的原则性规定。

2.《中华人民共和国国际货运代理业管理规定实施细则》

该实施细则根据原外经贸部发布的《中华人民共和国国际货物运输代理业管理规定》(以下简称《规定》)制定,对其具体内容与实施进行了更为详细的补充和说明。如《规定》第四条第二款规定:省、自治区、直辖市和经济特区的人民政府对外经济贸易主管部门,在国务院对外贸易经济合作主管部门授权的范围内,负责对本行政区域内的国际货物运输代理业实施监督管理。《实施细则》第四条进一步对"授权的范围"进行了解释说明:是指省、自治区、直辖市、经济特区、计划单列市人民政府商务主管部门在商务部的授权下,负责对本行政区域内国际货运代理业实施监督管理(商务部和地方商务主管部门以下统称行业主管部门),该授权范围包括:对企业经营国际货运代理业务项目申请的初审、国际货运代理企业的年审和换证审查、业务统计、业务人员培训、指导地方行业协会开展工作以及会同地方有关行政管理部门规范货运代理企业经营行为、治理货运代理市场经营秩序等工作。

二、行业管理

(一)国际货运代理协会联合会

1.概况

国际货运代理协会联合会是世界范围内国际货运代理的行业组织,其宗旨是保障和提高国际货运代理在全球的利益。该协会于 1926 年 5 月 31 日在奥地利维也纳成立,总部设在瑞士苏黎世,分别在欧洲、美洲和太平洋、非洲、中东四个区域设立了地区办事处,任命有地区主席,其中亚洲和太平洋地区秘书处设在印度孟买。英文名称为"International Federation of Freight Forwarders Associations"。"FIATA"(菲亚塔)是其缩写,并被用作该组织的标识,是一个在世界范围内运输领域最大的非政府和非营利性国际货运代理行业组织。其目的是保障和提高国际货运代理在全球的利益。

该联合会具有广泛的国际影响,其成员包括世界各国的国际货运代理行业。该联合会是联合国经济与社会组织及联合国贸易发展大会的咨询者,并被确认为国际货运代理业的代表。菲亚塔的主要贡献有:提供各国立法参考的《国际货运代理示范法》;推荐各国国际代理企业采用的《国际货运代理标准交易条件》;制定了 FIATA 运送指示、FIATA 货运代理运输凭证、FIATA 货运代理收获凭证等单证格式范本。

2. 会员

该联合会的会员分为 4 类:一般会员,代表某个国家全部或部分货运代理行业的组织和在某个国家或地区独立注册的唯一国际货运代理公司,可以申请成为一般会员;团体会员,代表某些国家货运代理行业的国际性组织、代表与该联合会相同或相似利益的国际性货运代理集团、其会员在货运代理行业的某一领域比较专业的国际性协会,可以申请成为团体会员;联系会员,货运代理企业或与货运代理行业密切相关的法人实体,经其所在国家的一般会员书面同意,可以申请成为联系会员;名誉会员,对该联合会或货运代理行业做出特殊贡献的人士,可以成为名誉会员。目前,有 86 个国家和地区的 96 个一般会员,在 150 多个国家和地区有 2700 多家联系会员,代表 4 万多家货运代理企业、近 1000 万从业人员。中国国际货运代理协会是一般会员,并拥有 13 个联系会员。

3. 组织机构

国际货运代理协会联合会的最高权力机构是会员代表大会,下设主席团。主席团对外代表 FIATA,对内负责 FIATA 的管理。设有航空货运、海关事务、多式联运等研究机构,并成立了危险货物咨询委员会、信息技术咨询委员会、法律事务咨询委员会、公共关系咨询委员会、职业培训咨询委员会等常设委员会。

除了在第二次世界大战期间被迫中断了活动以外,国际货运代理协会联合会自从成立以来一直比较活跃。作为世界运输领域最大的非政府间国际组织,国际货运代理协会联合会被国际商会、国际航空运输协会、国际铁路联盟、国际公路运输联盟、世界海关组织、世界贸易组织等一致确认为国际货运代理业的代表,并在联合国经济及社会理事会、联合国贸易与发展大会、联合国欧洲经济委员会、联合国亚洲及太平洋经济和社会理事会、联合国国际贸易法委员会中拥有咨询顾问的地位。

FIATA 每年举行一次世界性的代表大会,即 FIATA 年会。大会通过 FIATA 上年度的工作报告和财务预算,并对一年内世界货运代理业所发生的重大事件进行回顾,探讨影响行业发展的紧迫问题,通过主要的法规和条例,促进世界贸易和货运代理业健康发展。

(二)中国国际货运代理协会

中国国际货运代理协会(China International Freight Forwarders Association,CIFA)是

FIATA 的国家会员,是中国国际货运代理行业的全国性民间组织。该协会于 2000 年 9 月 6 日在北京成立,商务部是其业务指导部门。作为联系政府与会员之间的纽带和桥梁,CIFA 的宗旨是:维护我国国际货运代理行业的利益;保证会员企业的正当权利;促进我国国际货运代理行业健康发展,更好地为我国对外经济贸易事业服务。

CIFA 的主要业务范围是:协助政府主管部门依法规范国际货运代理企业的经营行为,整顿行业秩序;开展行业市场调研,编制行业统计;组织行业培训及行业发展研究;承担政府主管部门委托的部分职能;为会员企业提供信息咨询服务;代表全行业加入国际货运代理协会联合会,开展同业国际交流。

对外,CIFA 以民间形式代表中国国际货代业参与国际经贸运输事务并开展国际商务往来,不断扩大并加深我国与世界各国同行业组织、企业的交流与合作。其在 2006 年取得了全球货代业界的盛会:FIATA 年会的举办权。对内,CIFA 会员单位是我国各省、市、自治区国际货运代理行业组织、国际货运代理企业、与货运代理相关的企事业单位或社会团体,亦吸纳在中国货代、运输、物流行业有较高影响的个人。目前,CIFA 拥有会员近 600 家,其中理事 81 家,常务理事 27 家。

CIFA 在商务部的直接领导下开展行业管理工作:负责组织国际货代从业人员资格培训与考试,并代发上岗资格证书;负责对本行业全国范围内的企业的年审情况进行汇总、统计、分析和调查核实;负责《中华人民共和国国际货物运输代理企业批准证书》的发证及换证工作;负责对在京的各有关中央企业申请成立货代公司或申请扩大经营范围、增资扩股、股权变更等进行初审;对在京的各有关中央企业申请在异地设立子公司或分支机构进行审核并出具审核意见等。

(三)地方国际货运代理协会

在我国改革开放不断深化、国际货代业快速发展的条件下,各地方国际货运代理协会在 20 世纪 90 年代纷纷成立。协会本着"服务行业、服务企业"的办会理念和宗旨,协助政府有关部门加强行业管理,维护当地国际货代市场的经营秩序;研究国际货代业发展趋势;代表会员利益,反映行业呼声;开展各类培训,提高从业人员素质;协调行业内外各种关系,促进当地国际货代行业的健康发展。

从地域分布来看,沿海、沿边地区和东部地区的国际货代业发展很快,协会吸收的会员单位行业覆盖率高,协会功能比较齐全,对地方国际货代业建设发挥作用非常大。

第四节　国际货运代理企业

一、国际货运代理企业概述

(一)国际货运代理企业的设立条件

在我国,按照《中华人民共和国国际货物运输代理业管理规定》及其《实施细则》,国际货运代理企业应当依法取得中华人民共和国企业法人资格,企业组织形式为有限责任公司或股份有限公司,禁止具有行政垄断职能的单位申请投资经营国际货运代理业务,承运人以及其他可能对国际货运代理行业构成不公平竞争的企业不得申请经营国际货运代理业务,申请设立国际货代企业可由企业法人、自然人或其他经济组织组成,与进出口贸易或国际货物运输有关、并拥有稳定货源的企业法人应当为大股东,且应在国际货代企业中控股,企业法人以外的股东不得在国际货代企业中控股。同时,还应当具有下列营业条件:

(1)具有至少 5 名从事国际货运代理业务 3 年以上的业务人员;

(2)有固定的营业场所和必要的营业设施;

(3)有稳定的进出口货源市场;

(4)注册资本最低限额应当符合法定要求(见表 1-1)。

表 1-1　国际货代企业注册资本最低限额

经营范围	最低注册资本金/万元人民币	每设立一个分支机构/万元
海上国际货代	500	
航空国际货代	300	+50
陆路国际货代	200	
两项或以上的综合业务	按最高的一档	

(二)国际货运代理企业的经营范围

根据《中华人民共和国国际货物运输代理业管理规定实施细则》第 32 条的规定,国际货运代理企业可以接受委托,作为代理人或者独立经营人从事下列全部或部分经营活动:

(1)揽货、订舱(含租船、包机、包舱)、托运、仓储、包装;

(2)货物的监装、监卸、集装箱装拆箱、分拨、中转及相关的短途运输服务;

(3)报关、报检、报验、保险;

(4)缮制签发有关单证、交付运费、结算及交付杂费;

(5)国际展品、私人物品及过境货物运输代理;

(6)国际多式联运、集运(含集装箱拼箱);

(7)国际快递(不含私人信函);

(8)咨询及其他国际货运代理业务;

但是,这些并不是每个国际货运代理企业都具有的经营范围。由于各个国际货运代理企业的具体情况不同,商务主管部门批准的国际货运代理业务经营范围也有所不同。

(三)国际货运代理企业的类型

中国目前的数万家货代企业分布在 30 多个部门和领域,国有、集体、私营、外商投资、股份制等多种经济成分并存。根据其成立背景、投资人性质、业务范围、规模大小、经营优势呈现出复杂化和多样化特点,可以分为七种类型。

1. 中国外运

中国外运全称为"中国对外联络贸易运输(集团)总公司",成立于 1950 年,是中国最早从事国际货代业务的企业,是由国务院国资委直属管理的国有企业。中国外运拥有国际国内航线 54 条;拥有 137 家仓储企业、69 座保税和海关监管仓库、59 个集装箱堆场、69 千米铁路专用线、20 座自营合营码头、56 个泊位;还在世界 150 多个国家和地区与 400 多个货代、船代、租船经纪人、船公司有业务往来,呈现一业为主、多种经营的特点。

2. 以外贸公司、工贸公司为背景的货代企业

这类企业包括以中粮集团有限公司、中国中化集团公司、中国工矿集团公司等系统所属的国际货代公司。这类企业的特点是货源相对稳定,而且在编制单证、加工备货、审核信用证和银行结汇等方面有明显优势;但是规模较小,功能欠完善,缺乏网络化经营条件。

3. 以海运、航空、铁路实际承运人为背景的货代企业

这类企业包括中远国际货运公司、中国外轮代理公司。这类企业的特点是专业化经营,与实际承运人关系密切,有很强的运价优势和运输条件优势,在对应的运输方式上竞争力较强。

4. 以港、站为背景的货代企业

这类货代企业与港口、机场、货运站关系密切,港站作业经验丰富,效率高,管理水平高,也具有价格费率优势,但缺乏服务网络。

5. 以仓储业为背景的货代企业

这类企业如海南省石油运输公司、上海国际展览运输公司。这类企业凭借仓储优势揽取货源,深得货主信任。特别是在承办特种货物、展品、大件货物等方面具有专长,但一般规模较小、服务单一。

6. 外商投资类货代企业

这类企业的数量约占我国国际货代企业总数的 1/3,如大通国际运输公司、上海泛成国际货运公司、天津焕发国际货运公司等。这类企业资本雄厚、管理水平高、服务质量好。

7. 其他

其他货代企业如股份制货代企业和民营货代企业等。但是这类企业经营不稳定,人员素质偏低,服务质量参差不齐,操作水平和管理水平不高。

二、国际货运代理企业的内部结构和业务流程

(一)国际货代企业的内部结构

国际货代公司内部一般按市场部、业务部、操作部和结算部来设置,操作部通常又分设订舱、拼箱、NVOCC、客户服务等岗位。规模较大、业务范围较广的货代公司一般还设有报关行、场站、保税物流等部门。在这种扁平化的流程结构下,各个部门处于不同的工作流程的节点上,在工作中都有可能直接面对顾客,既要对公司总体目标负责,又要对整个流程和规章制度负责。同时每个部门的主要业务又有所不同。

1. 市场部

市场部是公司的"采购部门",主要负责公司的采购与供应管理,即市场开拓和管理工作,货代公司依靠它构建较低的服务成本体系。

2．业务部

业务部负责开拓业务，即"揽货"，是指按照高于成本的价格向海内外货主销售货代服务，形成自己稳定的客户资源网络。

3．操作部

简单地说，操作部就是直接面对客户，为客户提供各类服务的部门。操作部可以具体分解为订舱、海运拼箱、NVOCC、报关报检和客户服务等岗位，按照业务流程办理代理运输和货物进出口的各项工作，圆满履行货代协议。

4．结算部

结算部工作内容主要有两项：其一，向货主收取应收的相关费用；快速向客户反馈必要的信息，做好全程跟踪，实现最大客户满意度。其二，支付各种应付费用，确认代理客户业务凭证所记载的应收应付款项；根据付款通知，及时、准确开具银行票据与客户结算。

值得注意的一点是，实行流程化管理的货代公司内部不同部门及岗位的职责分工并不是绝对的，可以根据顾客需要打破原有的职能界限，跨部门、跨岗位操作业务。例如，公司的市场部、操作部和结算部的员工也会像业务员一样揽货；业务部、市场部和结算部的员工为了稳定所面对的顾客，同样可以承担维护客户关系和处理客户投诉等职能。

（二）国际货代企业的业务流程

货代公司经营的产品是"运输代理的服务"。它以较低的成本将货代服务采购回来，再以较高的价格销售出去，从中赚取差价收益。具体来说，可以分为以下三个步骤。

1．采购货代服务

货代公司的"市场部"用低价格向有资源的主体预定相应的服务，形成自己的成本体系（见表1-2）。

表1-2　货代资源及主体

主体	所拥有的资源	主体	所拥有的资源
船公司	船舶、舱位	港口	码头
无船承运人	订舱权	车站	火车等
航空公司	飞机、舱位	堆场	场站
机场	配载权	车队	汽车等
海内外代理公司	海内外代理	仓储企业	仓库
报关行	报关资格	检验检疫站	检验检疫权

2．销售货代服务

货代公司的"业务部"按照高于成本的价格向有货物运输需求的进出口生产企业和贸易公司等货主销售货代服务，即揽到货物进行运输代理，俗称"揽货"。从而进一步形成自己稳定的客户资源网络。

3．代理运输并赚取差价

货代公司"操作部"等部门办理货代业务，按照业务流程办理代理运输的各项工作，并按高价格收取货主的费用,按低价格支付给承运人或船公司等货运服务提供者,赚取其中的差价。

三、国际货运代理企业的风险分析

(一)来源于企业内部的风险

货运代理企业在经营的过程中,因为自身管理或操作的不规范,给企业带来诸多风险,主要有以下两大类。

1.业务操作风险

目前,货运代理企业的人员素质参差不齐,业务水平高低有别,再加上企业风险防范意识不强,以及一些业务操作中的不规范做法,因操作失误造成的相关风险也就相应增加。例如:相关单证缮制错误或沟通失误等原因造成的错发、错运、错交、延迟的风险;因为业务不够熟练、业务经验不足造成货物选择集装箱不当、保管加固拆装箱不当、特殊产品(化工品、冷冻品、特殊机电产品等)操作不当、无船承运人选择不当等的风险;往来函件、票据、单证的交接和归档操作不利导致纠纷诉讼证据不足的风险等。

2.管理风险

近几年,货运代理企业扩张迅速,大多数的货运代理企业规模较小,货运代理企业雇员的文化程度、道德水准、法制观念差别很大,管理者缺乏一定的管理经验,加之企业运行中对自身管理的忽视,造成企业内部规章制度不健全、操作规范不够完善,管理不够严格、科学,劳工关系处理不当等问题,使得货运代理企业管理风险频发。例如:业务人员办理公司正常业务的同时又承揽私人业务,"公务""私务"交杂在一起造成的风险;企业的业务人员、管理者因离职而带走部分客户、暴露原企业商业秘密的风险;工作人员内外勾结侵害公司利益的风险等。

(二)来源于企业外部的风险

货运代理企业的风险除了源于自身操作、管理不当,更多的是来源于企业之外。主要有以下三大类。

1.货主作假

一些货主为了逃避税收和海关监管,可能会虚报、假报进出口货物的品名以及数量,当货运代理企业代其报关后,经海关查验申报品名、数量与实际不符时,货运代理人可能首当其冲遭受海关的调查和处罚。货主还可以与收货人串通,出运低价值的货物,却去申报高价值的货物,利用收货人或有关部门出具的假证明、假发票、假信用证、假合同向货运代理企业索要高于出运货物实际价值的赔偿。

2.垫付运费

目前,随着货代行业竞争越发激烈,个别货主利用货运企业不惜一切手段承揽生意、吸引货主的空子,要求货运代理企业垫付运费。这其中就可能发生托运人在某票业务中由货运代理人垫付巨额费用后消失或无从联系,导致货运代理企业垫付的费用无法追回的情况。

3.无单放货

在货代业务的过程中,货运代理企业往往为了取悦货主或应货主的要求,不是凭可转让的正本提单或托运人出具的"电放"保函将货物交给收货人,而是凭自己出具的保函将货物交给收货人;或者凭已放货的保函的出具人不具备出具人的资质且货运代理企业未发现。一旦出现问题,货运代理企业绝对脱不了干系。

(三)自身身份带来的风险

货运代理企业是接受货主委托以货主的委托代理人身份办理有关货物的运输手续的企业。但是,近年来在货运代理的贸易实践中,货运代理企业既在货物的储存、报关、验收等环节充当代理人的角色,又在运输环节担任承运人的角色,这种身份的变化或者说双重身份使其产生不同的法律地位,权利义务与法律责任自然也相应变动。很多货运代理企业由于不清楚或不明确自己的身份,从而行事不当,造成该行使的权利没有行使,不该承担的责任却要承担的被动局面。例如,一些货运代理企业越权代理,签发提单或各类保函,使自己由代理人变为了实际的承运人,这样货运代理企业将不可避免的承担货物在运输中产生的毁损、灭失迟延以及无单放货的赔偿责任。一旦发生纠纷,有可能使货运代理企业从此一蹶不振,有的甚至被迫解散。

货运代理企业在经营的过程要面对很多风险,所以货运代理的从业人员应该认真对待,审慎处理,将风险防患于未然,尽量避免和减少相关风险带来的重大损失,使货运代理企业更加顺畅有效地运行。

四、国际货运代理企业工作人员的素质要求

国际货运代理企业要在激烈的市场竞争中站稳脚跟并进一步获得竞争优势,需要大量的具备较高业务能力的从业人员。一般来说,需要具备以下七个方面的能力。

(一)把握国际货物运输知识的能力

国际货运代理企业的工作性质决定了从事这项业务的人员必须全面地掌握有关国际贸易运输方面的专业知识,具有丰富的实践经验和办事能力,熟悉各种运输方式、运输工具、运输路线和运输手续,了解各种不同的社会经济制度及其法律规定、习惯做法等,精通国际货物运输中各个环节的种种业务,与国内外有关机构诸如海关、商检、银行、保险、仓储、包装、各种承运人以及各种代理人等有广泛的联系和密切的关系。

(二)控制整体国际货运代理业务的能力

作为国际货运代理,需要从接受业务委托开始便全程跟踪控制货物。国际货物运输线路长,环节多,手续复杂,货物种类繁多,运量大,这要求国际货运代理从业人员必须具备极强的业务操作和控制能力。以国际航空货运代理出口业务为例,从市场销售、委托运输、审单、配舱、订舱、出口报关、出仓单到最后的信息服务,费用结算要近 20 个环节。国际货运代理从业人员必须掌握每个环节的业务操作情况,才能把货物顺利运输完毕。而且进口运输业务和出口运输业务完全不同,海运和空运及多式联运等运输业务流程又完全不同。即使是同一种运输方式下,又会因为拼装方式不同而导致流程全然不同,比如国际海运代理业务中的 LCL 和 FCL 业务就很不相同。从以上情况来看,要成为一名合格的国际货运代

理从业人员,就必须具有扎实的货运代理业务知识和良好的控制能力,才能安全、顺利地完成整个货物运输。

(三)审核和制作各种货运单证的能力

在国际货运代理业务中涉及大量的货物运输单证,几乎每种运输业务中的每个环节都有自己特殊的单证。填制和审核单证也是国际货运代理人员必须具备的一项基本能力。例如在出口订舱中需要填写出口订舱委托书;涉及集装箱时需要填写场站收据;货物出运时给委托人出具提单。每种单证都具有其独特性,即使提单,也分成海运提单、空运单、多式联运提单等多种形式,每种提单的填制方法也截然不同。在现代国际货运代理业中,国际货运代理人员往往希望为委托人提供更全面的业务,以此赚取更多的佣金。这样就会涉及报关、报检业务和国际贸易的其他进出口代理业务,审核和填制报关单、报检单、产地证,审核发票、装箱单、合同、信用证都成为国际货运代理的基本工作。

(四)电子信息技术应用的能力

在电子信息化飞速发展的今天,国际货运代理业务已经由传统的纸质单据的操作,跨越到无纸化办公时代。作为国际货运代理在日常的订舱、配载、查询、结算、报关、报检及与客户沟通中大量的使用电子数据交换。很多大型的货代企业都建立了自己的门户网站,不仅为客户提供各种服务,同时也是公司各部门办公操作的电子平台。熟练应用电子信息系统如电子数据交换系统(EDI)、互联网、全球卫星定位系统等已成为国际货运代理必备的能力之一。

(五)相应的专业英语能力

在国际货运代理业务中存在着大量的全英文单据,审核、填制这些单据都需要相应的英文水平。国际货运代理的工作经常涉及的国际业务,英语是不可缺少的部分,而该行业所需要的英语也有其较强的专业性。主要侧重于货物运输方面,如国际贸易、国际海运、空运、陆运、多式联运等领域的专业英语。国际货运代理在工作中经常与国外承运人、国外代理或国外客户沟通,因此需要具有相应的口语沟通能力;在日常的大量业务中经常使用到 E-mall 这种电子书信方式来沟通业务情况,所以国际货运代理人员也需要具备很强的英语商务函电写作能力。

(六)良好的人际沟通能力和服务行业所需要的服务意识

国际货运代理在货主和承运人之间起着桥梁作用,这种技术服务性行业需要从业人员具备很强的服务意识。作为货物运输的代理人要善于为货方服务,设身处地地为货方着想,在货物运输过程中与货方进行有效的沟通,汇报货物的情况,了解货方的实时需求,使自己的工作取得货方的满意。在国际货物运输中涉及的环节多,手续复杂,经常和多个部门打交道,这需要国际货运代理人员有良好的人际沟通能力,能协调好各方面的工作,处理好各方面的业务关系。更重要的是国际货运代理运输中有许多人为不可控制的因素,在业务中会产生很多突发事件而造成货物有多种意想不到的情况发生,这需要国际货运代理人员具有较高的责任心和应急处理能力,来解决各种突发事件。

(七)货运事故的索赔与理赔能力

国际货运代理在业务中会遇到一些不可控制的突发事件,极有可能使货物出现损失。而在漫长的国际货物运输过程中,因为业务环节多,手续复杂,运输时间长,货损货差屡见不鲜。但是因为货物在不同国家或者不同运输方式中所适用的法律法规不同,所以解决货运事故的处理就可能有所不同。这些货物运输领域的国际惯例和规则的不同要求国际货运代理人员不仅熟悉国际上有关海运、陆运、空运和联运的主要规则公约,还要熟悉我国的对外贸易政策及有关法律法规。只有按照运输契约,参照国际惯例,认真调查研究,才有能力解决好国际货运业务中的索赔和理赔工作。

五、国际货运代理企业向第四方物流的发展

美国著名的管理咨询机构埃森哲公司在《战略供应链联盟》一书中最早提出了第四方物流的概念:"第四方物流供应商是一个供应链的集成商,它对公司内部和具有互补性的服务供应商所拥有的资源、能力和技术进行整合和管理,提供一整套供应链解决方案。"从概念中我们可以看出,第四方物流整合了社会资源,并充分利用,成为有领导力量的物流提供商,提供综合的供应链解决方案,也为其顾客带来更大的价值。

与现在得到广泛认可的第三方物流相比,第四方物流更强调服务的综合性和系统的控制性,业务的创新能力更强。在当今经济形势下,货主企业特别是跨国公司越来越追求供应链的整体性服务,以满足其业务发展需要。这样它们不只是在具体操作上进行外包,而且在战略层次上也需要借助外界的力量。因而,第四方物流有广阔的市场前景。同时,国际货运代理企业拥有先天的基础设施和网络优势,熟悉货物流通的各个环节,具有较强的控制和驾驭能力。这些自身特点也符合第四方物流服务商的基本条件。所以为货主企业提供第四方物流业务服务将是我国国际货运代理企业未来发展的最佳选择。

六、中国的国际货运代理企业

(一)中国国际货运代理企业的发展历程

1949 年 8 月,中国第一个正规的货代公司——华夏企业有限公司在香港成立。随着私营工商业的社会主义改造,我国又成立了一批公私合营的货代企业。20 世纪 60 年代到 70 年代,货运代理企业开始在世界主要港口建立业务联系,业务水平有了新的提高,业务范围也有了扩大。改革开放后,外资货运代理企业进入我国市场,早在 1986 年,日本的国际货运代理企业就与中国外运在天津合资成立天山国际货运代理公司,欧美等地船公司也纷纷效仿。

1988 年 3 月国务院对国际货代业的放开促进了该行业的快速发展和对外贸易的飞速前进。这一决策对中国国际货代行业具有里程碑意义,但市场份额仍被国内企业垄断,1993 年以前我国的外贸运输由中国外运总公司高度垄断,1993 年以后由垄断走向竞争,货代市场空前繁荣,一批有作为的民营国际货代企业开始崛起。如北京东方百福成立于 1993 年 12 月,山东泛亚成立于 1994 年 2 月,山东海程邦达成立于 1993 年 2 月,江苏苏来、上海成彤均成立于 1994 年等。

2004年5月19日国际货代企业审批制度取消,并在一系列政策规则上对国际货代业开了绿灯,其中包括对货代企业的审批取消和自然人可以成立国际货代企业等,这一决策适应客观情况,一大批民营国际货代企业登记注册并茁壮成长起来。中国在2004年除了商务部正式批准的5011家国际货代企业外,至少还有约35000家民营企业在从事国际货运代理业务,并活跃在全国各地。2005年12月11日,商务部发布《外商投资国际货物运输代理企业管理办法》,允许外商在我国设立独资国际货运代理企业,注册资本的最低要求实行国民待遇,此举标志着外商投资货代企业的最后一道防线被解除,我国国际货代业务对内对外完全放开。根据全国百强排名组委会的公告,2011年第100名国际货代企业的营业额为30330万元人民币,比2003年的第100名营业额5482万元人民币增长达453.3%。这种快速增长速度是过去10年中从来没有出现过的。

总体来说,作为服务贸易行业的中国国际货代业,依托对外贸易的快速发展取得了显著的成绩,并为我国对外贸易做出了积极贡献。有一大批企业在激烈的市场竞争中脱颖而出,加快了中国国际货代业参加国际市场竞争的步伐。

(二)中国国际货运代理企业的发展策略

1. 准确进行市场定位,不断进行服务创新

准确的市场定位,既可以避开竞争对手强势的领域,又可以极大地发挥自己的优势资源,争取更大的利润增长空间。面对越来越激烈的市场竞争,国际货运代理企业必须在服务理念、服务内容和服务方式上实现创新。首先,要树立全新的服务理念,要从被动服务、完成客户指令转为主动出击、挖掘客户潜在需求,比如要主动寻找各类货主的运输需求,提前设计有针对性的运输服务。其次,要不断创新服务内容,根据客户需求,在各项功能基本服务的基础上延伸出增值服务,以个性化的服务内容表现出与市场竞争者的差异性,如有的货代公司延伸出了报关报检业务、展览运输业务等,都实现了新的利润增长点。同时,要时刻关注行业最新发展动态,在与同行比较中发现差距,向最优秀的货代企业看齐。

2. 完善信息服务系统,增强企业的核心竞争力

对于国际货运代理企业而言,信息不仅仅包括单纯的与运输、包装、装卸、存储等活动有关的信息,还包括与其他流通活动有关的信息。国际货运代理企业只有不断地完善网络信息系统,才能利用这些信息对物流过程中的各项活动进行有效的计划、控制、协调和管理,科学技术的发展使得供应链中的货物运输变得越来越"可视化"。通过信息的不断传递,企业一方面把不同层次的经济行为协调起来;另一方面,把各个部门、各个岗位的经济行为协调起来,通过信息技术处理人、财、物之间的关系,既增强了企业的核心竞争力,也提供了低成本、高质量、高效率的物流服务。

3. 加大专业人才培养,健全人力资源管理体系

无论是货代企业还是其他企业,其未来竞争的成败都取决于人才。人员流动大是货代行业普遍存在的问题,因此,货代企业要规范人才流动机制,健全人事管理制度,强化员工的激励机制,将员工的企业忠诚和职业忠诚有机地结合起来,创造有利的环境留住人才,避免企业间人员的恶性竞争。此外,还要规范行业的培训,加大培训的投入力度,通过研修交流、在职学

习、岗位培训等多种方式,提高现有人员的职业素质。中小货代企业尤其应通过持续进行人才资源的开发和培训,提升企业员工的综合业务素质,实现企业的不断发展壮大。

4. 加强企业联合,实现规模经营

一些国际货运代理企业由于规模、资金、实力等自身因素的限制,导致其在面对大型货代企业和物流企业的竞争时往往处于弱势状态,但企业可以通过联合、合并、控股等形式,壮大自身实力,实现规模经营。在业务上,通过空运销售代理、海运订舱代理等经营方式,促进货源的规模化、集约化;在财务上,通过集中融资、吸纳外资和民间资本,从资金上为推动战略联盟提供保障;在管理上,进行体制创新,整合货代固有资源,以联盟整体名义进行市场竞争,推动其发展壮大。中小货代企业通过联盟,可以发挥规模效应,以较小的成本实现与客户之间的信息共享和货物跟踪,从而降低服务成本,提高服务质量,通过横向联合,企业之间可以各取所长、相互合作,达到共赢的目的,从而实现"1+1>2"的协同效应。

5. 改变传统经营方式,向第三方物流企业转型

现代物流企业提供从实物流动到包装、装卸搬运、仓储、配送乃至通关、保险、销售等为目标的全程服务,这无疑对国际货运代理企业提出了更新、更高的要求。虽然大型国际货运代理企业处于支配地位,但中小国际货运代理企业只要能够提供合适的市场服务,能够适应那些仅需要点到点运输服务的小型货主的需要,突出其专业性、灵活性,也可以在激烈竞争的市场中保有立足之地。因此,中小国际货运代理企业可以把自己当成整个物流服务的一个环节,在整个物流服务体系中寻找和发展自己的业务,从而在优化市场物流服务的同时,实现企业自身的不断壮大,通过了解大型物流企业的业务状况和需求,主动以某种合适的方式,比如契约、外包等形式,成为大型物流企业部分物流链的操作者和服务者。

6. 加强与货代协会的沟通与协作

货代协会作为联系企业与政府的桥梁,以协调利益、促进发展为主要目标,在维护行业的秩序、对货运代理业的监督和管理方面作用显著。货代企业积极与货代协会沟通交流,共同建立企业经营的规范和标准,例如协调收费标准、公开运价、防止不正当竞争、对违反规定的企业予以清查等,以保证行业的可持续发展。

思考与练习

一、简答题

1. 国际货运代理的性质和作用是什么?

2. 分析中国国际货运代理的发展趋势。

3. 简述我国国际货运代理企业的经营范围。

二、案例分析题

美国 AEI 环球捷运公司是一家国际货运代理公司,该公司创立于1935年,1968年收购货代公司 Wings on Wheels,以此为契机不断扩大并进入了国际市场。之后,AEI 作为航空货代而成长。AEI 的本部设在美国康涅狄格州,提供运输、仓储、配送、包装、报关、报检和咨询等多种服务。该公司目前并不拥有飞机、卡车和船舶,而是利用他人的运输工具,向客户提供广泛的服务。

德国辛克国际公司创立于 1872 年,公司本部设在德国埃森,在 54 个国家设有 320 个服务点,与 540 多个各国代理商进行合作。辛克国际公司提供综合的国际货运代理服务,主要服务内容包括国际航空和海运、报关、重件和特殊货物运输、展品运输、仓储等。

中国锦程国际物流集团创立于 1990 年,是交通部批准的 NVOCC(无船承运人)。锦程国际集团以独特的经营理念和不懈的创新精神,在国内主要口岸城市、内陆大中型城市以及美国等地设有 120 多家分支机构,拥有海外代理 300 余家,形成了覆盖全球的国际物流服务网络。主要服务内容有揽货、订舱、集装箱拆箱、分拨中转、报关、报检、国际多式联运等。

问题:

1. 根据以上材料,总结国际货运代理的业务范围主要包括哪些内容。

2. 简要说明国际货运代理的性质。

3. 指出国际货运代理所从事的业务主要包括哪些服务对象。

三、实训

某企业拟设立国际货运代理公司,资料如下。

企业名称:西安国际快递有限公司

企业类型:独资

已具备的条件:

(1)注册资本 400 万元人民币;

(2)具有 4 名从事国际货运代理业务 3 年以上的业务人员;

拟经营范围:

(1)订舱(租船、包机、包舱)、托运、仓储、包装;

(2)货物的装卸、集装箱拼装拆箱、分拨、中转及相关的短途运输服务;

(3)代理报关、报检、保险;

(4)缮制有关单证、交付运费、结算及交付杂费;

(5)国际展品、私人物品及过境货物运输代理;

(6)国际多式联运、集运(含集装箱拼箱);

(7)国际快递(含私人信函和县级以上党政军机关公文的寄递业务);

(8)咨询及其他国际货运代理业务。

查阅《中华人民共和国国际货物运输代理业管理规定》及其《实施细则》,检查上述所列资料是否符合我国设立国际货运代理企业的规定。

第二章
国际海运班轮货运代理

内容简介

在国际贸易运输中,因为具有相对确定性和货运质量有保证的特点,国际货物班轮运输的应用十分广泛。根据承运货物的不同,班轮运输分为杂货班轮和集装箱班轮运输,杂货班轮运输适合于货流稳定、货种多、批量小的杂货运输。而集装箱运输所具有的高效、便捷的显著特点使其成为最普遍、最主要的班轮运输方式。本章主要介绍了班轮运输的基本要素、国际班轮货运代理业务的基本程序、运输单证的流转与缮制、班轮运价及运费的计收、无船承运业务等内容,使学生对国际班轮货运代理业务有较完整的认识和了解。

教学目标

1.知识目标

(1)熟悉班轮运输各要素的基本知识;

(2)掌握班轮运输的基本概念和特点;

(3)掌握杂货班轮和集装箱班轮货运代理业务的流程;

(4)掌握班轮运输单证的主要内容、使用方法及缮制规范;

(5)熟悉班轮运输单证的流转程序;

(6)掌握班轮运价及运费的计收方式;

(7)掌握无船承运人的业务内容。

2.技能目标

(1)能够正确计算班轮运费;

(2)能够正确缮制班轮货运代理业务单证;

(3)杂货班轮货运代理各岗位操作;

(4)集装箱班轮货运代理各岗位操作。

教学要求

1. 通过本章的教学,使学生了解并掌握班轮运输的基本知识、杂货班轮和集装箱班轮货运代理业务的操作程序以及班轮主要货运单证的流转。

2. 通过本章的训练,使学生能够顺利操作杂货班轮货运代理业务和集装箱班轮货运代理业务、计收运费、缮制班轮主要运输单证,为从事国际班轮货运代理业务打下基础。

案例导入

货运代理协议

2010年3月12日,杭州A公司与斯里兰卡B公司签订价格条件为CIF的贸易合同。合同的货物内容为3000套迷你音箱,包装单位为"套/箱",纸箱尺寸为长485 mm×宽366 mm×高275 mm。毛重为12000 kg,净重为9500 kg,信用证有效期为2010年6月30日,交货期为2010年6月15日。2010年5月15日,杭州C货代公司向杭州A公司揽货。2010年5月25日,杭州A公司和杭州C货代公司签订出口运输合作协议,要求承运人签发船公司提单,写明托运人和发货人为杭州A公司,收货人为斯里兰卡B公司,通知人同收货人,装货港为宁波北仑,卸货和目的港为COLOMBO,装货时间为6月13日,运输条款为CY-CY。

引导思路

1. 货代C公司和A公司签订的协议是什么性质?
2. 若作为货代C公司的业务员,该选择什么运输路线、船公司?
3. 该票货物运费该如何计收?
4. 该票货物的出口货运要经过哪些流程? 需要处理哪些运输单证?

第一节 国际班轮货运代理概述

一、国际班轮运输的概念和特点

(一)班轮运输的概念

班轮运输也称为定期船运输,是指班轮公司将船舶按事先制定的船期表,在特定航线的各挂靠港口之间,为非特定的众多货主提供规则的、反复的货物运输服务,并按运价本的规定计收运费的一种营运方式。

(二)班轮运输的特点

班轮运输与其他运输方式相比,具有以下一些基本特点:

(1)班轮运输具有"四固定"的特点,即固定航线、固定港口、固定船期和相对固定的运价。

(2)承运人与货主之间在货物装船之前无须签订运输合同或租船合同,而是在货物装船后,由承运人或其代理人签发的提单来确定有关承运人、托运人或收货人的权利和义务,并据以处理运输过程中的有关问题。集装箱班轮运输中,除签发提单外,还可根据需要签发海运单。

(3)除非订有协议可允许托运人在船边交货和收货人在船边提货外,通常承运人都在装货港指定的码头仓库接收货物,并在卸货港的码头或仓库向收货人交付货物。对集装箱运输来说,一般整箱货在堆场,拼箱货在货运站进行交接。

(4)承运人一般负责包括装货、卸货和理舱在内的作业,有时还负责仓库至船边或船边至仓库的搬运作业,并且所有的装卸费和理舱费等均计入班轮费率表所规定的费目中,不另行计费。对于杂货班轮运输,仓库与船边之间的搬运费也可在运费率之外作为附加费向货方单独计收。

(5)承运人与货主之间不规定装卸时间,也不计算滞期费和速遣费,仅约定托运人或收货人需按照船舶的装卸速度交货或提取货物,否则应赔偿船方因降低装卸速度或中断装卸作业所造成的损失。而集装箱运输会约定交接时间。

(6)具有公共承运人的性质。班轮运输的服务对象是非特定的、分期的众多货主。因此,班轮公司具有公共承运人的性质。

根据承运货物的不同,班轮运输又分为杂货班轮运输和集装箱班轮运输。杂货班轮运输为最早的班轮运输,主要以散货、杂货为主。对货主而言,杂货班轮运输具备能及时、迅速地将货物发送和运达目的港;适应小批量零星件杂货对海上运输的要求,并能较好地保证货运量;因班轮公司负责转运工作而满足货物运输的特殊需要等优点。

20世纪60年代后期,随着集装箱运输的发展,班轮运输中出现了以集装箱为运输单元的集装箱班轮运输方式。由于集装箱运输具有运送速度快、装卸方便、机械化程度高、作业效率高、便于开展联运等优点,到20世纪90年代后期,集装箱班轮运输已逐渐取代传统的杂货班轮运输。对货主而言,集装箱班轮运输除了具有与杂货班轮相似的优点外,在运输速度、货运质量等方面更具有优势。

二、国际班轮运输关系人

班轮运输中,通常会涉及托运人、收货人、班轮公司、船舶代理人、海上货物代理人和无船承运人等有关货物运输的关系人。

(一)货主

货主是海上运输服务的需求者(买方),在法律上,他们被称为发货人(托运人)、收货人等。

(1)发货人(consignor)和托运人(shipper)。一般而言,发货人通常是指实际交付货物的人;托运人通常是指本人或委托他人以本人的名义或者委托他人为本人与承运人订立海上货物运输合同的人,是与承运人订立运输合同并支付运输费用的人。在实际业务中,发货人和托运人通常为同一人,但有时也可能不是同一人。托运人可以与承运人订立协议运价,从而获得比较优惠的运价。但不能获得"佣金"。如果承运人给托运人"佣金",则将被视为给托运人"回扣"。

(2)收货人(consignee)是指有权提取货物的人。可以是托运人本身,也可以是第三人。

(二)班轮承运人

班轮承运人(liner carrier)有时也被称为远洋公共承运人(ocean common carrier),是指运用自己拥有或自己经营的船舶,提供国际港口之间班轮运输服务,并依据法律规定设立的船舶

运输企业。班轮公司应拥有自己的船期表、运价本、提单或其他运输单据。班轮公司既包括利
用自有船舶开展运输经营的所有人(简称船东),也包括利用长期租赁(期租和光租)的船舶开
展运输经营的经营人。国际海上货运代理人在从事国际货运代理业务实践中,应了解有关班
轮公司的情况,以便在必要时从中选择适当的承运人。世界主要班轮公司见表2-1。

表2-1 世界主要班轮公司及其标志

中文名称	英文名称	缩写	logo
澳大利亚国家航运公司	ANL(China)Limited	ANL	
美国总统轮船私人有限公司	NPL limited	APL	
南美智利国家航运公司	CCNILtd.	CCNI	
法国达飞轮船公司	CMA CGM The French Line	CMA	
中国远洋集装箱运输有限公司	COSCO Container Lines	COSCO	
南美船务集团(中国)有限公司	CSAV Group(China)Shipping Company Ltd.	CSAV	
韩进海运有限公司	Hanjin Shipping Co. Ltd.	HANJIN	
现代商船有限公司(韩国)	Hyundai Merchant Marine CO. ,LTD	HMM	
中国海运集装箱运输有限公司	China Shipping Container Lines Shenzhen Co. Ltd.	CSCL	
川崎汽船株式会社	"K"Lind Ltd	KLINE	
达贸国际轮船公司(法国)	Delmas HOng Kong. Ltd.	DELMAS	
高丽海运株式会社	Korea Marine Transport Co. ,Ltd.	KMTC	
地中海航运有限公司	MEditerranean Shipping Company, S. A.	MSC	
日本邮船有限公司	NYK Line Ltd	NYK	
马士基航运有限公司(丹麦)	Maersk Shipping Co,. Ltd.	MAERSK LINE	
马来西亚航运有限公司	MALAYSIA INTERNATIONAL SHIPPING CORP.	MISC	
太平船务有限公司	Pacific International Lines(PTE)Ltd.	PIL	
东方海外货柜航运有限公司(中国香港)	Orient Overseas Container Line	OOCL	
海丰国际航运集团有限公司	SITC MARITIME(GROUP)CO. ,LTD	SITC	
意大利邮船公司	Lloyd Triesttino Shipping Company	LT	
万海航运有限公司(中国台湾)	WAN HAI LINES CO. ,LTD.	WAN HAI	
阳明海运股份有限公司(中国台湾)	Yang Ming Marine Transport Corp	YANGMING	
以星轮船服务有限公司(以色列)	ZIM Israel Navigation Co. ,1td.	ZIM	

中文名称	英文名称	缩写	logo
伊朗国家航运公司	ISLAMIC Republic of iran Shipping LIne.	IRISL	
萨姆达拉船务有限公司(新加坡)	SAMUDERA SHIPPING LINE LTD	SSL	
运东轮船香港有限公司(俄罗斯)	Fesco Lines LImited	FESCO	
山东烟台国际海运公司	ShanDong Yantai International Marine Shipping CO.,	SYMS	
阿拉伯联合国家轮船公司(科威特)	United Arab Shipping Co., (SAG)	UASC	

(三)船舶代理人

船舶代理人(ship's agent)是指接受船舶所有人、船舶经营人或船舶承租人的委托,为其船舶及其所载货物或集装箱提供办理船舶进出港口手续、安排港口作业、接受订舱、代签提单、代收运费等服务,并依据法律规定设立的船舶运输辅助性企业。由于国际船舶代理行业具有一定独特的性质,所以各国在国际船舶代理行业大多制定有比较特别的规定。实践中,国际货运代理人经常会与船舶代理人有业务联系。

(四)海上货运代理人

海上货运代理人(ocean freight forwarder)是指接受货主的委托,代表货主的利益,为货主办理有关国际海上货物运输相关事宜,并依据法律规定设立的提供国际海上货物运输代理服务的企业。海运代理人可以从货主那里获得代理服务报酬,即佣金。

(五)无船承运人

无船承运人(non-vessel operating carrier,NVOCC)也称无船公共承运人,不拥有远洋运输船舶,但以承运人的身份发布自己的运价,接受托运人的委托,签发自己的提单或其他运输单证,收取运费,并通过与船舶承运人签订运输合同,承担承运人责任,是完成国际海上货物运输经营活动的经营者,是无船承运业务的经营主体。

无船承运人应当依据国家相关法律,经过规定的申报程序,进行提单登记和交纳一定的保证金手续后,才能取得经营资格。无船承运人可与班轮公司订立协议运价以从中获利,但不能获取佣金。无船承运人是国际货运代理人发展到一定阶段而形成的产物。

(六)码头经营人

码头经营人(operator of transport terminals)是指接受货主、承运人或其他有关方的委托,负责接管运输货物,并为这些货物提供或安排包括堆存、仓储、装在、记载、平舱、隔垫和绑扎等与货物运输有关的服务的企业。

(七)集装箱场站经营人

集装箱场站经营人(operator of container)是指利用集装箱场所,对货物进行装箱、拆箱工作,并完成货物的交接、分类和短时间保管等辅助性工作的企业。

三、国际班轮运输航线、船期表和运价本

(一)班轮运输航线和港口

1. 运输航线(line)

世界各地水域,在港湾、潮流、风向、水深及地球球面距离等自然条件的限制下,可供船舶航行的一定路径成为航路。海上运输经营为达到最大的经济效益在许多不同航路中所选定的运营通路成为航线。航线由天然航道、人工运河、进出港航道及航标和导航设备组成。目前,世界主要几大航线包括以下几个。

(1)太平洋航线。太平洋航线主要包括:远东—北美西海岸航线,远东—加勒比海、北美东海岸航线,远东—南美西海岸航线,远东—澳、新航线,澳、新—北美东西海岸航线。

(2)大西洋航线。大西洋航线主要包括:西北欧—北美东海岸航线,西北欧、北美东海岸—加勒比航线,西北欧、北美东海岸—地中海、苏伊士运河—亚太航线,西北欧、地中海—南美东海岸航线,西北欧、北美东海岸—好望角、远东航线,南美东海岸—好望角—远东航线。

(3)印度洋航线。印度洋航线主要包括:波斯湾—好望角—修、北美航线,波斯湾—东南亚—日本航线,波斯湾—苏伊士运河—地中海—西欧、北美航线。

除了以上三条油运线外,印度洋其他航线还有:远东—东南亚—东非航线,远东—东南亚、地中海—西北欧航线,远东—东南亚—好望角—西非、南美航线,澳新—地中海—西北欧航线,印度洋北部地区—欧洲航线。

目前,世界海运集装箱航线主要有:①跨太平洋航线(远东—北美航线),②跨大西洋航线(北美—欧洲、地中海航线),③欧洲、地中海—远东航线,④远东区域内航线(中、韩、日—东南亚航线),⑤远东—澳新航线,⑥澳新—北美航线,⑦欧洲、地中海—西非、南非航线。这七大航线中,以跨太平洋航线、跨大西洋航线和欧洲、地中海—远东航线最为重要,这三大航线占全球总运量比例高达45%,其中,跨太平洋航线占17%,跨大西洋航线占9%,欧洲、地中海—远东航线占19%。

2. 港口(port)

港口是指在江、河、湖、海岸边设立码头以供船舶靠泊,旅客上下船和货物装卸的场所。港口可分为基本港和非基本港。

(1)基本港(base port)是运价表限定班轮公司的船一般要定期挂靠的港口。大多数为位于中心的较大口岸,港口设备条件比较好,货载多而稳定。规定为基本港口就不再限制货量。运往基本港口的货物一般均为直达运输,无须中途转船。但有时也因货量太少,船方决定中途转运,由船方自行安排,承担转船费用。按基本港口运费率向货方收取运费,不得加收转船附加费或直航附加费,并应签发直达提单。

(2)非基本港(non-base port)。凡基本港口以外的港口都称为非基本港口。非基本港口一般除按基本港口收费外,还需另外加收转船附加费。达到一定货量时则改为加收直航附加费。例如新几内亚航线的侯尼阿腊港(HONIARA),便是所罗门群岛的基本港口;而基埃塔港

(KIETA),则是非基本港口。运往基埃塔港口的货物运费率要在侯尼阿腊运费率的基础上增加转船附加费43.00美元(USD)/FT。

世界上的主要贸易港口共有2500多个,其中,分布在太平洋沿岸的港口约占世界港口的1/6,大西洋沿岸的港口约占3/4,印度洋沿岸的港口约占1/10。其中较有名的有:荷兰的鹿特丹港,美国的纽约港、新奥尔良港和休斯敦港,日本的神户港和横滨港,比利时的安特卫普港,新加坡的新加坡港,法国的马赛港,英国的伦敦港等。

我国东临大海,海域面积约为338万平方米。在辽阔的海面上,分布着5000多个大大小小的岛屿,海岸线总长约3.2万公里,其中,北起中朝交接的鸭绿江口,南至中越交界的北仑河口,海岸线长约1.8万公里。我国沿海有许多终年不冻的天然良港,为我国海运事业的发展提供了优越条件,如上海港、天津港、深圳港、宁波港、大连港、青岛港、烟台港、日照港、连云港港、温州港、福州港、厦门港、汕头港、广州港等。

(二)船期表

1. 班轮船期表(liner schedule or service schedule)

班轮船期表是班轮航行靠泊的时间表,是班轮运输营运组织工作中的一项重要内容。其作用首先是为了招揽航线途经港口的货载,既满足货主的需要又体现海运服务的质量;其次是有利于船舶、港口和货物及时衔接,以便提高船舶装卸效率,减少船舶在港停留时间;再次是有利于提高船公司航线经营的计划质量。

班轮船期表主要包括:航线、船名、航次编号、始发港、中途港、终点港、预计到离港时间(ETD和ETA)及其他相关事项(见表2-2所举范例)。

表2-2 宁波—美西北、加拿大航线

Vessel		Voy	ETD Ning Bo	ETA Pusan	ETA Seattle	ETA Vancouver
船 名		航次	宁波	釜山	西雅图	温哥华
CSCL MANZANILLO	中海曼萨尼约	0055E	4/Jul	5/Jul	16/Jul	17/Jul
TIGER	中海猛虎	0007E	11/Jul	12/Jul	23/Jul	24/Jul
HS DISCOVERER	中海发现者	0007E	18/Jul	19/Jul	30/Jul	31/Jul
HANJIN PUNTA ARENAS	阿瑞纳斯	0005E	25/Jul	26/Jul	6/Aug	7/Aug

进场时间周二10:00到周六20:00,截单时间为周五13:00

2. 船期表上常见的英文缩写

ETA	Estimated time of arrival	船舶预计抵达的时间
ETD	Estimated time of departure	船舶预计离港的时间
ETS	Estimated time of sailing	船舶预计开航时间
ETB	Estimated time of berthing	船舶预计停靠码头的时间
P. P.	Freight Pre-paid	运费预付
C. C.	Freight Collect	运费到付

3. 船期表上的时间

(1) BOOKING CLOSING：截订舱单期。船公司接受订舱的最后日期，超过截订舱单期，如果船公司同意再次接受订舱，称之为"加载"。

(2) CY OPEN：开港期或开仓时间。货主订舱后，船公司会放 S/O 给货主，上面具体写明各项日期，以便货主安排提柜装货。开仓时间是可以提空柜的最早时间，如果还没有到开仓时间，则不能向码头或船公司指定地点提取空柜。

(3) CY CLOSING：截重时间。截重时间指重柜返回码头 CY 的截止日期，也叫截港期或截仓期，是货物运到港口仓库的最后时限，是码头截止收重柜的时间。该时间之前，装好货的货柜可以入码头货物仓，过了之后就不可以再进入码头，一般是船开日（ETD）前 1～2 天。（散货是提前 5～7 天）。

(4) CUSTOMS SUBMISSION（CY Cut）：截关时间又称截关期，是截止报关放行的时间。也叫截放行条时间。货物必须要在此时间之前做好报关放行的工作，递交海关放行条给船公司。在此时间之后再递交海关放行条，船公司将视货物未能清关放行，不允许上船。一般是船开日前 1～2 天（散货是提前 5～7 天），而且一般是在截港时间后半个工作日。

(5) S/I CLOSING TIME（ S/I Cut）：截补料时间，也称截文件时间（SI cut off time）。截补料时间是发货人向船公司递交制作提单所需资料的最晚时间，也就是船公司最后更改提单格式的时间。在此之前，提单格式和资料可以多次修改，在此之后，提单修改将会产生改单费用，这个时间没有标准，各个船公司不一样，有的是开船日，有的是开船后一周之内。

S/I CLOSING，是美线的特殊要求，跟其他航线的不同。货代必须于开船之前 48 小时把货物等资料报给承运人。承运人必须于开船之前 24 小时将货物资料通过 AMS（automated manifest system）系统报美国海关，向美国海关提交准确完整的装船货物申报单。所以截止补料的时间较早，欧洲等其他国家都在船开之后，EDI（electronic data interchange）电子数据交换之前截取补料。

AMS 费用（automated manifest system——自动舱单系统，又称反恐舱单费，信息费），进口美国的货物（世界各地）都需要提供货物申报单并缴纳 AMS 费用，申报包括货物的具体中英文品名，货物毛重、件数、体积计量单位，真实的收发货人名称、地址等数据。一般要求在截关前一天完成。

(三)运价本

运价本（tariff），也称费率本或运价表，是船公司承运货物向托运人据以收取运费的费率表的汇总，运价本主要由条款和规定、商品分类和费率三部分组成。

承运人有时会在提单中列入有关运价本的条款，用以说明承运人的运价本的作用。因为提单的正面和背面条款虽已很多，但却是固定格式，因而不可能经常改变。同时，运输合同下各项费用的收取，结算的依据还会与具体港口的特殊要求相对应，并随市场的变化而变化。所以，承运人会用运价本的形式对此做出规定。货运代理人应充分注意承运人运价本的内容和变化。

按运价制定形式不同，运价本可以分为等级费率本和列名费率本。

1. 等级费率本

等级费率本中的运价是按商品等级来确定的。这种运价是按照货物负担运费能力的定价原则，首先根据货物价格，将货物划分为若干等级；之后确定不同等级的货物在不同航线或港口间不同等级的运价。同一等级的商品在同一航线或港口间运输时，使用相同的运价。这种运价的运价表附有"商品分级表（scale of commodity classification）"（见表2-3）。在计算运费时，首先根据商品的名称在"商品分级表"中查找出该商品所属等级，再从该商品的运输航线或运抵港口的"等级费率表（scale of rates）"（见表2-4）中查找该级商品的费率。

商品分类部分按英文字母顺序排列，在每一商品后面注明商品等级。费率表部分按航线划分，制定每一航线与商品等级相对应的集装箱和杂货费率。随着集装箱运输的发展，货物等级差别越来越小，现在几个等级货物的运价基本或完全相同，商品的分类也趋于简单。

2. 列名费率本

列名费率本，也称单项费率运价本，其中的运价是根据商品名称来确定的。对各种不同货物在不同航线上逐一确定的运价称为单项费率运价。按照货物名称和航线名编制的这种运价表也称作"商品运价表（commodity freight rate tariff）"。所以，根据货物名称和所运输的航线，即可直接查出该货物在该航线上运输的运价。

在商品运价表中，对每一个商品都给定一个运价。列名费率本在商品分类部分的商品后面注明了商品编号；费率部分则按编号列出每一编号的商品的不同目的地费率。根据商品的种类确定费率的理论也是货物负担运费能力定价原则。在这种运价本中，每一种货物的运价都很明确，但运价本使用不方便，查阅量大，且新产品必须随时登记新运价。

表2-3 货物等级表（节选）

货名	COMMODITIES	级别	计费标准
竹制品	bamboo products	8	m
推车	barrow	8	w/m
各种豆	beans. all kinds	5	w/m
自行车及零件	bicycles & parts	9	w/m
电缆	cable	10	w/m
蜡烛	candle	6	m
各种罐头	canned goods. all kinds	8	w/m
未列名货	cargo n. o. e	12	w/m
钟及零件	clocks & spare parts	10	m
计算机和复印机	computer & duplicator	12	w/m
棉布及棉纱	cotton goods & piece goods	10	m
棉线及棉纱	cotton thread & yarn	9	m
各种毛巾	cotton towels, all kinds	9	m
铜管	copper pipes	12	w/m

034

续表 2-3

货名	COMMODITIES	级别	计费标准
非危险化学品	chemicals, non-hazardous	12	w/m
半危险化学品	chemicals, semi-hazardous	17	w/m

表 2-4 班轮航线费率表(中国—加拿大)(节选)

CLSCALE OF CLASS RATES FOR CHINA—CANADA SERVICE

Class	West Canada Vancouver	East Canada St. . John	CLHalifaxntreal, Quebec, Toronto Hamilton
1	150.00	177.00	193.00
2	159.00	185.00	202.00
3	167.00	193.00	211.00
4	175.00	201.00	220.00
5	183.00	215.00	235.00
6	194.00	231.00	252.00
7	205.00	248.00	270.00
8	219.00	264.00	288.00

四、国际海运组织

随着国际海运业的不断发展,各国政府和非政府组织相继成立了一些政府间国际组织和非政府间国际组织,海运企业间也成立了一些具有经营协作性质的国际组织。这些组织在保证海运安全、建立国际公约和提供海运服务等方面起着重要作用。

(一)国际海事组织

1948 年 2 月 9 日联合国在日内瓦召开海事大会,并于同年 3 月 6 日通过了成立"政府间海事协商组织"(IMCO)的公约,即《政府间海事协商组织公约》。该公约于 1958 年 3 月 17 日生效。1959 年 1 月在伦敦召开的第一次大会期间,政府间海事协商组织正式成立。1982 年 5 月 22 日,该组织更名为"国际海事组织"(International Maritime Organization,IMO)。国际海事组织是联合国在海事方面的一个技术咨询和海运立法机构,是政府间的国际组织(Inter Government Organization)。所有联合国成员国均可成为国际海事组织的会员国。我国于 1973 年 3 月 1 日正式参加国际海事组织,并于 1975 年当选为理事国。

国际海事组织的宗旨是:"在与从事国际贸易的各种航运技术事宜的政府规定和惯例方面,为各国政府提供合作机会;并在与海上安全、航行效率和防止及控制船舶造成对海洋污染有关的问题上,鼓励和便利各国普遍采用最高可行的标准。"国际海事组织还负责处理与这些宗旨有关的行政和法律事宜。

(二)波罗的海国际海事协会与国际海事委员会

除国际海事组织外,还有一些国际航运组织是属于非政府间的国际组织(Non-Government Organization)。这些非政府间的国际航运组织都是由航运企业以及与航运有关的机构联合而成的学术性和咨询性的民间团体。因参与的成员众多,它们还能在国际海运政策方面起到协调和咨询的功能。非政府间国际航运组织中比较著名的有:国际航运公会(International Chamber of Shipping,ICS),波罗的海国际海事协会(Baltic and International Maritime Council,BIMCO),国际海事委员会(Committee Maritime International,CMI)。在国际海上货运代理实践中,如果遇到相关业务问题时,可以向有关组织如波罗的海和国际海事协会或国际海事委员会等咨询。

波罗的海国际海事协会(BIMCO)成立于1905年,总部设在丹麦的哥本哈根。协会成员有航运公司、经纪人公司以及保赔协会等团体或俱乐部组织。该协会的宗旨是:保护会员的利益,为会员提供情报咨询服务;防止运价投机和不合理的收费与索赔;拟订和修改标准租船合同和其他货运单证;出版航运业务情报资料等。情报咨询是该协会的基本活动。其服务项目包括:解释租船合同条款,发生争议时提供建议;提供港口及航线情况;提供港口费用和使用费账单等具体资料。它共出版九种协会刊物,如协会每周通知、专门通告、双月通讯等,同时拥有丰富的资料供会员索取并有大量资料发表在刊物上。该协会在联合国贸发会议及国际海事组织中享有咨询地位。

国际海事委员会(CMI)1897年成立于比利时布鲁塞尔。它的主要宗旨是促进海商法、海运关税和各种海运惯例的统一。它的主要工作是草拟各种有关海上运输的公约,如有关提单、有关责任制、有关海上避碰、有关救助等方面的国际公约草案。国际上第一个海上货物运输公约——著名的《海牙规则》就是由该委员会在1921年起草,并在1924年布鲁塞尔会议上讨论通过的。1968年又对《海牙规则》进行了修正,成为最终通过的《海牙—维斯比规则》,即《1968年布鲁塞尔议定书》。

(三)班轮公会与联营体

目前还存在着由国际海运企业成立的具有经营协作性质的国际组织,主要有班轮公会、协商协议、联营体、战略联盟等形式。班轮公会(liner conference)与联营体(consortium or consortia)是有代表性的、有经营协作性质的航运企业间的国际组织。

1. 班轮公会

班轮公会又称班轮航运公会、运价协会、水脚公会,是指在同一航线上或相关航线上经营班轮运输的两家以上运输企业,为了避免相互之间的激烈竞争,通过制定统一的费率或最低费率以及在经营活动方面签订协议,而组成的联合经营组织。世界上第一个班轮公会于1875年诞生在英国至加尔各答航线上,然后发展遍及全世界,到20世纪70年代初,全世界共有360多家班轮公会。

班轮公会成立的目的确定了其两个方面的主要业务:一个方面是属于限制和调节班轮公会内部会员间相互间竞争的业务活动;另一个方面则是为了防止或对付来自公会外部的竞争,以达到垄断航线货载目的的业务活动。限制或调节班轮公会内部相互竞争的主要业务有:协定费率、统一安排营运、统筹分配收入、统一经营等。防止或对付来自公会外部竞争的措施有：延期回扣制、合同费率制、联运协定、派出"战斗船"等。

进入 20 世纪 70 年代以后，班轮公会遭遇到来自几方面的强有力挑战。首先，托运人的力量日益壮大，托运人协会在班轮市场中日益发挥更加重要的作用，极大地限制了公会政策的实施范围；许多国家纷纷制定了对公会不利的法律政策，如 1983 年生效的联合国班轮公会行动守则规定不得派出战斗船，美国 1984 年航运法规定公会失去了定价权；再次，班轮集装箱化使服务质量差别缩小，船公司单独介入航线的运输并提供高附加值的服务已经成为可能，进而产生了班轮公会的强大竞争对手。20 世纪 80 年代末期至 90 年代初期，世界各主干航线上先后达成了一些公会成员与独立承运人之间的各种稳定协议，如 1988 年的越太平洋航线协商协定（Transpacific Discussion Agreement，TPDA）、1989 年的越太平洋航线稳定协议（Trans Pacific Stabilization Agreement，TSA）、1991 年的西向越太平洋航线稳定协议（TAA，1994 年改为 TACA）、1992 年的欧亚贸易协定（Europe-Asia Trade Agreement，EATA）等。除了上述干线达成的协议外，在支线运输上，公会内外的船公司也纷纷携起手来，签署有关协商协定。

2. 联营体

国际班轮运输市场上以班轮公会为主要组织形式的旧的体制已越来越难以适应市场新的需要，20 世纪 70 年代，一些船公司开始组织或加入联营行列，出现了公会内部成员公司组成的非独立法人的联营体。

联营体是两个或两个以上主要通过集装箱方式提供国际班轮货物运输服务的船公司之间的协议，该协议可以是关于一条或数条航线的贸易，协议的主要目的是在提供海运服务时共同经营、相互合作、提高服务质量，主要方式是利用除固定价格以外的技术、经营、商业安排等使各自的经营合理化。

1995 年，随着欧亚航线几大主要联营体的期满解散，各大班轮公司迅即开始新一轮组合，并将这种联营行动从欧亚航线推广到亚洲/北美航线、欧洲/北美航线，航运联营体由此进入一个新的阶段，即战略联盟。战略联盟的目的和出发点是在一些公司间建立起基于全球范围内的合作协议，其不统一运价，而是通过舱位互租、共同派船、码头经营、内陆运输、集装箱互换、船舶共有、信息系统共同开发、设备共享等各种方式致力于集装箱运输合理运作的技术、经营或商业性协定。

第二节　国际杂货班轮货运代理业务

一、杂货班轮货运程序

在集装箱运输出现以前，班轮运输主要是杂货班轮运输。由于班轮运输服务对象众多，承运货物的批量小，挂靠港口多，装卸作业频繁，出现货损货差的情况较为复杂，为使货物装卸运输的过程能顺利进行并防止或减少差错，在多年的实践中必须建立一套行之有效的程序。

(一)货物出运

杂货班轮运输的第一个环节是办理货物出运手续。对托运人及其代理人而言,他们需要选择班轮公司,办理货物托运手续以及与班轮公司进行货物交接。在这个环节,班轮公司的主要工作包括揽货、接受订舱以及确定航次货运任务等内容。

1. 揽货及揽货员

揽货即招揽货源,是指国际货运代理企业通过一定的营销手段争取对货物的承运权,以期获得最好的经营效益的行为,也称为揽载。为了迎合行业习惯,揽货员通常被称为业务人员或业务代表,而其所在部门称为业务部,其收入一般是基本工资加业务提成。揽货作为船公司开展业务的第一环节,也是关键的环节。船公司为使自己所经营的船舶在载重量和载货舱容两方面都能得到充分利用,会通过各种途径从货主那里争取货源,揽集货载。

2. 订舱

订舱(booking)是指托运人或其代理人向承运人或其代理人预定舱位的行为。托运人订舱时,需要填写订舱委托书,而承运人或其代理人如能接受托运人的订舱请求,便会发出一份订舱确认书。订舱委托书可视为要签约,而订舱确认书可视为承诺。托运人一旦收到班轮公司订舱确认书,就意味着托运人与承运人之间的货物运输契约关系成立。在集装箱运输普及的今天,"订舱"的含义已有所扩展,已不仅仅是租定某条船的部分舱位,也可以是预定若干集装箱的箱位。

实践中,订舱可分为出口地订舱、进口地订舱和异地订舱等多种形式。

(1)出口地订舱。这是指在货物的出口地或装船港,由发货人或其代理直接向所在地承运人或其代理进行的订舱。国际贸易中,如果货物以 CIF 价格术语成交,此时需要有出口商安排货物运输。所以订舱工作多数会在货物出口地由出口商办理。

(2)进口地订舱。这是指在货物的进口港或目的地,由收货人或其代理通过承运人在进口港货物目的地的代理进行的订舱。在国际贸易中,如果货物以 FOB 价格术语成交,则货物运输由进口商安排。此时,订舱工作很可能在货物进口地由进口商办理。实践中,此类货物称为"指定货"。

(3)异地订舱。这是指发货人在货物产地或非装运港(地)的其他地方直接向出口地的承运人或其代理进行的订舱。

订舱的方式还可分为暂时订舱和确定订舱。

(1)暂时订舱。这是指托运人或国际货代企业向承运人订舱时只是为了预定舱位而没有特定的货物要运载。在海运中,一般是在运输船舶到港这一段提出的订舱。采用暂时订舱的原因是担心舱位紧张。在许多国家中,允许暂时订舱,危险品运输除外。

(2)确定订舱。确定订舱是委托人根据信用证或合同的要求和货物出去的时间,选择合适的船舶,在船期表或航空运输规定的截单日期之前,向承运人或其代理人以口头或书面形式提出的订舱。就海运来说,国际货代企业应该提交以下确切信息:订舱船名,接货地点,装货港,卸货港,交货地点,揽货代理名称,货物数量、包装、重量,接货方式,所需空箱书,装箱地点等。国际货代企业向船公司确定订舱一般是在截单日前几天,因为船公司到那个时候才放舱。

(二)货物的装船与卸船

1. 货物装船作业的形式

(1)现装或直接装船。杂货班轮运输中,除另有规定外,一般都规定托运人应将其托运的货物送至船边,如果船舶实在锚地或浮筒作业,托运人还应用驳船将货物驳运至船边,然后进行货物的交接和装船作业。对于某些特殊货物,如危险货物、鲜活货、贵重货、重大件货物等,通常采取由托运人将货物直接送至船边交接装船的形式,即采取现装或直接装船的方式。

(2)仓库收货,集中装船。为了提高装船效率,加速船舶周转,减少货损、货差现象,在杂货班轮运输中,对于普通货物的交接装船,通常采用由班轮公司在各装货港指定装船代理人,由装船代理人在各装货港的指定地点(通常为港口码头仓库)接收托运人送来的货物,办理交接手续后,将货物集中整理,并按次序进行装船的形式即"仓库收货,集中装船"。

不论是直接装船还是集中装船,托运人都应承担将货物送至船边的义务,而作为承运人的班轮公司的责任则是从装船时开始,除非承运人与托运人之间另有不同的约定。即便是"仓库收货,集中装船",船公司的责任期间也并没有延伸至仓库收货时。

2. 货物卸船交货的形式

(1)直接卸货。在杂货班轮运输中,直接卸货是指将船舶所承运的货物在提单所载明的卸货港从船上卸下,并在船边交给收货人同时办理货物的交接手续。对于危险货物、重大件货物等特殊货物,通常采取由收货人办妥进口手续后来船边接收货物,并办理交接手续的现提形式。

(2)集中卸船,仓库交货。为使船舶在有限的停泊时间内迅速将货卸完,实际过程中通常由船公司指定装卸公司作为卸货代理人,由卸货代理人总揽卸货和接收货物并向收货人实际交付货物的工作。因此,对于普通货物,通常采取先将货物卸至码头仓库,进行分类整理后,在向收货人交付的所谓"集中卸船,仓库交货"的形式。

与装船的情况相同,在杂货班轮运输中,不论采取怎样的卸船交货的形式,船公司的责任都是以船边为责任界限,而且卸货费也是按这样的界限划分的。

因此,在杂货班轮运输中,承运人对承运货物的责任期间为"船舷至船舷"或"钩至钩"。

(三)提取货物

在杂货班轮运输实践中,多采用"集中卸船,仓库交付"的形式。所以,通常是收货人先取得提货单,为货物办理进口手续后,再凭提货单到堆场、仓库等存放货物的现场提取货物。而收货人只有在符合法律规定及航运惯例的前提条件下,才能取得提货单。

在使用提单的情况下,收货人必须把提单交回承运人,并且该提单必须经适当正确的背书,否则船公司没有交付货物的义务。收货人还必须付清所有应该支付的费用,如到付的运费、共同海损分担费等,否则船公司有权根据提单上的留置权条款的规定,暂时不交付货物,直至收货人付清各项应付的费用。如果收货人拒绝支付应付的各项费用而使货物无法交付时,船公司还可以经卸货港所在地法院批准,对卸下的货物进行拍卖,以拍卖所得价款充抵应收取的费用。因此,货运代理人应及时与收货人联系,取得经正确背书的提单,并付清应该支付的费用,以便换取提货单,并在办理了进口手续后提取货物。

在已经签发了提单的情况下,收货人要取得提货的权利,必须以交出提单为前提条件。但是在实际过程中,各种由于提单邮寄延误,或者作为押回的跟单票据的提单未到达进口地银行,或者虽然提单已到达进口地银行,而因为汇票的兑现期限的关系,在货物已运抵卸货港的情况下,收货人还无法取得提单,也就无法凭提单换取提货单提货。此时按照航运习惯,收货人就会开具由一流银行签署的保证书(保函),以保证书交换提货单后提货。船公司同意凭保证书交付货物是为了能尽快交货,而且除有意欺诈外,船公司可以根据保证书将凭保证书交付货物而发生的损失转嫁给收货人或保证银行。但是,由于违反运输合同的义务,船公司对正当的提单持有人仍负有赔偿一切损失责任的风险。因此,船公司会及时要求收货人履行解除担保的责任,即要求收货人在取得提单后及时交给船公司,以恢复正常的交付货物的条件。

实践中,船公司要求收货人和银行出具的保证书的形式和措辞虽各不相同,但主要内容都包括因不凭提单提货,收货人和保证银行同意赔偿由此造成的一切损失、损害或费用,并承担连带责任。

二、杂货班轮代理业务流程

前文叙述的是杂货班轮货运的一般流程,下面将从货运代理人的角度,分别讲述出口和进口货运代理业务的具体流程。

(一)出口代理业务流程

1. 接受货主订舱委托
出口企业根据合同或信用证填制海运出口货物代运委托书,随附商业发票、装箱单等必要单据,委托货运代理企业订舱,有时还委托其代理报关及货物储运等事宜。

2. 代为订舱
货代根据出口企业的海运出口货物代运委托书,向船公司在装货港的代理人(也可以直接向船公司)提出货物装运申请,缮制并递交托运单,连同商业发票、装箱单等单据一同向船公司或船舶代理人办理订舱手续。

3. 船公司确认订舱
船公司同意承运后,则在托运单上编号(一般就是将来的提单号),填上船名、航次,并签署。同时,将配舱回单、装货单等与托运人有关的单据退还给货运代理。货代应按照船公司要求,及时将货物送至指定的港口仓库。

4. 出口报关、报检
货代持船公司签署的装货单以及报关所需的全套必要文件,向海关办理货物出口报关、验货放行手续。货代也可接受货主委托,代办货物的出口检验。海关查验后,如同意放行,则在装货单上盖放行章,并将装货单退还货运代理人。

5. 货物装船
货运代理人根据船公司的指示,将海关放行的货物送至指定地点准备装船。

6. 换取正本提单
货物装船完毕,船上的大副签发收货单并转交给货运代理人。货运代理人持大副收据到船公司在装货港的代理人处付清运费(运费预付情况下),换取正本已装船提单。

7. 将提单交货主

货运代理在向出口企业转交海运提单前,一般会要求出口企业付清运费及相关费用。出口企业凭已装船提单才能办理结汇。

(二)进口代理业务流程

我国海运进口货物一般常采用 FOB 条件成交,下面介绍 FOB 条件下的进口货物运输代理业务。

1. 根据货主委托订舱

在合同规定交货前一定时期内,卖方应将预计装运日期通知买方。买方收到通知后,及时书面委托货运代理办理租船订舱手续。货代在订妥舱位后,及时将船名、航次、船期通知买方,以便其向卖方发出派船通知。同时,货代还要通知装货港船务代理,及时与卖方或其货运代理联系,以便船货衔接。

2. 掌握船舶动态,汇集单证

当船舶装运后,货运代理人通过填写运输卡片和进口船舶动态表以及班轮进口动态板,随时掌握进口船舶动态和船期,作为安排船、货的依据。同时,及时收集整理各种商务单证和船务单证,以便做好卸货准备。

3. 监督卸货

按我国港口规定,由船方申请外轮理货公司代表船方与港区交接货物。货运代理则代表买方在现场监卸。

4. 换取提货单

如前所述,在班轮运输实践中,通常是先凭正本经背书的提单、箱单、发票、合同、商检证明等到船务代理公司换取提货单,然后再办理进口报关手续。

5. 进口报关报检

进口货物到港后,首先要填制"进口货物报关单",随附提单副本、发票、装箱单或重量单、销售合同,有的还要提供品质检验证书、原产地证书、进口许可证、危险品说明书等有关单证,向海关报关。经海关核准无误或查验无误后,才准予放行。

6. 提货、代运并交付货物

实务中,货运代理将加盖海关放行章的提货单交给货主即为交货完毕的称为"货主自提"。委托货运代理人办理交接,并安排运力,将货物转运到收货人指定地点,称为"进口代运"。对于普通杂货一般采用仓库提货的方式,即货主或其代理人与港方仓库、货场的理货人办理交接手续。货主及其代理要付清货物在港区堆存会产生的保管费等各项费用。对于危险货物或重大超限货物等特殊货物,一般采用船边提货的方式即货物卸船时,直接在船边进行交接。

三、杂货班轮货运单证

在杂货班轮运输中,从办理货物托运手续开始,到货物装船、卸船直至货物交付的整个过程,都需要编制各种单证。这些单证是在货方(包括托运人和收货人)与船方之间办理货物交接的证明,也是货方、港方、船方等单位之间从事业务工作的凭证,又是划分货方、港方、船方各自责任的必要依据。

(一)在装货港编制使用的单证

1. 海运出口货物代运委托书

海运出口货物代运委托书是委托方(出口企业)向被委托方(货运代理人)提出的一种"要约",被委托方已经书面确认就意味着双方之间委托代理关系的成立,因此委托书应由委托单位盖章,使之成为有效的法律文件。货运代理人接到委托书后,如不能接受或某些要求无法满足,应及时做出反应,以免耽误船期,承担不必要的法律责任。

2. 装货联单

货运代理人接受委托后,一般会以口头形式向班轮公司预订舱位,如果班轮公司对这种要约表示承诺,则运输合同关系即告成立。但是,按照国际航运界的通常做法,托运人还需要向班轮公司提交详细记载有关货物情况及运输要求等内容的书面凭证。在业务实践中,一般是由货运代理人根据委托人提供的委托书,向船舶代理人申请托运,然后填写装货联单并提交给船舶代理人。

杂货班轮运输中使用的装货联单是在装货单(shipping order)和大副收据(mate's receipt)基础上发展而成的一种多功能单据,一般为一套10联(沿海各大港口不尽相同),长短联配套使用。虽然我国各个港口使用的装货联单的组成不尽相同,但主要都是由托运单(booking note)及其留底(counterfoil)、装货单(shipping order, S/O)和收货单(mate's receipt, M/R)等各联组成的。

(1)订舱单。订舱单也称托运单,是托运人根据贸易合同或信用证的条款内容填写的(实践中通常是货运代理人根据托运人提供的委托书来填写),向承运人或其代理人办理货物托运的书面凭证(一式两份)。在实务中,托运人通常是先以口头、函电、互联网等方式向船公司或船代订舱。在订妥所需的舱位后,还需要及时缮制船公司或船代所提供的托运单并提交船公司或船代,即以书面形式做出真实的订舱申请,船公司审核无误后,便在托运单上编号,填写承运船名和航次,并加盖印章,以示订舱确认。而后船公司或船代将托运单留下,船公司凭此缮制装货清单和积载图,打制出口载货清单、运费清单,结算运费,存档备查和作运费资料。副本退还托运人留底备查。托运单一经船公司或船代签章确认,即视为船方已经接受这一托运,承、托之间的运输合同关系即告建立。托运单的主要内容包括托运人、收货人、通知人、装货港及目的港、预配船名及航次、货名、件数及包装、重量、尺码等内容。

(2)装货单。装货单在业务中也称"下货纸"、"配载通知",是船公司或其代理在接受托运人提出的托运申请后,发给托运人或货代的向船方交货的凭证,是托运人(实践中通常是货运代理人)填制交班轮公司或其代理审核并签章后据以要求船长将货物装船承运的凭证,也是托运人或货代凭以向海关办理货物出口申报手续的单据之一。样图见图 2-1。

签发装货单时,船公司或其代理人会按不同港口分别编制装货单号(最终的提单号基本上与装货单号相同)。签发装货单后,船、货、港各方都需要一段时间来编制装货清单、积载计划、

中国外轮代理公司
CHINA OCEAN SHIPPING AGENCY
装货单
SHIPPING ORDER　　　　　S/O NO. _____

船名
S/S _____　目的港
For _____

托运人
Shipper _____

收货人
Consignee _____

通知
Notify _____

兹将下列完好状况之货物装船并签署收货单据。
Received on board the under mentioned goods apparent in good order and condition and sign the accompanying receipt for the same.

标记及号码 Marks & Nos.	件数 Quantity	货名 Description of Goods	毛/净重量(公斤) Weight In Kilos		尺码 Measurement 立方公尺 CBM
			Net	Gross	
共计件数(大写) Total Number of Packages in Writing					

日　期
Date _____　时　间
Time _____

装入何舱
Stowed _____

实　收
Received _____

理货员签名
Tallied By _____　经办员
Approved By _____

注：装货单中日期、时间、装入何舱、实收等内容，是在装船完毕后由理货员如实填写。

图 2-1　装货单

办理货物报关、查验放行、货物集中等待装船等准备工作，因此，对每一航次在装船开始前的一定时间应截止签发装货单。若在截止签发装货单日后再次签发装货单，则称之为"加载"。通常只要还没有最后编妥积载计划，或积载计划虽已编妥，但船舶的舱位尚有剩余，并且不影响原积载计划的执行时，船方都会设法安排"加载"。

装货单作为班轮运输中的主要货运单证之一，其主要作用有以下几种：

①装货单是承运人确认承运货物的证明。装货单已经签订，运输合同即告成立，船、货双方都应受到一定的约束。

②装货单是海关对出口货物进行监管的单证。海关在装货单上一旦加盖放行章，即表示

准予出口,船方才能收货装船,因此又称关单。

③装货单是承运人通知码头仓库或装运船舶接货装船的命令。托运人将装货单连同货物送交承运人指定的仓库或船舶。理货人员按积载计划由装卸工人分票装船后,即将实装数量、装舱部位及装船日期填在装货单上,交船方留存备查。所以又称"下货纸"。

(3)收货单。收货单又称为"大副收据",是指某一票货物装船后,由船上大副签发给托运人的用以证明船方已收到该票货物并已装船的凭证,也是托运人凭以换取正本已装船提单的依据。收货单同装货单一样,也是远洋班轮运输中的主要货运单证之一。样图见图2-2。

中国外轮代理公司
CHINA OCEAN SHIPPING AGENCY

收货单
MATES RECEIPT   S/O NO. _____

船名
S/S _____   目的港
                                    For _____

托运人
Shipper _____

收货人
Consignee _____

通知
Notify _____

兹将下列完好状况之货物装船并签署收货单据。
Received on board the under mentioned goods apparent in good order and condition and sign the accompanying receipt for the same.

标记及号码 Marks & Nos.	件数 Quantity	货名 Description of Goods	毛/净重量(公斤) Weight In Kilos		尺码 Measurement 立方公尺 CBM
			Net	Gross	
共计件数(大写) Total Number of Packages in Writing					

日 期
Date _____   时 间
                                     Time _____

装入何舱
Stowed _____

实 收
Received _____

理货员签名
Tallied By _____   大副
                                          Chief Officer _____

图2-2 收货单

每票货物全部装船后,现场理货员即核对理货计数单的数字,在装货单上签注实际装货数量、装船位置、装船日期并签名,再由理货长审查并签名,证明该票货物如数装船无误,然后随同收货单一起交船上大副,大副审核属实后,在收货单上签字,留下装货单,将收货单退给理货长转交托运人或货运代理人。货运代理人取得经大副签署的收货单后,即可凭以向班轮公司或其代理人换取已装船提单。

收货单的内容与装货单的内容大致相同,有时也被称为"姊妹单"。虽然内容相似,但两个单据所起的作用不同。收货单的主要作用有:

① 收货单是划分承、托双方责任的重要依据。根据《海牙规则》规定,承运人对货物承担的责任期间是从货物装上船时开始到卸下船时为止。对于货物装船前所发生的损失,承运人是不承担赔偿责任的。所以,大副在签署收货单时,会认真检查装船货物的外表状况、货物标志、货物数量等情况。如果货物外表状况不良,出现标志不清,有水渍、油渍或污渍,数量短少,货物损坏等情况时,大副就会将这些情况记载在收货单上。这种记载称为"批注",习惯上称为"大副批注"。有"大副批注"的收货单称为"不清洁收货单",无"大副批注"的收货单称为"清洁收货单"。

② 收货单是据以换取已装船提单的单证。货物装船后,经大副签字的收货单由承运船舶退还给托运人。如系预付运费,托运人在付清须预付的运费后,即可持收货单向承运人换取已装船提单。如果收货单上有大幅批注,承运人应当如实地将大幅批注转注在提单上,这种提单即为不清洁提单。

3. 装货清单

装货清单是船公司或其代理人根据装货单留底,将全船待装货物按目的港和货物性质分类,依航次靠港顺序排列编制的装货单的汇总单。其内容包括船名、装货单编号、件数、包装、货名、毛重、估计立方米及特种货物对运输的要求或注意事项等。

装货清单是大副编制积载计划的主要依据,又是供现场理货人员进行理货、港口安排驳运、进出库场以及掌握托运人备货及货物集中情况等的业务单据。

4. 载货清单(manifest, M/F)

载货清单又称舱单,是在货物装船完毕后,根据大副收据或提单编制的一份按卸货港顺序逐票列名全船实际载运货物的汇总清单。其内容除应逐票列明货物的详细情况,包括提单号、标志、货名、件数及包装、重量、尺码外,还应列明货物的装货港和卸货港,船名及船长名、开航日期等。载货清单是船舶装载进、出口货物的明细申报表。分"出口载货清单"和"进口载货清单"两种。

载货清单是国际航运实践中一份非常重要的通用单证。船舶办理进出口报关手续时,必须递交载货清单,载货清单是海关对船舶所载货物进出境进行监管的单证。载货清单又是港方及理货机构安排卸货的单证之一。在中国,载货清单还是出口企业在办理货物出口后,申请退税,海关据以办理出口退税手续的单证之一。在中国,载货清单还是随船单证之一,以备中途挂港或到达卸货港时办理进口报关手续时使用。另外,进口货物的收货人在办理货物进口报关手续时,载货清单也是海关办理验放手续的单证之一。载货清单样图见图2-3。

出口载货清单

EXPORT MANIFEST

船名 M. V. _____ 航次 Voy. _____ 船长 Captain _____ 从 From _____ 到 to _____

开航日期 Sailed _____ 页数 Sheet No. _____

提单号码 B/L No.	标志和号数 Marks & Numbers	件数及包装 No. of Packages	货名 Description of Goods	重量 Weight 公斤 Kilos.	收货 Consignees	备注 Remarks

图 2-3 载货清单

5. 货物积载图(stowage plan)

货物积载图是以图示的形式来表示货物在船舱内的装载情况,使每一票货物都形象具体地显示其在船舶内的位置。货物积载图可分为计划积载图和实际积载图。

6. 危险货物清单(dangerous cargo list)

危险货物清单是专门列出船舶所载运全部危险货物的汇总清单。为确保船舶、货物、港口及装卸、运输的安全,包括我国在内的世界上很多国家的港口都规定,凡船舶载运危险货物都必须另行单独编制危险货物清单。该单具有警示性的颜色并附加特别标志,以便于识别。

(二)在卸货港编制使用的单证

1. 提货单(delivery order, D/O)

提货单又称小提单,是收货人凭以向现场(码头仓库或船边)提取货物的凭证。提货单的内容基本与提单所列内容相同。但提货单的性质与提单完全不同。通常由船代签发,收货人在目的港须以正本提单向船代换取提货单,凭此提货。它只不过是船公司指令码头仓库或卸货公司向收货人交付货物的凭证,不具备流通及其他作用,与 B/L 不同,不是物权凭证,见图 2-4。

2. 货物过驳清单(boat note)

货物过驳清单是采用驳船作业时,作为证明货物交接和表明所交货物实际情况的单证。过驳清单是根据卸货时的理货单证编制的,其内容包括:驳船名、货名、标识、包装、件数、舱单号、卸货日期等。有收货人、装卸公司、驳船经营人等收取货物的一方与船方共同签字确认。

3. 货物溢短单(over-landed & short-landed cargo list)

货物溢短单是指一票货物所卸下的数量与载货清单上所记载的不符,发生溢卸或短卸的

提货单

DELIVERY ORDER

_____地区、场、站　　　　SAME AS CONSIGNEE

收货人/通知方：TO ORDER OF QINGDAO MATSUDA　　　　_____年____月____日

船名 UMEKO	航次 0084W	起运港 神户	目的港 青岛
提单号 COSU7200700773	交付条款 CFS-CFS	到付海运费	合同号
卸货地点	到达日期 23/03/1999	进库场日期	第一程运输
货 名	MATERIAL OF SWITCH	集 装 箱 号 /铅 封 号	
集装箱数	1 × 20'	CBHU00164290	101462
件 数	10 PACKAGES		
重 量	232.00KG		
体 积	4.03M³		
标 志			
CF20130GF QMCOM PSW0300 C/NO. 1—10			
请核对放货 凡属法定检验、检疫的进口商品,必须向有关监督机构申报。		青岛中远集装箱船务代理有限公司	
收货人章	海关章		

图 2-4 提货单

证明单据。该单证由理货员编制,并且必须经船方和有关方如收货人及仓库等共同签字确认。样图见图 2-5。

4. **货物残损单**(broken & damaged cargo list)

货物残损单是指卸货完毕后,理货员根据卸货过程中发现的货物破损、水湿、水渍、渗漏、霉烂、生锈、弯曲变形等情况记录编制的,证明货物残损情况的单据。货物残损单必须经船方签字确认。

以上四种单据通常是收货人向船公司提出损害赔偿要求的证明材料,也是船公司处理收货人索赔要求的原始材料和依据。所以,船方在签字时会认真核对,情况属实才能给予签认。

(三)杂货班轮货物运输主要单证的缮制说明

1. **托运单**

托运单的缮制依据是国际贸易合同或信用证(或者是委托人的托运委托书)。以下就托运单的主要内容进行说明。

					No. _____					
货物溢短单 Overlanded & Shortlanded Cargo List										
					开工日期：_____年_____月_____日 Tally Commenced on _____					
船名：_____ 国籍：_____ 停泊地点：_____ S.S./M.S. _____ Nationality _____ Berthed at _____					制单日期：_____年_____月____日 Date of List _____					
溢卸货物 Overlanded Cargo					短卸货物 Shortlanded Cargo					
提单或舱单号					提单或舱单号					
B/L or Mft. No.	标志 Marks	货名 Description	件数 P'kgs	包装 Parking	B/L or Mft. No.	标志 Marks	货名 Description	件数 P'kgs	包装 Packing	
件数小计 Pkges Totalled					件数小计 Pkges Totalled					
收货人/代理人：_____ 理货组长：_____ 船长/大副：_____ Receiver/Agent：_____ Chief Tallyman：_____ Master/Chief Officer：_____										

图 2-5 货物溢短单

（1）托运人。这一栏所填写的托运人有两种情况，如果是直单业务，也就是为一个货主直接办理订舱业务，则托运人栏应与货主提供的托运到哪填写一致，即填写货主的名称和地址。如果此批业务为无船承运业务，货运代理人称为无船承运人，采用集中托运，则此栏应填写货运代理人的名称、地址和联系方式等。

（2）收货人。此栏目填写的内容应该与客户委托书填写的内容相一致。此栏内容是将来写提单的依据，应与提单中收货人的内容相一致。实践中，一般为指示提单，即收货人栏目填写为"凭指示"（即"to order"或"to order of"）。如果是无船承运人业务时，收货人栏应填写货运代理人在国外的代理。

（3）通知人。此栏目填写的内容应该与客户委托书上填写的内容相一致。此栏内容是将来填写提单的依据，应与提单中收货人的内容相一致。实际业务中，如果是采用信用证结算货款，则通知人应与信用证的要求相符。

（4）装货港及目的港。此两个栏目必须认真填写。在装货港一栏不但要填写港口名称，也要填写港区名称。在填写目的港时不仅要填写目的港名称，还要填写目的港所在国的国名。

（5）船名、航次。此栏目表示订舱时希望订的是哪一条船、哪一个航次的舱位。如果订舱时尚未能确定船名和航次，此栏目也可不填，留待班轮公司安排。

（6）唛头、件数、货物名称及重量。此项内容是关于托运货物的信息，班轮公司可从此栏目中判断出货物的性质、数量及运往的地点，以便安排舱位及运输。唛头就是运输标志，将来的提单必须与托运单中的唛头内容完全一致。

(7) 运费及运费条款。运费是班轮公司承运货物向托运人收取的费用,包括各种附加费用。在托运单中,此栏目不填写具体的费用金额。运费条款是指运费预付或是运费到付。一般而言,采用 CFR/CIF 贸易术语出口时,托运单种运费一栏填写运费预付,而在以 FOB 贸易术语进出口托运时,托运单中运费一栏填写运费到付。详见图 2-6。

海运出口托运单

托运人
Shipper _____

编号　　　　　　　　　　　　　　　　船名
No. _____ S/S _____

目的港
For _____

标记及号码 Marks & Nos.	件数 Quantify	货名 Description of goods	重量(公斤) Weight Kilos	
			净 Net	毛 Gross
共计件数(大写) Total Number of Packages Writing			运费付款方式	
运费 计算		尺码 Measurement		
备注				
抬头人		可否转船	可否分批	
通知人		装期	效期	提单张数
		金额		
收货人		银行编号	信用证号	

制单　　月　　日

图 2-6　出口托运单

(8) 签名签章。托运单只有在订舱者签名盖章后才能生效。如果货代是在网络上订舱,双方会采用其他的确认方式。

2. 装货单

装货单的内容。装货单除应记载托运人名称、编号、船名、目的港及货物的详细情况等于托运单相同的内容外,还有在货物装船后由理货人员填写的货物装船信息。一票货物装船完毕,理货员在装货单上签注实际装货数量、装船位置、装船日期并签名,再由理货长审查并签名,证明该票货物如数装船无误。签发装货单时,船公司或其代理人会按不同港口分别编制装货单号。装货单如前文图 2-1 所示。

3. 收货单

(1) 收货单的内容与装货单基本相同。

(2) 该单据在货物装船完毕后,由理货员填写,然后由大副核实无误之后签字。

第三节　国际集装箱运输代理业务

一、集装箱运输概述

(一)集装箱概念及规格

集装箱又称为货柜、货箱,原义是一种容器,具有一定的强度、刚度和规格,专用于周转使用并便于机械操作和运输的大型货物容器。因其外形像一个箱子,以集装成组货物,故称"集装箱"。

国际标准化组织根据集装箱在装卸、堆放和运输过程中的安全需要,规定了作为运输设备的货物集装箱的基本条件,即:

(1)能长期地反复使用,具有足够的强度;

(2)便于商品运送而专门设计的,在一种或多种运输中无须中途换装;

(3)设有便于装卸和搬运的装置,特别便于从一种运输方式到另一种运输方式;

(4)便于货物装满或卸空;

(5)具有1m³(即35.32 立方英尺)以上的容积。

目前使用的国际集装箱规格尺寸主要是 ISO/TC104 指定的第一系列的四种箱型,即 A、B、C、D 型。它们的外部尺寸和重量见表 2-5。

1A 型是业务中常见的 40 英尺集装箱(FEU),最多可载货 66~67 立方米,最大载重为 26 公吨左右;1C 型是业务中常见的 20 英尺集装箱(TEU),最多可载货 33 立方米,最大载重为 21 公吨。1AAA 和 1BBB 是两种超高箱型。从载货容积与重量数可知,40 英尺箱型适应于轻泡货,20 英尺箱型适应于重货。

表 2-5　国际标准集装箱外部尺寸和额定重量表

规格（ft）	箱型	长度 (mm)	宽度 (mm)	高度 (mm)	最大总重量 (kg　　1b)	
40	1AAA	12192	2438	2896	30480	67200
	1AA			2591		
	1A			2438		
	1AX			<2438		
30	1BBB	9125	2438	2896	25400	56000
	1BB			2591		
	1B			2438		
	1BX			<2438		
20	1CC	6058	2438	2591	24000	52900
	1C			2438		
	1CX			<2438		
10	1D	2991	2438	2438	10160	22400
	1DX			<2438		

集装箱技术规范因各不同船公司、不同材质而各有不同,以干货箱为例大致的数据如表 2-6所示。

表 2-6　干货箱规范

序号	区分	外尺寸			内尺寸			箱门	内容积	重量		
干货箱		长	宽	高	长	宽	高	高		自重	载重	总重
		英尺'英寸"/毫米mm			毫米mm			毫米mm	m³	千克kg		
1	20' DRY FREIGHT	20'/6058	8'/2438	8'6"/2591	5925	2340	2379	2286	2278	33	1900	22100	24000
2	40' DRY FREIGHT	40'/12192	8'/2438	8'6"/2591	12043	2336	2379	2286	2278	67	3084	27396	30480
3	40'超高DRY FREIGHT	40'/12192	8'/2438	9'6"/2896	12055	2345	2685	2340	2585	76	2900	29600	32500
4	45'超长超高DRY FREIGHT	45'/13716	8'/2438	9'6"/2896	13580	2347	2696	2340	2585	86	3800	28700	32500

为了便于计算集装箱数量,以 20 英尺的集装箱作为换算标准箱 TEU,并以此作为集装箱船载箱量、港口集装箱吞吐量等的计量单位。故存在下列换算关系:

40ft=2TEU,30ft=1.5TEU,20ft=1TEU,10ft=0.5TEU

(二)集装箱运输特点

与传统货物运输比较,集装箱运输具有以下特点:

1. 运输效率高,加快了运输工具及货物资金的周转

运输合理化关键在于装卸合理化,集装箱运输将杂货集中,成组装入货柜。整个运输过程以集装箱为单位。可以提高装卸机械化程度,改善劳动条件,减少作业次数,有效缩短装卸作业时间。运输效率高,不仅有利于车船周转,提高港口、仓库的吞吐能力,而且可因货物资金周转加快及其利息减少而使货主赢利。

2. 减少货损货差,提高货运质量

货物装在箱内,从一种运输工具转运至另一种运输工具不需要换装,货损货差及被盗的可能性大大减少,货运质量得以提高,保险费也较低。

3. 节省货物包装费用,减少运杂费支出,运输成本降低

用集装箱装运货物,商品的外包装可以简化。此外,集装箱运输,发货人在发货地一次托运交货,海关、商检在发货地检验封箱后,运输途中可凭原铅封放行,不必在拆箱检验货物,节省时间费用,简化货运监管手续。再者,集装箱可在露天存放,代替仓库,可省下部分仓储费。

4. 可实现"门到门"运输

货物从内陆发货人的工厂或仓库装箱后,经由陆、海、空不同运输方式,可一直运至内陆收货人的工厂或仓库,从而实现全程一站到底的"门到门"运输,中途无须倒载,也无须开箱检验,大大方便了货主。

(三)集装箱种类

1. 杂货集装箱

杂货集装箱又称干货箱,是一种通用集装箱,适用范围很大,除需制冷、保温的货物与少数特殊货物(如液体、牲畜、植物等)外,只要在尺寸和重量方面适合用集装箱装运的货物(适箱货),均可用杂货集装箱装运。在结构上,杂货集装箱可分为一端开门、两端开门与侧壁设有侧门,三类杂货集装箱的门均有水密性,可 270°开启。目前在国内外运营中的集装箱,大部分属于杂货集装箱。

2. 开顶集装箱

这是一种特殊的通用集装箱,除箱顶可以拆下外,其他结构与通用集装箱类似。开顶集装箱又分"硬顶"和"软顶"两种。"硬顶"是指顶篷用一整块钢板制成;"软顶"是指顶篷用帆布、塑料布制成,以可拆式扩伸弓梁支撑。开顶集装箱主要适用于装载大型货物和重型货物,如钢材,木材,玻璃等。货物可用吊车从箱顶吊入箱内,这样不易损坏货物,可减轻装箱的劳动强度,又便于在箱内把货物固定。

3. 台架式集装箱

台架式集装箱没有箱顶和侧壁,可以用吊车从顶上装货,也可以用叉车从箱侧装货,适合于装载长大件和重件货,如重型机械、钢材、钢管、木材、钢锭、机床及各种设备。

台架式集装箱的主要特点:箱底较厚,箱底的强度比一般集装箱大,而其内部高度比一般集装箱低。为了把装载的货物系紧,在下侧梁和角柱上设有系环。为了防止运输过程中货物坍塌,在集装箱的两侧还设有立柱或栅栏。台架式集装箱没有水密性,不能装运怕湿的货物。在陆上运输中或在堆场上贮存时,为了不淋湿货物,应有帆布遮盖。

4. 冷藏集装箱

冷藏集装箱指具有制冷或保温功能,可用于运输冷冻货或低温货,如鱼、肉、新鲜水果、蔬菜等食品的集装箱。冷藏集装箱分为可制冷和只具有保温功能两类。前者称为"机械式冷藏集装箱",后者称为"离合式集装箱"。机械式冷藏集装箱,内装有冷冻机,只要外界供电,就能制冷。离合式冷藏箱,是指冷冻机可与集装箱箱体连接或分离的集装箱。冷藏集装箱并不限于装运 0℃以下的货物,也可装运 0℃以上的货物。有的冷藏集装箱具有加温设备,可使箱内温度保持在 0~25℃范围。所以冷藏集装箱的运用范围相当广泛。

5. 散货集装箱

散货集装箱主要用于装运麦芽、谷物和粒状化学品等。它的外形与杂货集装箱相近,在一端有箱门,同时在顶部有 2~3 个装货口。装货口有圆形和长方形的两种。在箱门的下方还设有两个长方形的卸货口。散货集装箱除端门有水密性以外,箱顶的装货口与端门的卸货口也有很好的水密性,可以有效防止雨水浸入。散货集装箱也可用于装运普通的杂货件。

6. 通风集装箱

通风集装箱外表与杂货集装箱类似,其区别是在侧壁或端壁上设有 4~6 个通风口。当船舶驶经温差较大的地域时,通风集装箱可防止由于箱内温度变化造成"结露"和"汗湿"而使货物变质。通风集装箱适于装载球根类作物、食品及其他需要通风、容易"汗湿"变质的货物。通风集装箱的通风方式一般采用自然通风,其箱体一般采用双层结构,以便通风与排露效果较好。

7. 罐状集装箱

罐状集装箱是专门用于装运油类(如动植物油)、酒类、液体食品及液态化学品的集装箱,还可以装运酒精和其他液体危险品。罐状集装箱由罐体和箱体框架两部分构成。箱体顶部设有装货口(入孔),装货口的盖子必须有水密性,罐底有排出阀。有些液体货物随外界温度的降低会增加黏度,装卸时需要加温,所以在某些罐状集装箱的下部设有加热器。在运输途中为能随时观察罐内货物的温度,罐上一般还装有温度计。需要注意的是:罐体的强度在设计时是按满载为条件的,所以,在运输途中货物如呈半罐状态,可能对罐体有巨大的冲击力,造成危险。因此装货时,应确保货物为满罐。

8. 动物集装箱

动物集装箱是指装运鸡、鸭、鹅等活家禽和牛、马、羊、猪等活家畜用的集装箱。箱顶采用胶合板覆盖,侧面和端面都有金属网制的窗,以便通风。侧壁的下方设有清扫口和排水口,便于清洁。

9. 服装集装箱

服装集装箱是杂货集装箱的一种变形,是在集装箱内侧梁上装有许多横杆,每根横杆垂下若干绳扣。成衣利用衣架上的钩,直接挂在绳扣上。这种服装装载法无须包装,节约了大量的包装材料和费用,也省去了包装劳动。这种集装箱和普通杂货集装箱的区别仅在于内侧上梁的强度需略加强。将横杆上的绳扣收起,这类集装箱就能作为普通杂货集装箱使用。

集装箱运输的货物品种较多,货物形态各异,因此,应按货物种类选择集装箱。

(1)可以充分利用集装箱容积、重量,减少货损。按货物的种类、性质、体积、重量、形状来选择合适的集装箱是十分必要的。

(2)难以从箱门进行装卸而需要由箱顶上进行装卸作业的货物、超高货物、玻璃板、胶合板、一般机械和长尺度货物等适用开顶式集装箱。

(3)麦芽、大米等谷物类货物,干草块、原麦片等饲料,树脂、硼砂等化工原料,适用散货集装箱。

(4)肉类、蛋类、奶制品、冷冻鱼肉类、药品、水果、蔬菜适用冷藏集装箱和通风集装箱。

(5)超重、超高、超长、超宽货物适用开顶集装箱、台架式集装箱和平台集装箱,兽皮、食品类容易引起潮湿的货物适用通风集装箱。

(6)酱油、葡萄糖、食油、啤酒类、化学液体和危险液体适用罐式集装箱。

(7)猪、羊、鸡、鸭、牛、马等家禽家畜等适用动物集装箱。

(8)摩托车、小轿车、小型卡车、各种叉式装卸车、小型拖拉机等适用车辆集装箱。

(9)铝、铜等较为贵重的货物适用贵重金属专用集装箱。

(10)散件货物适用台架式集装箱、平台集装箱。

(11)弹药、武器、仪器、仪表适用抽屉式集装箱。

(四)集装箱空箱的选择、检查与提取

1. 集装箱的选择及检查

选用集装箱时,主要考虑的是根据货物的不同种类、性质、形状、包装、体积、重量以及运输要求,采用合适的箱子。首先要考虑货物是否装得下,其次再考虑在经济上是否合理,与货物所要求的运输条件是否符合。

集装箱在装载货物之前,都必须经过严格检查。一只有缺陷的集装箱,轻则导致货损,重则在运输、装卸过程中会造成箱毁人亡事故。所以对集装箱的检查是货物安全运输的基本条件之一。发货人、承运人、收货人以及其他关系人在相互交接时,除对箱子进行检查外,还应以设备交接单等书面形式确认箱子交接时的状态。

通常,对集装箱的检查应做到:

(1)外部检查,是指对箱子进行六面察看,是否有损伤、变形、破口等异样情况,如有,即做出修理部位的标志。

(2)内部检查,是对箱子的内侧进行六面察看,是否漏水、漏光,有无污点、水迹等。

(3)箱门检查,检查箱门是否完好,门的四周是否水密,门锁是否完整,箱门能否开启。

(4)清洁检查,检查箱子内有无残留物、污染、锈蚀异味、水湿。如不符合要求,应予以清扫,甚至更换。

(5)附属件的检查,是指对货物的加固环节状态,如对板架式集装箱的支柱的状态,平板集装箱、敞棚集装箱上部延伸用加强结构的状态等进行检查。

(6)检查箱子本身的机械设备(冷冻,通风)是否完好,能否正常使用。

通常发货人(用箱人)和承运人(供箱人)在箱子交接时,都应对箱子进行检查,并以设备交接单(或其他书面形式)确认箱子交接时的状态。

2. 集装箱的提取

凭集装箱设备交接单到船公司处领取空箱并装箱,实践业务中有三种做法,根据实际情况往往采取其一。

(1)货主"自拉自送"。即货主从货运代理处得到设备交接单 EIR,到指定的集装箱堆场提取空箱,将空箱运到货物存放的仓库,将货物按照集装箱货物装箱要求装入集装箱内。装箱后制作 CLP,并按要求及时将重箱送码头堆场,即集中到港区等待装船。

(2)货代提空箱至货主指定的地点做(装)箱,收取货物并送至船边装船,称之为"门到门"做箱。即货运代理持设备交接单到指定的集装箱堆场提取空箱,将空箱运至货主指定地点按照集装箱货物装箱要求装箱,制作"集装箱装箱单"CLP,然后将重箱"集港"。

(3)货主与货代交接货物,由货代提箱、装箱,称为"货物内装"。即货主将货物运至货代的货运站,货代持设备交接单到指定的集装箱堆场提取空箱,将空箱运至货运站,在集装箱货运站按照集装箱货物装箱要求装箱,制作 CLP,然后"集港"。

(五)集装箱货物的装箱方式

在集装箱货物的流转过程中,其流转形态分为两种:一种为整箱货,另一种为拼箱货。

1. 整箱货(full container cargo load, FCL)

整箱货是指由发货人负责装箱、计数、填写装箱单,并由海关加铅封的货物。通常只有一个发货人和收货人。空箱运到工厂或仓库后,在海关人员监管下,货主把货装入箱内,加锁、铅封后交承运人并取得场站收据,最后凭收据换取提单或运单。整箱货提运单上要加上"托运人装箱、计数并加铅封"的不知条款。整箱货的拆箱,一般由收货人办理。单也可以委托承运人在货运站拆箱。承运人不负责箱内的货损、货差,除非货方举证确属承运人责任事故的损害,承运人才负责赔偿。承运人对整箱货以箱为交接单位,只要集装箱外表与收箱时相似和铅封完整,承运人就完成了承运责任。

不知条款:在集装箱运输条款中,为明确承运人的责任与义务,通常会在提单正面条款中加注"不知条款"即"SHIPPER'S LOAD, COUNT & SEAL"等字样,被航运业称为"不知条款"。不知条款表示承运人只承担在箱体完好和封志完整的状况下接收,并在相同的状况下交付整箱货物的责任。因此,集装箱拖车的驾驶员在集装箱拖车的短途或中长途中应承担箱体完好及封志完整的责任。实践中,常有集装箱在公路运输途中封志被毁、箱门被撬、货物被盗的现象发生,造成经济上的损失和争议。驾驶员在途中应提高警惕,保证箱体的完整及货物的安全。

2. 拼箱货(less than container cargo load, or consolidated cargo, LCL)

拼箱货是指装不满一整箱的小票货物。这种货物通常是由货代分别揽货并在集装箱货运站或内陆站集中,而后根据货物的性质和目的地,将两票或两票以上的货物拼装在一个集装箱内,而且要在目的地的集装箱货运站或内陆站拆箱分别交货。对于这种货物,货代要负担装箱与拆箱作业,装拆箱费用仍向货方收取。承运人对拼箱货的责任,基本上与传统杂货运输相同。

整箱货和拼箱货的比较见表2-7。

表2-7 整箱货和拼箱货对比表

项目	整箱货	拼箱货
货主数量	一个货主	多个货主
装箱人	货主	货运站、集拼经营人、NVOCC
制装箱单加封	货主	货运站、集拼经营人、NVOCC
货物交接责任	只看箱子外表状况良好、关封良好,即可交接	须看货物的实际情况(如件数、外观、包装等)
提单上的不同	加注不知条款,如: ①SLAC(货主装箱、计数) ②SLACS(货主装箱、计数并加封) ③SBS(据货主称) ④STC(据称箱内包括)	SLAC/SLACS/SBS/STC 等不知条款无效
流转程序	①发货人②装货港码头堆场③海上运输④卸货港码头堆场⑤收货人	①发货人②发货地车站、码头③集装箱码头堆场④海上运输⑤卸货港码头堆场⑥收货地车站、码头货运站⑦收货人

(六)集装箱货物的交接地点与交接方式

在集装箱运输中,根据实际交接地点的不同,集装箱货物的交接有多种方式。在不同的交接方式中,集装箱运输经营人与货方承担的责任、义务不同。

1. 集装箱货物的交接地点

(1)集装箱码头堆场(container yard, CY)。集装箱码头堆场是集装箱堆放和重箱或空箱进行交接、保管和堆存的场所。在集装箱码头堆场交接的货物都是整箱交接。

(2)集装箱货运站(container freight station, CFS)。集装箱货运站是处理拼箱货的场所。它办理拼箱货的交接、配箱积载后,将集装箱送往集装箱堆场,还接受集装箱堆场交来的进口货箱,并对其进行拆箱、理货、保管,最后转交给收货人。集装箱货运站一般包括集装箱装卸港的市区货运站、内陆城市和内河港口的内陆货运站和中转站。

(3)发货人或收货人的工厂或仓库(门, door)

在发货人或收货人的工厂或仓库交接的货物都是整箱交接。一般意味着发货人或收货人自行负责装箱或拆箱。

2. 集装箱货物的交接方式

在海上集装箱班轮运输实践中,班轮公司通常承运整箱货,并在集装箱堆场(CY)交接;而集装箱拼箱货经营人则在集装箱货运站（CFS）交接。因此，在实践业务中，集装箱货物的交接方式通常主要有以下几种：

（1）门到门。一般是货物批量大、能装满一箱的货主，把空箱拉到自己的工厂仓库内加封验收，运输经营人在发货人工厂或仓库整箱接货，然后把整箱运到集装箱码头堆场，等待装船。在目的港，由运输经营人负责把货物运到收货人的工厂或仓库整箱交货，收货人在其工厂或仓库整箱接货。门到门的集装箱运输一般均为整箱货运输。运输经营人负责全程运输。

（2）门到场。发货人负责装箱并在其工厂或仓库整箱交货，运输经营人在发货人工厂或仓库整箱接货，并负责运抵卸货港，在集装箱堆场整箱交货，收货人负责在卸货港集装箱堆场整箱提货。这种交接方式表示承运人不负责目的地的内陆运输。也是整箱交接。

（3）门到站。发货人负责装箱并在其工厂或仓库整箱交货，运输经营人在发货人工厂或仓库整箱接货，并负责运抵卸货港集装箱货运站，经拆箱后按件向各收货人交付。门到站交接方式下，运输经营人一般是以整箱形态接收货物，以拼箱形态交付货物。

（4）场到门。发货人负责装箱并运至装货港集装箱堆场整箱交货，运输经营人在装货港集装箱堆场整箱接货，并负责运抵收货人工厂或仓库整箱交货，收货人在其工厂或仓库整箱接货。场到门交接方式下，货物也是整箱交接。

（5）场到场。发货人负责装箱并运至装货港集装箱堆场整箱交货，运输经营人在装货港集装箱堆场整箱接货，并负责运抵卸货港集装箱堆场整箱提货。场到场交接方式下，货物的交接形态一般都是整箱交接，运输经营人不负责内陆运输。

（6）场到站。发货人负责装箱并运至装货港集装箱堆场整箱交货，运输经营人在装货港集装箱堆场整箱接货，并负责运抵卸货港集装箱货运站或内陆站拆箱按件交货，收货人负责在卸货港集装箱货运站按件提取货物。场到站交接方式下，运输经营人一般是以整箱形态接收货物，以拼箱形态交付货物。

（7）站到站。发货人负责将货物运至集装箱货运站按件交货，运输经营人在集装箱货运站按件接收货物并装箱，负责运抵卸货港集装箱货运站拆箱后按件交货，收货人负责在卸货港集装箱货运站按件提取货物。站到站交接方式下，货物的交接形态一般都是拼箱交接。

（8）站到场。发货人负责将货物运至集装箱货运站按件交货，运输经营人在集装箱货运站按件接收货物并装箱，负责运抵卸货港集装箱堆场整箱交货。收货人负责在卸货港集装箱堆场整箱提货。站到场交接方式下，运输经营人一般是以拼箱形态接收货物，以整箱形态交付货物。

（9）站到门。发货人负责将货物运至集装箱货运站按件交货，运输经营人在集装箱货运站按件接收货物并装箱，负责运抵收货人工厂或仓库整箱交货，收货人在其工厂或仓库整箱接货。站到门交接方式下，运输经营人一般是以拼箱形态接收货物，以整箱形态交付货物。

以上9种交接方式，是集装箱运输中货物交接的基本方式。除装货港码头堆场（货运站）到卸货港码头堆场（货运站）的交接方式适用于单一海洋运输外，其他交接方式都是集装箱货物多式联运下的交接方式。

二、国际集装箱运输代理业务流程

集装箱货物运输的出口代理业务与传统的班轮运输的货物出口大体相同，所不同的是增加了集装箱这一环节,出现了发放和接收空箱和重箱、集装箱的装箱作业等环节,改变了集装箱货物的交接方式,制定和采用了适应集装箱作业和交接的单证。

(一)集装箱出口货运代理业务

1. 揽货并接受货主委托

揽货,就是招揽货源的意思,是指国际货运代理企业通过一定的营销手段争取对货物的承运权,以期获得最好的经营效益的行为,所以也称为揽载。货运代理业务中的揽货,实际上是为货主提供运输代理服务,属于货运市场营销范畴。

揽货要与客户直接接触,揽货人员通过与客户联系、接触洽谈,可以及时了解客户对货运服务的要求,尽量满足客户的要求。为力求稳定货源,保持货运量和市场份额,揽货需要与客户建立长期业务关系。

货代根据不同船公司到不同港口的运价信息,针对货主提供的货物信息,完成对货物出口货运报价工作。根据与船公司的协议或经与船公司或其代理人联系,取得订舱口头确认,可以满足货主的委托要求,即可办理委托代理手续,建立委托代理关系。当然,货运代理若不能接受或某些要求无法满足,应及时对委托人做出反应,以免耽误船期,承担不必要的法律责任。

货主接受货运代理公司的报价后,货运代理公司根据货主提供的托运委托书连同相关报关单据(包括退税单、商业发票以及不同商品海关需要缴验的各种单证),完成对货主的接单审核工作。若托运时间紧迫,也可以先交委托书,随后补交报关单据。

一般的班轮公司较少有拼箱货业务,从事拼箱货运业务的大都是国际货运代理企业。专门从事拼箱货运业务的企业,称为拼箱集运公司。这些拼箱集运公司拥有自己的货运站(CFS)。若干票到同一目的港的小批量货物,在CFS内被拼装进一个集装箱,然后转船运往目的港,再在目的港的CFS内拆箱,将货物交给各自的收货人。

在货主委托货运代理时,不论拼箱货,还是整箱货,都要求客户出具货运代理委托书,将托运货物的详细情况与运输要求详列在委托书中,如货名、数量、包装、重量、尺码等各种信息。在订有长期货运代理合同时,可能会用货物明细表等单证代替委托书。

2. 订舱与确认订舱

船公司或其代理人,或其他运输经营人在决定是否接受发货人的托运申请时,首先要考虑航线、港口、船舶、运输条件等能否满足发货人的要求。货代接受货主的委托,审核委托书及有关报关单据后,应根据货主提供的委托书、贸易合同或信用证,填制场站收据向船公司或其代理人申请订舱。缮制订舱单("场站收据"联单的第一联),递送船公司或船代,完成申请订舱工作。订舱单也称托运单,委托书是发货人向船公司或其代理人,提出托运的单证。其主要内容包括:①收货人、通知人、商品名称(中英文)、唛头、件数、包装、毛重、尺码、起运港、目的港、中转港、装运期限、配载要求、货物交运日期以及交运方式、可否分批装运;②集装箱类别、数量以及装箱或提箱要求;③运费结算方式(预付、到付金额)等。

船公司或其代理人经审核确认接受订舱申请,在场站收据第五联(装货单联)加盖确认订舱章,填写已确定的船名、航次、提单号。此时表示船公司接受订舱,承运人与托运人之间的运输契约关系已建立。船公司将接收的每一个订舱单编号,即提单号码,填入场站收据联单各联的相应栏目。在船公司接受订舱时,往往在装货单中还会列出其他的特别注意事项。如集装箱的免费堆存期的规定。免费堆存期是指托运人将集装箱空箱提取出来,装上货物后返回集装箱堆场,并一直堆放到装船的这段时间是免收堆存费的。免费堆存期一般限制在装船前的

7天内,如果超过免费堆存期,则要按每天若干费用的标准收取堆存费。

船公司留下场站收据的第二联至第四联,其余第一联、第五联至第十联退还货代公司,至此,订舱手续办妥。船方在接收托运申请后,应着手编制订舱清单,然后分送集装箱码头堆场、集装箱货运站,并据此安排办理空箱及货运交接等工作。

集拼经营人在接受托运人委托的同时或以后,即汇总各家托运人的托运单,再以托运人身份按照CY/CY条款向实际承运人递交舱单。承运人确认后,提供总提单号,发放订舱回单,运输合同成立,集拼业务的订舱手续办妥。

3. 提箱与装箱

在订舱后,货运代理人应提出使用集装箱的申请,船方会给予安排并发放集装箱设备交接单。凭设备交接单,货运代理人就可以安排提取所需的集装箱。

在整箱货运输时,通常是由货运代理人安排集装箱卡车运输公司到集装箱空箱堆场领取空箱,但也可以由货主自己安排提箱。无论由谁安排提箱,在领取空箱时,提箱人都应与集装箱堆场办理空箱交接手续,并填制设备交接单。通常,拼箱货运的空箱则由货运代理人(集装箱货运站)负责领取。装箱人应根据订舱清单的资料,并核对场站收据和货物装箱的情况,填制集装箱货物装箱单。

整箱货的装箱工作大多由货运代理人安排进行,并可以在货主的工厂、仓库装箱或是由货主将货物交由货运代理人的集装箱货运站装箱。当然,也可以由货主自己安排货物的装箱工作。整箱货交接,装箱后并将加海关封志的整箱货运至集装箱货物连同集装箱装箱单、设备交接单送到码头堆场,码头堆场根据订舱清单,核对场站收据及装箱单验收货物,完成对出口货物的装箱工作。

拼箱货装箱,发货人将不足一整箱的货物交集拼公司,由集拼公司在货运站根据订舱清单的资料,核对场站收据并装箱。集装箱货运站将拼箱货物装箱前,须由货主或其代理人办理货物出口报关手续,并在海关派人监督下将货物装箱,同时还应从里到外的按货物装箱顺序编制装箱单。

拼箱可以分为直拼或转拼,直拼是指拼箱集装箱内的货物在同一个港口装卸,在货物到达目的港前不拆箱,即货物为同一卸货港。此类拼箱服务运期短,方便快捷,一般有实力的拼箱公司会提供此类服务。转拼是指集装箱内不是同一目的港的货物,需要在中途拆箱卸货或转船。此类货物因目的港不一、待船时间长等因素,故运期较长,甚至运费偏高。有些港口因拼箱货源不足、成本偏高等原因,专做拼箱的货代公司对货量较少的货物采取最低收费标准,如最低起算为2个运费吨,即不足2个运费吨,一律按2个运费吨计价收费。在装箱前,拼箱公司会对货物的重量、尺码重新进行称量和丈量,以确定货物的准确重量和体积,以便计收运费。

特殊货物的装箱要做到提前准备、确保装箱符合货物运输的特殊、严格的安全保障要求。特殊货物包括危险货物、冷冻货物、液态货物等。

4. 报检报关

货物出运前应办理有关出口手续。发货人在办理托运手续后,货物装箱完,准备交付船公司运输之前负责对出口货物向出入境检验检疫机构和海关申请报验和报关。我国进出口货物的通关模式为"先报验,后报关"。对列入《出入境检验检疫机构实施检验检疫的进出口商品目录》范围内的进出口货物,海关一律凭货物报关地出入境检验检疫局签发的"入境货物通关单"和"出境货物通关单"验放。

如是法检货物,货物的收货人或其代理人需向货物产地或者报关地的检验检疫局申报货物出境。货代应在报关之日前三天备齐所需单证,向出入境检验检疫局申报。出口报检应提供的单证有:合同、发票、箱单、加盖委托人公章的报检委托书、报检单、厂检单及其他检验检疫机关要求的单证。经检验检疫部门审核或查验,视不同情况分别予以免检放行或经查验、处理后做放行指令并出具"出境货物通关单"。

出口货物的发货人或货运代理除海关特准以外应当在货物运抵海关监管区后,装货的24小时以前,向海关申报。货代将场站收据联单的第五至第七联(已盖章的装货单联、场站收据副本大副联、场站收据正本联)随同报关单和其他出口报关用的单证如发票、装箱单、需加盖委托人的公章的报关委托书、产地证明书、海关要求的许可证件(如濒危物种证明等等)向海关办理货物出口报关手续。海关接受报关申请后,经查验合格、征收关税后对申报货物放行,在第五联(装货单联)上加盖海关放行章,并将第五至第七联退还给货代。

拼箱货的报关报检与整箱货的报关、检验等进出口货物的环节上有所不同:同箱运输的数票货物,如有一票在通关、检验方面发生问题,包括漏检、漏验项目,时间的延误,就会影响拼成的整箱运输。集拼经营人为集运货物报关,填写集运报关清单。集运报关清单是指各票货物报关单的汇总单,其主要数据项有船名、航次、报关单号、总批量、报关单位、报关时间、编号、经营单位、货物名称、件数、重量、价格等。

货主委托货代代理报关、报检,办妥有关手续后将单证交货代现场。做箱完成一半后,重柜集港后,报检、报关即可启动,同时开展工作,以节省时间。

5. 国际货物运输保险

在货物交付承运人之前还要办理货物运输保险手续,交纳货运保险费。货代根据货主委托运输的货物情况,若有必要购买保险,则建议货主投保。如果货运代理公司本身具有保险兼业代理资质,可按程序为客户办理货物保险。如果货运代理公司本身不具备保险监业代理资质,则建议货主自行在保险公司投保。

6. 提单补料

货运代理人要求货主提供制作提单的准确资料,并将资料汇总交给船公司签发提单用。

7. 集装箱的交接签证和提单确认、签单

由货代或货主自行负责装箱并加封标志的整箱货,通过内陆运输至承运人的指定地点,一般为出运港的集装箱码头堆场。在交接重箱时,双方凭"场站收据""集装箱装箱单"和"设备交接单"在港站检查桥办理进场集装箱的交接。集装箱码头堆场根据订舱清单,核对场站收据和装箱单接收货物。货代现场将办妥手续后的单证交码头堆场配载。承运人从港站或承运人集装箱堆场接收集装箱时起,就应对货物负责,负责将集装箱装到船上,在目的港负责将集装箱从船上卸下,并将其运到集装箱堆场或其他的港站且承担相应费用。在堆场或港站,将集装箱交付给收货人。

集装箱码头堆场在验收货箱后,即在场站收据上签字,并将签署的场站收据交还给货代或货主。船方根据货运代理人提交的场站收据等,缮制海运提单。货代接收到海运提单后,审核并签发货代提单给货主,据此换取提单。完成货运代理提单的发放工作。

8. 费用结算

签单后,货代公司开始缮制相关应收应付费用,完成费用结算工作。

9. **换取提单、交单结汇**

货运代理费用对账结算并收款后,货代公司凭经签署的场站收据将提单、发票发放给货主。在集装箱运输方式下,货代凭经签署的场站收据,在支付了运费后,就可以向负责集装箱运输的船公司或其代理换取提单。拼箱货运时,发货人取得无船承运人签发的分提单后,连同其他单证向银行交单结汇,收货人则向银行付款赎单取得全套正本分提单。由于集装箱运输方式下承运人的责任早于非集装箱运输方式下承运人的责任,所以理论上在装船前就应签发提单。这种提单是收妥待运提单,而收妥待运提单在使用传统贸易术语的贸易合同下是不符合要求的。因此,为了满足贸易上的要求,也为了减少操作程序上的麻烦,实践中的做法是在装船后才签发提单,即已装船提单才符合使用传统贸易术语的贸易合同的需要。

10. **装船**

集装箱码头堆场或集装箱装卸区等配载部门根据接收待装的货箱情况,制订出装船计划,经船公司确认、等船靠泊后即实施装船。对于危险品集装箱、冷藏集装箱、重大件集装箱以及动植物检疫货物,货运代理人还要亲临装船现场处理临时性问题,要随时掌握情况,防止装船脱节。对装船过程中发生的货损应取得责任方的签证,并联系货主单位做好货物调换和包装休整工作。出口货物装船是依据加盖海关放行章的装货单(即放行条)进行的,如果没有取得放行条或已经取得放行条但没有及时送交码头装货现场,货物都不能正常装船。

11. **寄交总提单和分提单**

货代将承运人签发的总提单正本、装箱单、分提单正本复印件及电放电报、舱单、各分提单海运运费收费标准(如果运费为到付)等寄送其目的港代理,并向其发布船舶开航报。同时,船公司的装货港代理也将其签发的提单副本等货运单据寄送给承运人卸货港代理。

12. **海上运输**

海上承运人对装船的集装箱负有安全运输、保管、照料之责任,并依据集装箱提单条款划分与货主之间的责任、权利、义务。

(二)集装箱进口货运代理流程

集装箱进口货运代理业务流程在各个港口是有所不同的,但基本流程相似。

1. **揽货接单**

集装箱货物进口委托人同货运代理人签订进口货运委托代理合同。货代接受收货人的委托,代办集装箱整箱货的进口货运业务。根据具体的委托协议,货代可以代办订舱、进口报关、保险、货物装卸、储运等多种业务。

2. **卸货地订舱**

在买方安排运输的贸易合同下,货代办理卸货地订舱业务,先要落实货单齐备。货代缮制货物清单后,向船公司办理订舱手续。如果货物以 FOB 价格条件成交,货代接受收货人委托后,就负有订舱的责任,并有将船名、航次、装船日期通知发货人的义务。特别是在采用特殊集装箱运输时,更应尽早预订舱位。

3. **接运工作**

货代在指定船代或船公司确认该船到港时间、地点,如需转船,必须确认二程船名。货代接运,掌握船舶到港时间,及时告知买卖合同中的买方(收货人)、汇集、进口报关报检以及提货所需单证,及时接货。

4. 卸船

集装箱码头根据装船港承运人代理寄来的有关货运单证制订出卸船计划，待船舶靠泊后即卸船。

5. 报检报关

检验检疫局根据"商品编码"中的监管条件，确认此票货是否要做商检。收货人如果有自己的报关行，可自行清关，也可以委托货代的报关行或其他有实力的报关行清关。报关资料包括有带背书正本提单/电放副本、装箱单、发票、合同、小提单。通关时间一般在一个工作日以内，特殊货物需要两到三个工作日。海关查验可以技术查验，就是依据单据以及具体货物决定是否查验，也可以随机查验，海关放行科放行后，电脑自行抽查。如前所述，船抵卸货港卸货，货物入库、进场，卸至集装箱堆场后，船舶代理人会发出到货通知书。货代应该持正本提单及到货通知书前去办理。拼箱货的各收货人可以自行或委托货代持提货单及其他通关单据向海关办理各自进口货物的报关。

6. 监管转运

进口货物入境后，一般在港口报关放行后再转运。但经收货人要求，经海关核准也可运往另一设关地点办理海关手续，称为转关运输。

7. 提取货物

货到目的港后，货代凭带背书的正本提单（如果电报放货，可带电报放货的传真件与保函）到承运人或其代理人处缴纳运费及相关费用并换取提货单（小提单）（delivery order，D/O），凭提货单提取货物。整箱货交付，如内陆运输由收货人自己负责安排，集装箱码头堆场根据收货人持有的提货单将货箱交收货人。拼箱货运输，在货物运抵目的港，承运人发出提货通知后，货代目的港的代理凭装货港代理邮寄的承运人签发的总提单向承运人目的港代理办理提货手续。

拼箱货的提箱、拆箱。货代或其目的港代理凭船公司签发的提货单、各分票提单副本、舱单及入库清单等，向海关申请将整箱货移至货代自己拥有的或指定的监管库，以便拆箱分拨货物。海关查验单证后将这些单证制作关封交付监管整箱货堆场的海关，海关审核无误后盖章放行。货代安排的拖车公司持海关放行手续到码头堆场提取整箱货并移至监管库，按照集装箱装箱单的顺序进行拆箱，分类进行入库保管，如有短损，填写溢短单或残损单。

拼箱货货代通知货主到货，签发提货单。货运代理人或其目的港代理向收货人发到货通知，收货人向货代目的港代理递交全套正本无船承运人提单，货代目的港的代理将货代装货港代理邮寄来的提单副本进行核对，收取相关费用后，签发提货单。取得海关放行后，收货人可持提货单到货代监管仓库提取货物。

货代向货主交货有两种情况：一是象征性交货，即以单证交接，货物到港经海关验放，并在提货单上加盖海关放行章，将该提货单交给货主，即完成交货；二是实际交货，即除完成报关放行外，货运代理人负责向港口装卸区办理提货，并将货物运至货主指定地点，交给货主。集装箱运输中的整箱货通常还需要负责空箱的还箱工作。以上两种工作都应做好交货工作的记录。

8. 空箱回运

收货人和集装箱货运站在掏箱完毕后，应及时将空箱回运至集装箱码头堆场。

三、集装箱班轮货运单证

为确保集装箱货物运输各环节的安全交接,在整个运输过程中,需要缮制各种运输单证,这些单证既把船、港、货各方联系在一起,又能分清各方当事人的权利与义务。与传统的货运单证相比,集装箱运输的出口货运单证既有相同之处,也有一定的差异。在集装箱货物进出口业务中,除采用了与传统的散杂货运输中相同的商务单证外,在船务单证中根据集装箱运输的特点,采用了设备交接单、集装箱装箱单、场站收据、提货通知书、到货通知书、交货记录、装货清单、集装箱配载图和集装箱提单等。下面对这些单证的作用和使用情况进行说明。

(一)场站收据

"场站收据"又称港站收据,或称码头收据。是指是船公司委托集装箱堆场、集装箱货运站或内陆站在收到整箱货或拼箱货后,签发给托运人证明已收到货物,托运人可凭以换取提单或其他多是联运单证的收据。

1. 场站收据各联的构成

"场站收据"是集装箱出口运输的专用单证,其组成格式在不同的港、站使用的也有所不同,其联数有十联、十二联、七联不等。下面以十联单格式为例说明场站收据的组成情况。

第1联:集装箱货物托运单(货主留底),白色。

第2联:集装箱货物托运单(船代留底),白色,见图2-7。

第3联:运费通知(1),船公司向托运人收运费依据,白色。

第4联:运费通知(2),船公司留底,白色。

第5联:装货单,即场站收据副本(1),白色。该联盖有船公司或其代理人的图章,表示确认订舱,是船公司发给船上负责人员和集装箱装卸作业区接受装卸的指令,船方(集装箱装卸作业区)凭以收货装船。加填船名、航次及编号(此编号俗称关单号,与该批货物的提单号基本保持一致),报关时海关查核后在此联盖放行章,船上大副凭以收货。此外,此联还包括交纳出口港务费申请书附页。见图2-8。

第6联:大副联,即场站收据副本(2),粉红色。第6联供港区在货物装船前交外轮理货公司,当货物装船时与船上大副交接,见图2-9。

第7联:场站收据正本,淡黄色,俗称黄联。该联在货物装船后由船上大副签字(通常由集装箱码头堆场签章),退回船公司或其代理人,据以签发提单。见图2-10。

第8联:货代留底,白色。

第9联:配舱回单(1),白色。该联由船公司签章后,退给货运代理,货运代理退给货主。

第10联:配舱回单(2),白色。该联由船公司签章后,退给货运代理,由货运代理保存。

标准格式为12联的其第11、12联供仓库收货和点数使用。标准格式为7联的场站收据无上述第1、3、4、10联,但增加集装箱理货留底联。

Shipper（发货人）：	委托号：	
	Forwarding agents	第
Consignee（收货人）	B/L No.（编号）	一
	集装箱货物托运单 船代留底	联

Notify Party（通知人）

Pre carriage by（前程运输）　　　　　Place of Receipt（收货地点）

Ocean Vessel（船名）　　Voy. No.（航次）　Port of Loading（装货港）

Port of Discharge(卸货港)　　Place of Delivery（交货地点）　Final Destination for Merchant's Reference （目的地）

Container No.（集装箱号）	Seal No.（封志号）Marks & Nos.（标记与号码）	No. of containers Or P'kgs.箱数或件数	Kind Packages: Description of Goods（包装种类与货名）	Gross Weight 毛重（公斤）	Measurement 尺码（立方米）

TOTAL NUMBER OF CONTAINERS
OR PACKAGES (IN WORDS)
集装箱数或件数合计（大写）

FREIGHT & CHARGES（运费与附加费）	Revenue Tons(运费吨)	Rtae(运费率) Per （每）	Prepaid （运费预付）	Collect （到付）

Ex Rate:（兑换率）	Prepaid at（预付地点）	Payable at（到付地点）	Place of Issue（签发地点）　BOOKING（订舱确认）APPROVED BY
	Total Prepaid（预付总额）	No.of Original B(s)/L （正本提单份数）	货值金额：

Service Type on Receiving □-CY, □-CFS, □-DOOR	Service Type on Delivery □-CY, □-CFS, □-DOORS	Reeter Temperature Required （冷藏温度）		°F	℃
TYPE OF GOODS （种类）	□Ordinary, □Reefer, □Dangerous, □Auto.（普通）（冷藏）（危险品）（裸装车辆）□Liquid, Live Animal, □Bulk, □____（液体）（活动物）（散货）	危险品	Glass:Property:IMDG Code Page:UN NO.		

发货人或代理人名称地址：	联系人：	电话：
可否转船：	可否分批： 装 期： 备	装箱场站名称：
效期：	制单日期： 注	
运费由	支付，如预付运费托收承兑，请填准银行帐号	

图 2-7 场站收据托运单联

| 委托号： |
| Forwarding agents |
| B/L No.（编号） |

Shipper（发货人）：

Consignee （收货人）

装 货 单
场 站 收 据 副 本

第二联

Notify Party （通知人）

Received by the Carrier the Total number of containers or other packages or units stated below to be transported subject to the terms and conditions of the Carrier's regular form of Bill of Lading (for Combined Transport or port to Port Shipment) which shall be deemed to be incorporated herein.

Pre carriage by （前程运输）　　Place of Receipt(收货地点)

Ocean Vessel（船名）　Voy. No.（航次）　Port of Loading(装货港)

场 站 章

Port of Discharge(卸货港)　　Place of Delivery（交货地点）　　Final Destination for Merchant's Reference　（目的地）

Container No.（集装箱号）	Seal No.（封志号）Marks & Nos.（标记与号码）	No. of containers Or P'kgs.箱数或件数	Kind Packages: Description of Goods（包装种类与货名）	Gross Weight 毛重（公斤）	Measurement 尺码（立方米）

TOTAL NUMBER OF CONTAINERS
OR PACKAGES (IN WORDS)
集装箱数或件数合计（大写）

Container No.（箱号）	Seal No.（封志号）	Pkgs.（件数）	Container No.（箱号）	Seal No.（封志号）	Pkgs.（件数）

| Received （实收） | By Terminal clerk/Tally clerk （场站员/理货员签字） |

| FREIGHT & CHARGES | Prepaid at （预付地点） | Payable at （到付地点） | Place of Issue （签发地点） | BOOKING （订舱确认）APPROVED BY |
| | Total Prepaid （预付总额） | No.of Original B(s)/L （正本提单份数） | 货值金额： | |

Service Type on Receiving □-CY, □-CFS, □-DOOR	Service Type on Delivery □-CY, □-CFS, □-DOORS	Reeter Temperature Required （冷藏温度）		
			°F	°C
TYPE OF GOODS （种类）	□Ordinary, □Reefer, □Dangerous, □Auto.（普通）　（冷藏）　（危险品）　（裸装车辆）□Liquid, □Live Animal, □Bulk, □ _____（液体）　（活动物）　（散货）	危险品	Glass:Property:IMDG Code Page:UN NO.	

发货人或代理人名称地址：	联系人：	电话：
可否转船：	可否分批：	装 期：	备注	装箱场站名称：
效期：	制单日期：		
运费由　　　支付，如预付运费托收承兑，请填准银行帐号		

图 2-8　装货单联

▽

Shipper（发货人）：

委托号：

Forwarding agents

B/L No.（编号）

Consignee （收货人）

场站收据副本
大副本
COPY OF DOCK RECEIPT （FOR CHIEF OFFICER）

第
三
联

Notify Party （通知人）

Received by the Carrier the Total number of containers or other packages or units stated below to be transported subject to the terms and conditions of the Carrier's regular form of Bill of Lading (for Combined Transport or port to Port Shipment) which shall be deemed to be incorporated herein.

Pre carriage by（前程运输）   Place of Receipt（收货地点）

Ocean Vessel （船名）   Voy. No.（航次）   Port of Loading（装货港）

场 站 章

Port of Discharge(卸货港)   Place of Delivery（交货地点）   Final Destination for Merchant's Reference （目的地）

Container No.（集装箱号）	Seal No.（封志号）Marks & Nos.（标记与号码）	No. of containers Or P'kgs.箱数或件数	Kind Packages: Description of Goods（包装种类与货名）	Gross Weight毛重（公斤）	Measurement尺码（立方米）

TOTAL NUMBER OF CONTAINERS
OR PACKAGES (IN WORDS)
集装箱数或件数合计（大写）

Container No.（箱号）   Seal No.（封志号）   Pkgs.（件数）   Container No.（箱号）   Seal No.（封志号）   Pkgs.（件数）

Received	（实收）	By Terminal clerk/Tally clerk（场站员/理货员签字）

FREIGHT & CHARGES	Prepaid at（预付地点）	Payable at（到付地点）	Place of Issue（签发地点）	BOOKING（订舱确认）APPROVED BY
	Total Prepaid（预付总额）	No.of Original B(s)/L （正本提单份数）	货值金额：	

Service Type on Receiving□-CY, □-CFS, □-DOOR	Service Type on Delivery□-CY, □-CFS, □-DOORS	Reeter Temperature Required （冷藏温度）	°F	℃
TYPEOFGOODS（种类）	□Ordinary, □Reefer, □Dangerous, □Auto.（普通） （冷藏） （危险品） （裸装车辆）□Liquid, □Live Animal, □Bulk, □（液体） （活动物） （散货）	危险品	Glass:Property:IMDG Code Page:UN NO.	

发货人或代理人名称地址：			联系人：	电话：	
可否转船：	可否分批：	装 期：	备注	装箱场站名称：	
效期：		制单日期：			
运费由 支付，如预付运费托收承兑，请填准银行帐号					

图 2-9 大副收据单联

065

▽

Shipper（发货人）:

委托号：
Forwarding agents
B/L No.（编号）

Consignee （收货人）

场站收据

DOCK RECEIPT

第四联

Notify Party （通知人）

Received by the Carrier the Total number of containers or other packages or units stated below to be transported subject to the terms and conditions of the Carrier's regular form of Bill of Lading (for Combined Transport or port to Port Shipment) which shall be deemed to be incorporated herein.

Pre carriage by （前程运输）　　　　Place of Receipt(收货地点)

Ocean Vessel （船名）　　Voy. No.（航次）　Port of Loading(装货港)

场 站 章

Port of Discharge(卸货港)　　　Place of Delivery （交货地点）　Final Destination for Merchant's Reference　（目的地）

Container No.（集装箱号）	Seal No.（封志号）Marks & Nos.（标记与号码）	No. of containers Or P'kgs.箱数或件数	Kind Packages: Description of Goods（包装种类与货名）	Gross Weight毛重（公斤）	Measurement尺码（立方米）

TOTAL NUMBER OF CONTAINERS

OR PACKAGES (IN WORDS)

集装箱数或件数合计（大写）

Container No.（箱号）	Seal No.（封志号）	Pkgs.（件数）	Container No.（箱号）	Seal No.（封志号）	Pkgs.（件数）

Received　　（实收）　　By Terminal clerk/Tally clerk（场站员/理货员签字）

FREIGHT&CHARGES	Prepaid at （预付地点）	Payable at （到付地点）	Place of Issue （签发地点）　　BOOKING （订舱确认）APPROVED BY
	Total Prepaid （预付总额）	No.of Original B(s)/L （正本提单份数）	货值金额：

Service Type on Receiving□-CY,　□-CFS,　□-DOOR	Service Type on Delivery□-CY,　□-CFS,　□-DOORS	Reeter Temperature Required （冷藏温度）　　°F　　℃
TYPEOFGOODS（种类）	□Ordinary,　□Reefer,　□Dangerous,　□Auto.（普通）　（冷藏）　（危险品）　（裸装车辆）□Liquid,　□Live Animal,　□Bulk,　□（液体）　（活动物）　（散货）	危险品　Glass:Property:IMDG Code Page:UN NO.

发货人或代理人名称地址：				联系人：	电话：
可否转船：	可否分批：	装 期：	备		装箱场站名称：
效期：		制单日期：	注		
运费由　　　　　　支付，如预付运费托收承兑，请填准银行帐号					

图 2-10　场站收据正本联

2. 场站收据的作用

与传统海运单证相比,它把货物托运单、装货单(关单)、大副收据、理货单、配舱回单、运费通知等单证汇成一份,这对提高集装箱托运效率和流转速度有很大意义。一般认为,场站收据的功能作用有以下几方面。

(1)船公司或船代确认订舱并在场站收据上加盖有报关资格的单证章后,将场站收据交给托运人或其代理人,意味着运输合同开始执行;

(2)场站收据是出口货运报关的凭证之一;

(3)场站收据是承运人已收到托运货物并对货物开始负有责任的证明;

(4)场站收据是换取海运提单或联运提单的凭证;

(5)场站收据是船公司、港口组织装卸、理货、配载的资料;

(6)场站收据是运费结算的依据;

(7)如信用证中有规定,可作为向银行结汇的单证。

3. 场站收据十联单的流转程序

(1)托运人填制集装箱托运单即场站收据一式十联,委托货运代理人代办托运手续;

(2)货运代理人接单后审核托运单,若能接受委托,将货主留底联(第一联)退还托运人备查;

(3)货运代理人持剩余的九联单到船公司或船公司的代理人处办理托运订舱手续;

(4)船公司或其代理人接单后审核托运单,同意接收托运,在第五联即装货单上盖签单章,确认订舱承运货物,并加填船名、航次和提单号,留下第二至第四联共三联后,将余下的第五至第十共六联退还给货运代理人;

(5)货运代理人留存第八联货代留底,缮制货物流向单及今后查询;将第九、十联退托运人作配舱回执;

(6)货运代理人根据船公司或其代理人退回的各联缮制提单和其他货运单证;

(7)货运代理人持第五至第七共三联:装货单、大副联和场站收据正本,随同出口货物报关单和其他有关货物出口单证至海关办理货物出口报关手续;

(8)海关审核有关报关单证后,同意出口,在场站收据副本(1)即装货单上加盖放行章,并将各联退还货运代理人;

(9)货运代理人将此三联送交集装箱堆场或集装箱货运站,据此验收集装箱或货物;

(10)若集装箱在港口堆场装箱,集装箱装箱后,集装箱堆场留下装货单;若集装箱在货运站装箱,集装箱入港后,港口集装箱堆场留下装货单和大副收据联,并签发场站收据给托运人或货运代理人;

(11)集装箱装船后,港口场站留下装货单用作结算费用及以后查询,大副联交理货部门送大副留存;

(12)发货人或其货运代理人持场站签收的正本场站收据到船公司或其代理人处,办理换取提单手续,船公司或其代理人收回场站收据,签发提单。在集装箱装船前可换取船舶代理签发的待装提单,或在装船后换取船公司或船舶代理签发的装船提单。

4. 场站收据的缮制规范

托运人应根据贸易合同和信用证条款内容详细填制场站收据。

(1)发货人(shipper):托运人、货主、信用证上的卖方或无船承运人等。

（2）收货人（consignee）：货主、信用证上的买方、无船承运人或某某指示人等。

（3）通知人（notify party）：详列通知方的名称、地址、电话、传真等；当没有通知人时，以"SAME AS CONSIGNEE"显示。

（4）场站收据号（D/R No.）：或称为关单号，为船代接受订舱时提供的号码，或作为提单号码。

（5）委托方（forwarder）：货运代理人的业务编号、托运人的名称、托运人的编号等。

（6）前程运输（pre-carriage by）：联程运输时，相对收货地之前一段的货物运输承运方式或承运人填列在此栏中。一般海运托运单中，此栏不填。

（7）收货地（place of receipt）：货物实际收货地点（一般为港口所在城市）。

（8）船名/航次（ocean vessel/Voy. No.）：船代在接收订舱时，按照配船要求确定。

（9）装货港（port of loading）：货物实际装运海港名称。

（10）卸货港（port of discharge）：将货物卸下的港口（一般是船舶班轮航线上的港口，但未必是货物的交货地）。

（11）交货地（place of delivery）：承运人将货物实际交付的地点（可以是船舶班轮航线上的港口，也可以是通过其他船舶转运过去的交货港口，或通过铁路、公路运输方式转运过去的内陆交货地点）。

（12）目的地（final destination for merchant's reference）：客户或应贸易文件要求需要在提单上显示的货物交付的最终目的地。因为承运人是以交货地作为联运的交货点，所以承运人一般在出具的提单上并不显示此项内容。经承运人的同意，承运人或其签单代理人可以在提单的"包装种类与货名"栏中的包装、货名下空白处显示该项内容。

（13）集装箱号（container No.）：此栏对应正本提单的相应栏，提单上显示的集装箱号显示在此栏的靠下空白部分。在场站收据联单中，若有集装箱号的显示需要，则填制在下列第21栏中。

（14）标记与号码（seal No./marks & Nos.）：贸易合同上、发票上、装箱单上标明的，信用证等文件规定的货物标记与号码。

（15）箱数或件数（No. of containers or packages）：贸易合同上、发票上、装箱单上标明的，信用证等文件规定的货物件数。

（16）包装种类与货名（kind of packages & description of goods）：贸易合同上、发票上、装箱单上标明的，信用证等文件规定的货物的包装种类、商品名称、商品规格等。

（17）毛重（gross weight）：每一类货物的包装毛重，单位是KGS（千克）；两类以上，要有合计数。

（18）尺码（measurement）：每一类货物的包装尺码（体积），单位是CBM（立方米）；两类以上要有合计数。

（19）交接方式、箱量、箱型、运费条款：货物的交接方式（如FCL）、箱量（如1＊20'）、箱型（GP）、运费条款（freight prepaid）等。

（20）集装箱数或件数大写：若是多票托单自拼整箱，则相应托单上根据货物的件数、包装用英文大写字母予以表示托单上的件数（如3票托单拼1×20'GP，其中1票的货物包装是10CTNS，则大写为SAY TEN CARTONS ONLY）；若是1票托单中多个集装箱，则用英文大写字母予以表示集装箱数量或包装件数（如100CTNS，装2×20'普箱，FCI，CY/CY交接，可以表示为 SAY TWO CONTAINERS ONLY;或 SAY ONE HUNDRED ONLY)。

(21)集装箱号（container No.）/运费与附加费（freight & charges）：集装箱号位置在第七联中,是"集装箱号"栏,由理货公司人员在此栏中填写集装箱号码和封志号等;运费与附加费位置在第八联中,是"运费与附加费"栏,一般在此栏填写与集装箱海运有关的海运运费和海运附加费的结算金额,或由货代填写,或由船代确认后填列货主与船公司约定的运价协议号（船公司以运价协议号的形式,确定与货主的运费结算标准,如 S/C SHAO450）。

(22)其他各联单的"集装箱数或件数大写"栏目下的各栏目不尽相同,由相关人员按实际需要填写。

对那些特殊的货物如对食品类货物应注明以便安排验箱;对危险货物必须写清化学成分和物理性能,并附危险品包装说明书和危险品说明书;对于冷藏货物或保温货物须标明其运输温度以便及早对冷藏箱进行预冷等。由托运人缮制的场站收据必须在相应的船期表规定的截单日前提交给货运代理人或船公司办理订舱手续。承运人根据航次情况,接受托运时则在场站收据上打上船名、航次及提单号并加盖有关货运章,货运合同成立,托运人持场站收据中的相关联报关、送货,并配合场地装箱。

（二）集装箱设备交接单

集装箱设备交接单（equipment interchange receipt,EIR or ER）简称设备交接单,设备交接单是集装箱进出港口、场站时用箱人或运箱人与管箱人或其代理人之间交接集装箱或设备（底盘车、台车、冷藏装置、电机等）的凭证。集装箱的装箱方式有集装箱场地装箱和工厂（仓库）装箱两种方式,因此在安排装箱时常常要碰到集装箱或设备的交接。它既是管箱人发放/回收集装箱或用箱人提取/还回集装箱的凭证,又是划分双方责任、权利和义务的单证。此单通常由管箱人签发给用箱人,用箱人据此向场站领取或送还集装箱或设备。

设备交接单既是分清集装箱设备交接责任的凭证,在集装箱外表无异状,且铅封完好的情况下,它也是证明箱内货物交接无误的凭证。如发现集装箱设备有异常时,应把异常情况摘要计入设备交接单上,由经办人双方签字各执一份。设备交接单的使用,应严格要求做到一箱一单、箱单相符、箱单通行。

设备交接单由6联组成。1—3联:印有"OUT"字样的,用于出场;4—6联:印有"IN"字样的,用于进场。不管出场（港）设备交接单还是进场（港）设备交接单,各有3联,分别为管箱单位（船公司或其代理人）留底联,码头、堆场联,用箱人、运箱人联。详见图2-11。

集装箱交接地点应详细认真进行检查和记录,并将进出场集装箱的情况及时反馈给集装箱代理人,积极配合集装箱代理人的工作,使集装箱代理人能够及时、准确地掌握集装箱的利用情况,及时安排集装箱的调运、修理,追缴集装箱延期使用费,追缴集装箱的损坏、灭失费用等。

集装箱拖车公司的调度人员在接到货代或客户直接发送过来的订舱确认书后,将会根据确认书上表明的换单地点及时间,安排人员前往"换单"。换单就是集装箱拖车公司向船公司设在码头的操作部门交还其发出的订舱确认书,船公司在码头的操作部门收回订舱确认书后,再打印一份集装箱设备交接单（EIR）,连同一个铅封交给集装箱拖车公司（也有些船公司的铅封要待驾驶员提取集装箱空箱时才提供）。铅封是在集装箱装上货物后封箱用的专用标志,每个铅封都有一个号码,就是通常所说的"封志号"。

中海集装箱运输有限公司
CHINA SHIPPING CONTAINER LINES CO.,LTD.

OUT 出场

集 装 箱 发 放 / 设 备 交 接 单
EQUIPMENT INTERCHANGE RECEIPT

NO.

用箱人/运箱人(CONTAINER USER/HAULIER)	提箱地点(PLACE OF DELIVERY)

来自地点(DELIVERED TO)	返回/收箱地点(PLACE OF RETURN)

航名/航次(VESSEL/VOYAGE NO.)	集装箱号(CONTAINER No.)	尺寸/类型(SIZE/TYPE)	营运人(CNTR. ORTR.)

提单号(B/L NO.)	铅封号(SEAL NO.)	免费期限(FREE TIME PERIOD)	运载工具牌号(TRUCK WAGON. BARG No.)

出场目的/状态(PPS OF GATE-OUT/STATUS)	进场目的/状态(PPS OF GATE-IN/STAUS)	出场日期(TIME-OUT)
		月　日　时

出场检查记录 (INSPECTION AT THE TIME OF INTERCHANGE)

普通集装箱(GPCONTAINER)	冷藏集装箱(RFCONTANINER)	特种集装箱(SPECIALCONTAINER)	发电机(GEN SET)
□ 正常 （SOUND） □ 异常 （DEFECTIVE）	□ 正常 （SOUND） □ 异常 （DEFECTIVE）	□ 正常 （SOUND） □ 异常 （DEFECTIVE）	□ 正常 （SOUND） □ 异常 （DEFECTIVE）

损坏记录及代号(DAMAGE & CODE)

BR 破损 (BROKEN)	D 凹损 (DENT)	M 丢失 (MISSING)	DR 污箱 (DIRTY)	DL 危标 (DG LABEL)

左侧(LEFT SIDE)　　右侧(RIGHT SIDE)　　前部(FRONT)　　集装箱内部(CONTAINER INSIDE)

顶部(TOP)　　底部(FLOOR BASE)　　箱门(REAR)

如有异状，请注明程度及尺寸(REMARK).

除列明者外，集装箱及集装箱设备交换时完好无损，铅封完整无误。

THE CONTAINER/ASSOCIATED EQUIPMENT INTERCHANGED IN SOUND CONITION AND SEAL TACT UNLESS THERWISE STATED.

用箱人/运箱人签署
(CONTAINER USER/HAULIER'S SIGNATURE)

码头/堆场值班员签署
(TERMINAL/DEPOT CLERK'S SINGATURE)

图 2-11　集装箱设备交接单

　　在运输实践中,根据集装箱的拥有者不同,分为 S. O. C.(shipper's own container)和 C. O. C.(carrier's own container)两种情况。S. O. C. 是指货主箱或托运人箱,C. O. C. 是指承运人箱。如果货代不使用 S. O. C. 或自身无 S. O. C.,可使用船公司集装箱,凭船公司的订舱确认书向船公司领取 EIR,即可使用 C. O. C.。

(三)集装箱装箱单

　　集装箱装箱单(container load plan,CLP)是详细记载每个载货集装箱内货物的名称、数量等积载内容的单据,是根据已装进集装箱内的货物制作的唯一单据,是一张其重要的单据。

　　集装箱装箱单每一个集装箱一份,一式五联,其中:码头、船代、承运人各一联,发货人、装箱人各一联,详见图 2-12。不论是由发货人自己装箱,还是有集装箱货运站负责装箱,负责装箱的人都要制作装箱单。集装箱货运站装箱时由装箱的货运站缮制;由发货人装箱时,由发货人或其代理人的装箱货运站缮制。

Reefer Temperature Required　冷藏温度				CONTAINER LOAD PLAN					Packer's Copy	
	°C	°F								
Class 等级	IMDG Page 危规页码	UN NO. 联合国编码	Flashpoin 闪点	装　箱　单				⑤联	发货人／装箱人	
Ship's Name / Voy No. 船名／航次 -1				Port of Loading 装货港 -8	Port of Discharge 卸货港 -9	Place of Delivery 交货地 -10	SHIIPPER'S / PACKER'S DELARATIONS: We hereby declare that the container has been thoroughly clean without any evidence of cargoes of previous shipment prior to vanning and cargoes has been properly stuffed and secured.			
Container No. 箱号 -2				Bill of Lading No. 提单号 -11	Packages & Packing 件数与包装 -12	Gross Weight 毛重 -13	Measurements 尺码 -14	Description of Goods 货名 -15	Marks & Numbers 唛头 -16	
Seal No. 封号 -3				Front 前						
Cont.Size 箱型 20' 40' -4	Con.Type. 箱类 GP=普通箱 TK=油罐箱 RF=冷藏箱 PF=平板箱 OT=开顶箱 HC=高箱 FR=框架箱 HT=挂衣箱									
ISO Code For Container Size / Type. 箱型/箱类ISO标准代码										
Packer's Name / Address 装箱人名称/地址 -5 Tel No. 电话号码				Door 门						
Packing Date 装箱日期 -6				Received By Drayman 驾驶员签收及车号 -17	Total Packages 总件数 -18	Total Cargo Wt 总货重 -19	Total Meas. 总尺码 -20	Remarks: 备注		
Packed By: 装箱人签名 -7				Receibed By Terminals / Date Of Receipt 码头收箱签收和收箱日期 -21		Cont.Tare Wt 集装箱皮重	Cgo/cont Total WT 货/箱总重量			

图 2-12　集装箱装箱单

　　作为集装箱运输的辅助货物舱单,集装箱装箱单的用途很广,主要用途有以下几个方面:

(1)作为发货人、集装箱货运站与集装箱码头堆场之间货物的交接单证。

(2)向船方通知集装箱内所装货物的明细表。

(3)所记载的货物与集装箱的总重量是计算船舶吃水和稳定性的基本数据来源。

（4）在装箱地向海关申报货物出口的单据，也是集装箱船舶进出口报关时向海关提交的载货清单的补充资料。

（5）是集装箱装、卸两港编制装、卸船计划的依据。

（6）当发生或损失时，是处理索赔事故的原始依据之一。

（7）在卸货地点是办理集装箱保税运输和拆箱作业的重要单据。

发货人或货运站将货物装箱，缮制装箱单一式五联后，连同装箱货物一起送至集装箱堆场。集装箱堆场的业务人员在五联单上签收后，留下码头联、船代联和承运人联，将发货人、装箱人联退还给送交集装箱的发货人或集装箱货运站。发货人或集装箱货运站联除自留一份备查外，将另一份寄交给收货人或卸箱港的集装箱货运站，供拆箱时使用。

对于集装箱堆场留下的三联装箱单，除集装箱堆场自留码头联，据此编制装船计划外，还须将船代联及承运人联分送船舶代理人和船公司，据此缮制积载计划和处理货运事故。

对特殊货物还需要说明闪点（危险品）、箱内温度要求（保温箱或冷藏货物）、是否检疫（需检疫货物及器材）等内容。有的国家，如澳大利亚，对动植物检疫有严格的特别要求，在装箱单上就须附有申请卫生检疫机关检验申请联。例如，在申请联的申请检验事项中，与货运有关的内容包括货物本身及其包装用料是否使用了木材，如木板、木箱、货板、垫板；如使用了，是否已经经过防虫处理的说明；如果已经经过处理，则就货物本身应由发货人将发票、海运单证和熏蒸证书一并寄交收货人，就集装箱而言，则应由船公司或其代理人连同集装箱适航证书一并寄交卸货港的船公司的代理人。该项申请联由发货人和船公司或他们的代理人分别签署。

制作装箱单时，装箱人应负有装箱单内容与箱内实际所装运货物相一致的责任，如需理货公司对整箱货物理货，装箱人应会同理货人员共同制作装箱单。

总之，集装箱装箱单的内容记载得准确与否，与集装箱货物运输的安全有着非常密切的关系。

（四）"交货记录"联单

"交货记录"（delivery record）是集装箱运输经营人把货物交付给收货人或其代理人时，双方共同签署的证明货物已经交付及货物交付时状况的单证。但实际应用中交货记录或提货单所起的作用及其对不同当事人的责任划分不尽相同。

对承运人来说，交货记录一经签发即已表明同意交货，尽管事实上并没有交付货物。对收货人来说，只要拿到交货记录即已表明具备提货条件，尽管实际上并没有提货。从另一层意义上去理解，交货记录则是承运人、收货人的责任转移，即交货记录签发等于承运人责任终止，等于收货人责任开始。

1. 交货记录的组成与用途

标准交货记录格式一套共5联，其联式内容如表2-8所示。

①第1联：到货通知书（白色）；

②第2联：提货单（白色）；

③第3联：费用账单（1）（蓝色）；

④第4联：费用账单（2）（红色）；

⑤第5联：交货记录（白色）。

表 2-8 集装箱交货记录表

收货人	名称			收货人开户 银行与账户		
	地点					
船名		航次		起运港	目的地	
卸货地点		到达日期		进库场日期	第一程运输	
标记集装箱		货名	集装箱数	件数	重量(DGS)	体积(m³)

交货记录								
日期	货名或 集装箱号	出库数量			操作过程	收货数量		签名
		件数	包装	重量		件数	重量	发货人	取货人
备注						收货人章		储区场站章

(1)到货通知书。

到货通知书是在卸货港的船舶代理人在集装箱卸入集装箱堆场,或者移至集装箱货运站,并办好交接准备后,向收货人发出的要求收货人及时提取货物的书面通知。

(2)提货单。

提货单又称小提单,是船公司或其代理人凭收货人持有的提单或保证书而签发的提货凭证。提货单的内容基本与提单所列内容相同,是船公司或其代理人指示负责保管货物的集装箱货运站或集装箱堆场的经营人,向提单持有人交付货物的非流通性单据。

集装箱运输中,收货人在凭到货通知书和正本提单换取剩余 4 联后,先随同进口货物报关单到海关办理货物进口通关,海关核准放行后,在提货单上盖放行章。收货人再持单到集装箱堆场或货运站,场站留下提货单和 2 联费用账单,在交货记录上盖章,收货人凭交货记录提货。

(3)交货记录。

船公司或其代理人向收货人或其代理人交货时,双方共同签署的,证明双方间已进行货物交接和载明其交接状态的单据,称为交货记录。

在集装箱运输中,船公司的责任是从接收货物开始到交付货物为止。因此,场站收据是证明船公司责任开始的单据,而交货记录是证明责任终了的单据。

(4)费用账单。

费用账单是场站凭此向收货人结算费用的单据。

2. 交货记录的流转程序

(1)在船舶抵港前,由船舶代理根据装货港航寄或传真得到的舱单或提单副本后,制作交货记录一式五联;

（2）在集装箱卸船并做好交货准备后，由船舶代理向收货人或其代理人发出到货通知书；

（3）收货人凭正本提单和到货通知书向船舶代理换取提货单、费用账单、交货记录共四联，对运费到付的进口货物结清费用，船舶代理核对正本提单后，在提货单上盖专用章；

（4）收货人持提货单、费用账单、交货记录共四联随同进口货物报关单一起送海关报关，海关核准后，在提货单上盖放行章，收货人持上述四联送场站业务员；

（5）场站核单后，留下提货单联作为放货依据，费用账单由场站凭此结算费用，交货记录由场站盖章后退收货人；

（6）收货人凭交货记录提货，提货完毕时，交货记录由收货人签收后交场站留存。

3. 交货记录的填制要求

交货记录在船舶抵港前由船舶代理依据舱单、提单副本等卸船资料预先制作。到货通知书除进库日期外，所有栏目由船舶代理填制，其余四联相对应的栏目同时填制完成。提货单盖章位置由责任单位负责盖章，费用账单剩余项目由场站、港区填制，交货记录出库情况由场站、港区的发货员填制，并由发货人、提货人签名。

（五）集装箱装货清单

装货清单（loading list，L/L）是船公司或其代理根据装货单留底联，将全船待装货物分卸货港按货物性质归类，依挂靠港顺序排列编制的装货单的汇总单。装货清单是船上大副和港方编制配载计划的主要依据，又是供现场理货人员进行理货、港方安排港内作业以及承运人掌握情况的业务单证。这份单证的主要内容是否正确，对积载的正确、合理具有十分重要的影响，因此，大副应对此单证给予足够的重视。

装货清单在集装箱入港和装船时使用。船公司（或其代理）根据安排装箱的各场站反馈的装箱情况，将本航次所有计划装船的集装箱按目的港和货物性质归类，依航次、挂靠港顺序排列汇总而成装货清单，其内容包括每一集装箱箱号、铅封号、尺寸以及箱内所装货物的提单号、货名、件数、包装形式、重量（以千克为单位）、体积（以立方米为单位）、卸货港、特殊货物对装运的要求以及注意事项的说明等。如航次装运危险品或冷藏货物时，还必须缮制另外一份特殊的危险货物清单或冷藏货物清单，以说明这些货物的运输要求。

在集装箱入港前，船公司（或其代理）先送一份本航次的装货清单到港方，集装箱入港时港方核对每一进港的集装箱与船公司装货清单是否一致，以便港口和船公司都了解本航次集装箱入港情况，催促还没按时入港的集装箱在装船前入港。船公司（或其代理）所制定的装货清单与港口所接收的集装箱相核对无误后，则编制配载图并准备装船。

装货时船方和理货主要校对所装集装箱的号码、铅封号、箱型/箱类、卸货港、特殊集装箱的状态（例如：冷藏箱的实际温度与装货清单上所列是否一致，危险品箱的标牌）等与装货清单上所列是否一致，检查集装箱的外表有无损伤。

（六）集装箱配载图（stowage plan）

集装箱配载图是集装箱船装箱的计划图，是船方进行货物运输、保管和卸货工作的参考资料，也是卸货时港方据以理货、安排工班和货物在港内堆放的依据。配载图由外轮代理公司根据订舱清单、装箱单及堆场积载计划编制，并在船舶抵港征得船方同意后，即行装船。如系中途靠港，船上已装有集装箱，就应将有关资料电告船上配载，等回电后据以编制。配载图是由集装箱船各排每列和分层的横断而构成。

集装箱配载要求。进行配载时,必须达到如下要求:

(1)保证船舶纵断面的强度和船舶的稳性;

(2)保持理想的吃水差,使船舶取得最好成绩的航行性能,即具有良好的操纵性和快速性;

(3)最合理地利用船舶的载重量和舱容;

(4)保证集装箱在舱内完整无损及在甲板上的安全;

(5)要考虑便于装卸作业;

(6)多港装卸时,必须注意,对下次靠港的装卸不要造成翻舱。

第四节　班轮运价及运费

一、运价与运费概述

(一)运价、运费和运价本

1. 运价

运价(freight rate)是承运单位货物而付出的运输劳动的价格。运价就是运输商品价值的货币表现,表现为运输单位商品的价格。海上运输价格,简称为海运运价。运价只有销售价格一种形式,没有其他价格形式。

2. 运费

运费(freight)是承运人履行运输服务之前或之后根据运输合同向托运人或收货人收取的报酬,或者说是由货主(托运人或收货人)因承运人运输货物,而向其支付的货币对价。

运价与运费的关系是:运费等于运价与运量之积,即 $F = R \times Q$。其中,F 表示运费,R 表示运价,Q 表示运量。

3. 运价本

运价本(tariff)也称费率本或运价表,是船公司承运货物向托运人收取运费的费率表的汇总。运价本主要由条款规定、商品分类和费率三部分组成。

按运价制定形式不同,运价本可以分为等级费率本和列名费率本。

等级费率本中的运价是按商品等级来确定的。这种运价是按照货物负担运费能力进行定价。首先,根据货物价格将货物分为若干等级,在每一商品后都注明商品等级,商品分类部分按其英文字母顺序排列;在商品等级基础上再根据不同航线或港口进行不同等级运价。

列名费率本,也称单项费率本,其中的运价是根据商品名称来确定的。这种方式是对各种不同货物在不同航线上逐一确定运价。在这种运价表中,每一个商品都给定一个运价。但运价本使用不方便,查阅量大。

(二)班轮运价原理

班轮运费是承运人为承运货物而收取的报酬,而计算运费的单价(或费率)则称班轮运价。班轮运价包括货物从起运港到目的港的运输费用以及货物在起运港和目的港的装、卸费用。

班轮运价一般是以运价表的形式公布的,比较固定,由基本运费率和各种附加运费组成。

影响班轮运价的主要因素有以下几点：

(1)运输成本。

(2)航运市场的结构和竞争。

(3)货物。

(4)航线及港口。

(5)运输合同条款。

二、班轮运费的结构与计费标准

(一)运费的结构

班轮运费包括基本运费(basic freight)和附加运费(surcharge or additional)两部分。

1. 基本运费

基本运费指对运输每批货物所应收取的最基本的运费，是整个运费的主要构成部分。它是根据基本费率(运价)和计费吨计算得出的。基本费率即班轮航线内基本港口之间对每级商品规定的必须收取的费率，是指每一计费单位(加一运费吨)货物收取的基本运费，也是其他一些以百分比收取附加费的计算基础。

不同的商品在货物分级表内划分为20个等级，随着等级的增加，其基本运费也随之增加。

2. 附加运费

附加运费即对一些需要特殊处理的货物或由于客观情况的变化等使运输费用大幅度增加，班轮公司为弥补损失而额外加收的费用。

国际运输实践中，而且会随着客观情况的变化而变化。常见的附加费的种类主要有以下几种：

(1)燃油附加费(bunker adjustment factor,BAF)。

这是由于燃油价格上涨，使船舶的燃油费用超过原核定的运输成本中的燃油费用，承运人在不调整原定运价的前提下，为补偿燃油费用的增加而加收的附加费。当燃油价格回落后，该项附加费亦会调整直至取消。燃油费用在船公司的经营成本中占有较大比重，因此燃油价格上涨直接增加了承运人的经营成本。燃油价格的长期上涨所带来的运输成本增加会在一定时期内的基本运价调整中得到反映。所以，燃油附加费一般是用来应对短期的燃油价格变动的。

(2)货币贬值附加费(currency adjustment factor,CAF)。

这是由于国际金融市场汇率发生变动，计收运费的货币贬值，使承运人的实际收入减少，为了弥补货币兑换过程中的汇兑损失而加收的附加费。由于国际运输往往涉及多个国家和多种货币，而货币之间的兑换会带来一定的时间上的、手续上的损失，所以，承运人会通过加收货币贬值附加费来弥补这一收入损失。

(3)港口附加费(port additional)。

由于港口装卸效率低，或港口使用费过高，或存在特殊的使用费(如进出港要通过闸门等)都会增加承运人的运输经营成本，承运人为了弥补这方面的损失而加收的附加费称为港口附加费。

(4)港口拥挤附加费(port congestion surcharge)。

由于港口拥挤，船舶抵港后需要长时间等泊而产生额外的费用，为补偿船期延误而加收的附加费称为港口拥挤附加费。港口拥挤附加费是一种临时性的附加费，其变动性较大，一旦港口拥挤情况得到改善,该项附加费即进行调整或取消。

(5)转船附加费(transhipment surcharge)。

运输过程中货物需要在某个港口换装另一船舶运输时,承运人加收的附加费称为转船附加费。运往一些偏僻或较小的非基本港的货物,必须通过转船才能运到;有时由于转运干线港,也需要换装船舶。转运一次就会产生相应的费用,如换装费、仓储费以及二程船的运费等费用,一般这些费用均由负责第一程运输的承运人承担,并包括在所加收的转船附加费内。不过,转船附加费不一定能全部抵偿上述各项费用的支出,其盈亏由收取转船附加费的第一程船运输的承运人自理。

(6)旺季附加费(peak season surcharge)。

这是船公司舱位不足所征收的一种附加费,大多数航线在运输旺季时可能临时使用。

(7)变更卸港附加费(alteration of discharging port additional)。

变更目的港仅适用于整箱货,并按箱计收变更目的港附加费。

(8)选卸港附加费(optional additional)。

选择卸货港或交货地点仅适用于整箱托运整箱交付的货物,而且一张提单的货物只能选定在一个交货地点交货,并按箱收取选卸港附加费。选港货应在订舱时提出,经承运人同意后,托运人可指定承运人经营范围内直航的或经转运的三个交货地点内选择指定卸货港,其选卸范围必须按照船舶挂靠顺序排列。此外,提单持有人还必须在船舶抵达选卸范围内第一个卸货港96小时前向船舶代理人宣布交货地点,否则船长有权在第一个或任何一个选卸港将选卸货卸下,即应认为承运人已终止其责任。

(9)直航附加费(direct additional)。

当运往非基本港的货物达到一定的货量,船公司可安排直航该港而不转船时所加收的附加费。

(10)绕航附加费(deviation surcharge)。

由于正常航道受阻不能通行,船舶必须绕道才能将货物运至目的港时,船方所加收的附加费。

(二)班轮运费的计费标准

计费标准(freight basis)也称计算标准,是指计算运费时使用的单位。在班轮运费的计收中,主要涉及运费吨和起码运费两个基本概念。

运费吨(freight ton),是计算运费的一种特定计费单位。通常,取重量和体积中相对值较大的为计费标准,以便对船舶载重量和舱容的利用给予合理的费用支付。如重12t,体积为15m³的包装货物,它的运费吨则按15t计算;而重9000kg,体积为2.6m³的包装,它的运费吨则计为9t。其运费则要按各自的运费吨计收。在运价表中,运费吨一般表示为FT(freight ton)或W/M(weight/measurement)。

起码运费(minimum rate/minimum freight)指以一份提单为单位最少收取的运费。承运人为维护自身的最基本收益,对小批量货物收取起码运费,用以补偿其最基本的装卸、整理、运输等操作过程规划总的成本支出。

在班轮运输中,主要使用的计费标准是按容积和重量计算运费;对于贵重商品,则按其货价的一定百分比计算运费;对于某些特定的商品也会按其实体的个数或件数计算运费;还有按承运人与托运人双方临时议定的费率计收运费,而按临时议定的费率计收运费多用于低价商品的运输。在集装箱运输中有按每一个集装箱计算收取运费的规定。此时,根据集装箱的箱型、尺寸规定不同的费率。

在班轮运价表中,根据不同的商品,班轮运费的计算标准通常采用以下几种:

(1)运价表内用"W"表示:按货物毛重,以重量吨为计费单位,每1公吨(MT,1MT＝1000千克)为1重量吨。

(2)运价表内用"M"表示:按货物的体积计收,即尺码吨。以立方米为计费单位,每1立方米为1尺码吨。

(3)以"W/M"表示:该商品分别按其毛重和体积计算运费,并选择其中运费较高者收取运费。

(4)以"Ad. Val."表示:该种商品按其FOB价格的一定百分比计算运费,这种运费称为从价运费。

(5)以"W/M or Ad. Val."表示:在货物重量、尺码或价值这三者中选择最高的一种计收。

(6)以"W/M plus Ad. Val."表示:按货物重量或尺码最高者,再加上从价运费计收。

(7)按每件货物作为一个计费单位收费,如活牲畜按"每头"(per head),车辆按"每辆"(per unit)收费。

(8)临时一定价格,即由货主和船公司临时协商议定。

在运价表中,计费标准为运费吨,既可能为重量吨也可能为尺码吨。不同国家或地区采用不同的单位制,但目前各国都趋向采用国际单位制,以吨和立方米为计费单位。在计算班轮运费时,如果有关商品的体积或重量所使用的计量单位不符时,首先要对计量单位进行换算。

三、杂货班轮运费计算

班轮运费的计算过程实际说就是熟悉和运用运价本的过程。准确无误的计算将会避免不必要的商务纠纷、赔偿,同时,也会树立良好的企业形象。计算运费的基本步骤如下:

(1)根据托运单查明所运商品的装货港和目的港所属的航线。注意:目的港或卸货港是否属于航线的基本港口;是否需要转船或要求直达;如果是选卸货,选卸港有几个。

(2)根据货物的名称,了解其特性、包装式样,是否属于超重或超长货件或冷藏货物。若托运人所提供的商品重量、尺码使用的计算单位与运价表规定的计量单位不相符时,还得先对计量单位按规定的换算率进行换算。

(3)根据商品的名称,从商品分级表中查出所属的等级,并确定其应采用的计算标准。如属未列名商品,则参照性质相近的商品的等级及计算标准计算,并做出记录以便在实践中进一步验证,为日后做出是否需要更正所属等级或应在商品分级表内补充列名依据积累资料。

(4)查找所属航线等级费率表,找出等级商品的基本费率。

(5)查处各项应收附加费的计费办法及费率。

(6)列式进行具体计算。

杂货班轮运费的计算公式为

$$F = F_b + \sum S = f \cdot Q + \sum S$$
$$= (1 + s_1 + s_2 + \cdots\cdots + sn) f \cdot Q（附加费均按基本运费的一定百分比计算时）$$
$$或 = (f + s_1 + s_2 + \cdots\cdots + sn) Q（附加费率均按每计费吨加收若干的形式规定时）$$

其中:Fb——基本运费额;

S——某项附加费;

f——基本运价(费率);

Q——计费吨;

s_1,s_2,…,s_n——某一项附加费率。

如果是从价运费,则按规定的百分率乘以 FOB 货值即可。从价运费计算中商品价格的换算公式为

$$P_{FOB} = \frac{P_{CFR}}{1+\text{Ad. Val.}} = \frac{0.99P_{CIF}}{1+\text{Ad. Val.}}$$

【例题】某货轮从上海港装运 10 吨,共计 11 立方米的蛋制品去英国普利茅斯港,要求直航,求全部运费。

解:第一步:根据资料,查明并选择托运货物从装货港到目的港的适用航线;

第二步:查货物分级表知蛋制品为 12 级,计算标准为 W/M(货物分级表和航线费率表略);

第三步:再从中国到欧洲地中海航线分级费率表查出 12 级货物的基本费率为 116 元/吨;

第四步:货物体积为 11 立方米,重量为 10 吨,因体积大于重量,所以运费吨应为 11 吨;

第五步:从附加费率表中查知普利茅斯港直航附加费每运费吨为 18 元;燃油附加费 35%;

第六步:列式计算

$$
\begin{aligned}
F &= F_b + \sum S \\
&= (f + s_1 + s_2 + \cdots + s_n)Q \\
&= (1 + s_1 + s_2 + \cdots + s_n) f \cdot Q \\
&= [(1+35\%) \times 116 + 18] \times 11 \\
&= 1920.60(元)
\end{aligned}
$$

该批货物应缴运费为 1920.60 元。

【例题】我方按 CFR 迪拜价格出口洗衣粉 100 箱,该商品内包装为塑料袋,每袋 0.5 千克,外包装为纸箱,每箱 100 袋,箱的尺寸为:长 47 cm,宽 30 cm,高 20 cm,基本运费为每尺码吨 367 港元,另加收燃油附加费 33%,港口附加费 5%,转船附加费 15%,计费标准为 M。试计算:该批商品的运费为多少?

解:该批商品的运费为:

$$
\begin{aligned}
运费 &= 计费标准 \times 商品数量 \times 基本运费 \times (1+各种附加费率) \\
&= (1 + s_1 + s_2 + \cdots + s_n) f \cdot Q \\
&= 0.47 \times 0.30 \times 0.20 \times 100 \times 367 \times (1+33\%+5\%+15\%) \\
&= 1583.46(港元)
\end{aligned}
$$

答:该批货物的运费是 1583.46 港元。

四、集装箱班轮运费计算

根据当前国际海上集装箱运输的实际情况,对集装箱海运基本运费的计算方法有两种:一种是与普通杂货班轮运输的基本运费计算办法一样,对具体的航线按货物的等级及不同的计

费标准计算基本运费;另一种是对具体航线实行分货物等级和箱型的包箱费率(FCS)或部分货物等级(危险品、冷藏货除外)只按箱型的包箱费率计算基本运费(FAK)。

(一)拼箱货的海运运费计算

由集装箱货运站装箱的拼箱货的海运运费计算与普通杂货班轮运输海运运费的计算办法完全一样。所不同的,只不过是应按集装箱运输的运费率而不是按照普通杂货班轮运输的运费率计算而已。但是,对于标注"AD. VAL."或"AD. VAL. OR W/M"为计费标准的商品,其基本运费按商品的离岸价格计算或 W/M20 级计算,以运费收入高者计收。

拼箱货运费计算中应注意以下几个问题:

(1)承运人运价本中规定 W/M 费率后,基本运费与拼箱服务费均按货物的重量和尺码计算,并按其中价高者收费。

(2)由于拼箱货是由货运站负责装、拆箱,承运人的责任仅限于从装箱的货运站开始到拆箱的货运站为止这一阶段,接收货物前和交付货物后的责任不应包括在运费之内。

(3)由于拼箱货涉及不同的收货人,因此拼箱货不能接受货主提出的有关选港和变更目的港的要求,而在拼箱海运费中也就没有选港附加费和变更目的港附加费。

(4)拼箱货起码运费按每份提单收取,计费时不足 1t 或 1m³ 的按 1 个计费吨收费。

(5)对符合运价本中有关成组货物的规定和要求并按拼箱货托运的成组货物,一般给予运价优惠,计费时应扣除托盘本身的重量或尺码。

对拼箱货,承运人也按提单上所记载的商品计收起码运费。即在每一航线上,各规定一个最低运费额。任何一批货运,其运费金额低于规定的最低运费额时,均须按最低运费金额计算。

(二)整箱货的海运运费计算

整箱货运费计收主要采用包箱费率方法,但此时,托运人应按"最低运费"和"最高运费"计算的办法计算应支付的海运运费。

包箱费率(box rates)是各船公司根据自身情况,按集装箱的类型制定的不同航线的包干运价,既包括集装箱海上运输费用,也包括在装、卸船港码头的费用。

包箱费率可分为两类,货物(或商品)包箱费率和均一包箱费率。前者是按货物的类别、级别和不同箱型规定的包箱费率,后者则不论货物的类别(危险品、冷藏货除外),只按箱型规定的包箱费率。后者费率定得较低,体现了船公司对货主托运整箱货的优惠,是各公司吸引集装箱货源的重要手段之一。

1.基本运费的计收方法

目前整箱货运的基本运费计收主要采用以下三种方法:

(1)FAK 包箱费率(freight for all kinds)。

这种包箱费率是对每一集装箱不细分箱内货物的货类级别,不计货量(当然是在重量限额以内),只按箱型统一规定的费率计费,也称为均一包箱费率。

采用这种费率时货物仅分普通货物、半危险货物、危险货物和冷藏货物 4 类。不同类的货物,不同尺度(20 ft/40 ft)的集装箱费率不同。

这种费率在激烈竞争形势下,受运输市场供求关系变化影响较大,变动也较为频繁。一般适用于短程特定航线的运输和以 CY-CY,CFS-CY 方式交接的货物运输。

（2）FCS 包箱率（freight for class）。

这种费率是按不同货物种类和等级制定的包箱费率。在这种费率下，一般（如中远运价本）将货物分为普通货物、非危险化学品、半危险货物、危险货物和冷藏货物等几大类，其中普通货物与件杂货一样为 1—20 级，各公司运价本中按货物种类、级别和箱型规定包箱费率。但集装箱货的费率级差要大大小于件杂货费率级差。一般来讲，等级低的低价货费率要高于传统件杂货费率，等级高的高价货费率要低于传统费率，同等级的货物按重量吨计费的运价高于按体积吨计费的运价。这也反映了船公司鼓励货主托运高价货和体积货。

使用这种费率计算运费时，先要根据货名查到等级，然后按货物大类等级、交接方式和集装箱尺度查表，即可得到每只集装箱相应的运费。

这种费率属于货物（或商品）包箱费率。中远运价本中，在中国—澳大利亚和中国—新西兰航线上采用这种费率形式。

（3）FCB 包箱费率（freight for class and basis）。

FCB 包箱费率是指按不同货物的类别、等级（class）及计算标准（basis）制定的包箱费率。在这种费率下，即使是装有同种货物的整箱货，当用重量吨或体积吨为计算单位（或标准）时，其包箱费率也是不同的。这是与 FCS 费率的主要区别之处。

使用这种费率计算运费时，首先不仅要查清货物的类别等级，还要查明货物应按体积还是重量作为计算单位，然后按等级、计算标准及交接方式、集装箱类别查明每只集装箱的运费。

这种费率也属于货物（或商品）的包箱费率。中远运价本中在中国—卡拉奇等航线上采用这种费率形式。应当说明，集装箱货物的海运费除按集装箱运价本中费率表计算外，使用前一定要仔细了解，以免引起纠纷。

以上主要介绍了集装箱班轮海运费中基本运费的计算办法。集装箱班轮运输中的附加费与杂货班轮运输基本一致。常见的集装箱海运附加费有超重、超长附加费（仅拼箱货适用）、燃油附加费、币值附加费、港口拥挤附加费和选港附加费（仅整箱货适用），还有为集装箱服务和管理的费用等，诸如，拆箱和装箱费、堆存费、交接费等，这些费用视托运条件、当地规定和习惯做法而各不同。

但是，实践中有时会将基本运费和附加费合并在一起，以包干费（all in freight）的形式计收运费。此时的运价称为包干费率，又称"全包价"（all in rate, A. I. R）。全包价的集装箱运费计算：

$$海运运费＝基本运费×箱数＋附加费×箱数$$
$$＝全包价（all in）×箱数$$

其中：基本运费分为 20'GP、40'GP、40HQ 三种价位。

all in rate（all in）全包价 ＝ 基本运费 ＋ 各类附加费之和。

【例题】某票货物从张家港出口到欧洲费利克斯托（FELISTOWE），经上海转船。5 个20，FCL，上海到费利克斯托的费率是 ＄1850.00/20'，张家港经上海转船，其费率在上海直达费利克斯托的费率基础上加 ＄100/20'，另有旺季附加费 ＄185/20'，燃油附加费 ＄90/20'，问：

（1）该票货物"All in rate"的报价是多少？

（2）托运人应支付多少运费？

解：（1）All in ＝基本运费＋各类附加费之和
$$＝1850＋（100＋185＋90）$$
$$＝2225$$

所以,All in rate 的报价是 $2255/20'GP。

(2) 海运运费＝全包价×箱数＝2225×5＝11125

所以,托运人应支付海运费 $11125。

2. 最低运费的计算

在货物由托运人自行装箱整箱托运,而又按照普通杂货班轮运输运费的办法计算集装箱运费的情况下,应按集装箱的最低计费吨计算运费。如中运总公司规定一个普通干货标准箱的最低装箱标准为 20m³ 或 16t。

3. 最高运费的计算

为鼓励托运人采用整箱装运货物,并能最大限度地利用集装箱内部容积,而使用的一种运费计算方法。运费计算时为各种规格和类型的集装箱规定一个按集装箱的内部容积折算的最高运费吨。例如,规定 20ft 的干货箱的最高运费吨为 31m³；40ft 的干货箱的最高运费吨为 67m³。超过该规定的最高运费吨时,仍然按最高运费吨为限计收运费。当所装的商品可能是分属不同运费等级的商品,则免收运费的商品应从运价等级最低的商品起始上推。货物的度量单位或者基础数据不清时,按最高运费吨和箱内运价等级最高的货物的运价计收运费。最高运费仅适用于以尺码吨作为计费单位的货物。

(三)特定货物运费的计算

(1)特种箱,指超高箱、开顶箱、平板箱等有别于普通干货箱的箱型。通常在 CY/CY 条款下,40ft 超高箱运价为普柜的 110%；开顶箱、平板箱、柜架箱运价为普柜的 130%。

(2)成组货物。有些船公司对集装箱内装载的是成组货物,并按拼箱货托运时,其运费给予优惠。在计算运费时,扣除托盘本身的重量或体积。扣除部分以货物的 10% 为限。

(3)家具和行李。对于装载于集装箱内的家具和行李,除组装成箱后再装入集装箱内的情况外,运费均按集装箱内容积的 100% 计收运费,其他费用也按箱计收。

(4)服装。以挂载于集装箱内的方式运输时,在 CY/CY 交接和衣架及相关物料由托运人提供,运费按集装箱内容积的 85% 计算。有混装时,总计费尺码不超过箱容的 100%。在这种情况下,托运人应提供经承运人同意的公证后出具的商品衡量证书。

(5)回运货物,指在卸货港或交货地点卸下的货物,在一定的时间内交由原承运人运回原装货港或收货地点的货物。对于回运货物,承运人一般都给予运费的优惠。但是,货物在卸货港或交货地点滞留期间发生的一切费用均由申请方负担。

(四)滞箱费

滞箱费是指在集装箱货物运输中,货主未在规定的免费堆存时间内前往指定的集装箱堆场或集装箱货运站提取货物及交还集装箱,而由承运人向货主收取的费用。滞箱费按天计算。

某货轮从广州港装载杂货人造纤维,体积为 20 立方米,毛重为 17.8 吨,运往欧洲某港口,托运人要求选择港卸货,Rotterdam 或 Hamburg,Rotterdam 和 Hamburg 都是基本港口,基本运费率为 USD80.00/FT,三个以内选卸港的附加费率为每运费吨加收 USD3.00,"W/M"。请问:

(1) 该托运人应付运费多少美元?

(2) 如果改用集装箱运输,海运费的基本费率为 USD1100.00/TEU,货币贬值附加费 10%,燃油附加费 10%。改用集装箱运输时,该托运人应支付运费多少美元?

（3）若不计杂货运输和集装箱运输方式的其他费用，问：托运人从节省运费考虑，是否应选择改用集装箱运输？

解：（1）因为 W：17.8 公吨，　　　 M：20 立方米'　　　 M＞W

所以按 M 计费，运费吨为 20.0 立方米

运费＝（80.0＋3.0）×20.0＝USD1660.0

（2）可以选用 1 个 TEU

运费＝1100＋1100×10％＋（1100＋1100×10％）×10％

　　　＝1100＋110＋121

　　　＝USD1331

（3）因为（1）大于（2），所以从节省运费考虑应选择改用集装箱运输。

第五节　无船承运业务

一、无船承运人的概念

根据《中华人民共和国国际海运条例》的规定，无船承运人，是指以承运人身份接受托运人的货物，签发自己的提单或者其他运输单证，向托运人收取运费，通过国际船舶运输经营（即实际承运人）完成国际海上货物运输，承担承运人责任的企业法人。

由此可见，无船承运人是以承运人身份接受货主的货物，再以自己的名义（或货主的名义）委托实际承运人（指船公司）完成国际海上货物运输的，因此，无船承运人具有中间商的身份，对于货主（托运人和收货人），他是承运人，既享受承运人的权利，也应承担承运人的义务；对于实际承运人，他是托运人（或收货人），既享受承运人的权利，又应承担托运人（或收货人）的义务。

二、无船承运人的主要业务

根据《中华人民共和国国际海运条例实施细则》的规定，无船承运人的业务范围包括：

（1）以承运人身份与托运人订立国际运输合同；

（2）以承运人身份接收货物、交付货物；

（3）签发提单或其他运输单证；

（4）收取运费及其他服务报酬；

（5）向国际船舶运输经营者或者其他运输方式经营者为所承运的货物订舱和办理托运；

（6）支付港到港运费或者其他运输费用；

（7）集装箱拆箱、拼箱业务；

（8）其他相关的业务。

（一）无船承运人提单业务

在传统的国际贸易中，一项贸易合同下，仅有由从事具体运输工作的船公司或其代理人签

发的正本提单。在实际的国际贸易货物运输操作中,在有无船承运人参与的海上运输过程中,由于存在两个相互独立的海上运输合同,也就是一种通常所说的"背靠背合同",即无船承运人作为承运人与货物托运人签订的运输合同和无船承运人作为托运人与远洋公共承运人签订的运输合同,所以会出现两套提单:远洋公共承运人即实际承运人签发的提单(OCEAN B/L 或MASTER B/L)和无船承运人签发的提单(NVOCC B/L 或 HOUSE B/L)。实务中又称为"套单"。

在套单的情况下,实际履行运输工作的船公司向无船承运人或货运代理人签发的提单,称为主提单(Master B/L)、备忘提单(Memo B/L)或船公司提单(Ocean B/L);而由作为承运人的无船承运人或货运代理人向托运人签发的提单,则称为无船承运人提单(NVOCC B/L)、子提单(House B/L)、货运代理提单(Forwarder's B/L)。在集装箱运输中,有时也可称为拼箱货提单或拼装提单(B/L)。因为拼箱货是在集装箱货运站内装箱和拆箱,而货运站又大都有仓库,所以有人称其为仓至仓提单。

由此可见,无船承运人提单(NVOCC B/L)是指无船承运人或其代理以承运人身份签发的用以证明海上货物运输合同和货物已经由无船承运人接收或者装船,以及无船承运人保证据此交付货物的单证。无船承运人提单仍然具有合同证明、货物收据和物权凭证三大功能。

无船承运人提单和船公司提单在格式、内容、条款、签发等方面均应符合有关调整海运提单的国际公约、法律法规的规定,其法律地位相同,而且基于同一运输目的,它们之间具有一定的关联性,但在缮制方面有所不同。无船承运人提单应严格按照信用证的规定进行缮制与签发,以便货方结汇及提货;船公司提单则应根据无船承运人与船公司之间的约定和船公司收到货物的实际情况进行缮制。表 2-9 显示了无船承运人提单与船公司提单在若干项目上的差别。

表 2-9　无船承运人提单和船公司提单的对比

项目	无船承运人提单(子提单)	实际承运人提单(母提单)
发货人	信用证规定的发货人	无船承运人
收货人	信用证规定的收货人,通常是指示提单	无船承运人在目的港的代理,通常记名提单
通知人	信用证规定的通知人	无船承运人在目的港的代理
适用运价本	无船承运人运价本	实际承运人运价本
货物名称、数量、体积等	按各个发货人交付的情况记载	按无船承运人交付的情况记载
货物交接方式	按与发/收货人约定的方式,如拼箱—拼箱	按无船承运人与实际承运人之间的约定方式,如整箱—整箱
签发数量	按发货人数量(每位发货人一式三份)	仅签发一式三份
签发人	无船承运人或其代理	实际承运人或其代理或船长
主要用途	结汇	提货
提单运输责任	对全程承担责任	对海上区段承担责任
提单运输条款	CFS/CFS	CY/CY

在两套提单运作时,卖方是借助无船承运人提单来完成交货义务,并凭此提单向买方收取货款的。

无船承运人提单业务流转过程如图 2-13 所示：

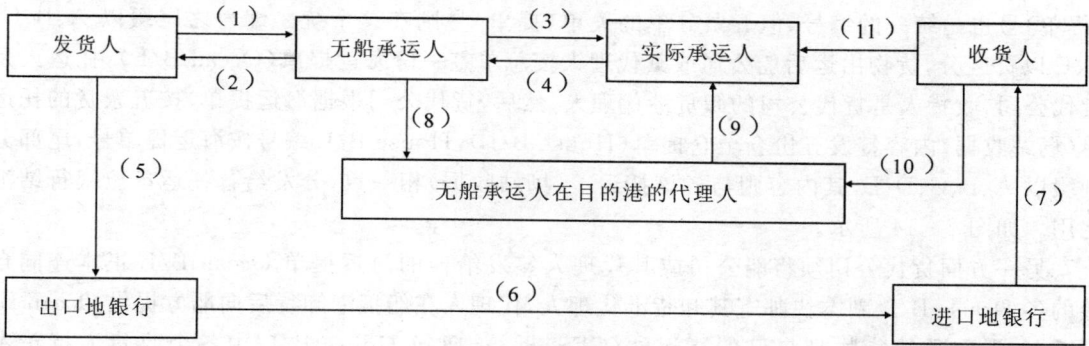

图 2-13 无船承运人提单业务流程图

（1）发货人将货物交付给无船承运人；

（2）无船承运人在收到货物后出具自己的提单（NVOCC B/L）给发货人；

（3）无船承运人作为托运人将货物交由实际承运人运输；

（4）实际承运人出具自己的提单（OCEAN B/L）给无船承运人；

（5）发货人凭 NVOCC B/L 到出口地银行结汇；

（6）出口地银行将 NVOCC B/L 转入进口地银行；

（7）收货人付款后，从进口地银行取出 NVOCC B/L；

（8）无船承运人将实际承运人签发的正本 OCEAN B/L 和自己的副本 NVOCC B/L 转寄给自己在目的港的代理人；

（9）无船承运人在目的港的代理人凭正本 OCEAN B/L 到实际承运人或其代理处换取提货单 D/O；

（10）收货人到无船承运人在目的港的代理人处凭 NVOCC B/L 换取提货单 D/O；

（11）收货人凭提货单 D/O 提取货物。

（二）无船承运人集中托运业务

集中托运业务又称为拼箱业务、集拼业务（consolidation，consol），是指无船承运人将不同委托人、不同收货人、同一卸货港的零星货物集中起来，拼成一个 20 英尺或 40 英尺的整箱，然后以整箱货形式交由班轮公司运输。采用一份总托运单集中发运到同一目的地，由无船承运人在目的地的分支机构或代理以收货人身份从班轮公司处提取货物后，再根据无船承运人签发的子提单分拨给各个实际收货人的运输组织方式。无船承运人也称为集装箱拼箱经营人（consolidator）。

在集中托运业务中，无船承运人以自己的名义提供服务并向每位发货人签发自己的提单。对不同的发货人而言，无船承运人是承运人，而在与实际承运人的关系中，无船承运人是发货人，每个实际托运人和实际收货人与实际承运人之间不存在直接的合同关系。

集拼业务的操作比较复杂，先要区别货种，合理组合，待拼成一个 20 英尺或 40 英尺箱时可以向船公司或其代理人订舱。

集拼的每票货物各缮制一套托运单（场站收据），附于一套汇总的托运单（场站收据）上，例如有五票货物拼成一个整箱，这五票货须分别按其货名、数量、包装、重量、尺码等各自缮制托运单（场站收据），另外缮制一套总的托运单（场站收据），货名可做成"集拼货物"（consolidated cargo),数量是总的件数(packages),重量、尺码都是五票货的汇总数,目的港是统一的,关单(提单)号也是统一的编号,但五票分单的关单(提单)号则在这个统一编号之尾缀以 A、B、C、D、E 以资区分,货物出运后船公司或其代理人按总单签一份海运提单(Ocean B/L),托运人是货代公司,收货人是货代公司的卸货港代理人,然后,货代公司根据海运提单,按五票货的托运单(场站收据)内容签发五份仓至仓提单(House B/L),House B/L 编号按海运提单号,尾部分别缀以 A、B、C、D、E,其内容则与各该托运单(场站收据)相一致,分发给各托运单位银行结汇之用。如图 2-14 所示。

另一方面货代公司须将船公司或其代理人签发给他的海运提单 Ocean B/L 正本连同自签的各 House B/L 副本快邮寄其卸货港代理人,代理人在船抵港卸货后向船方提供 Ocean B/L 正本,提取整箱货物到自己的货运站(CFS)拆箱,通知 House B/L 中各个收货人持正本 House B/L 前来提货。

(三)无船承运人的集中托运代理流程

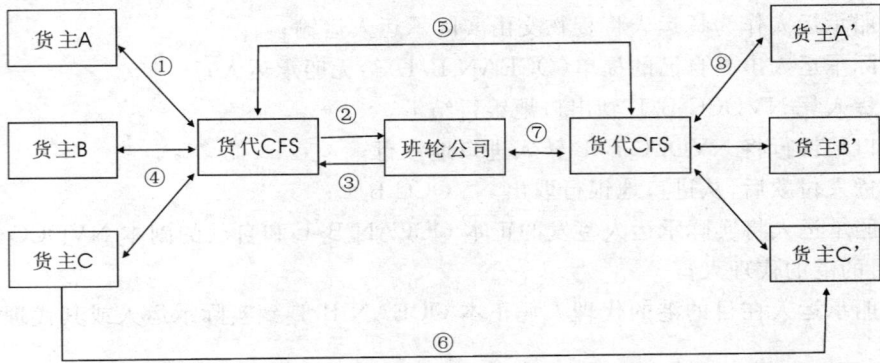

图 2-14　无船承运人代理流程图

集拼经营人有双重身份,对货主而言,他是承运人;而对真正承运货物的集装箱班轮公司而言,他又是货物托运人。

图 2-14 注:

①A、B、C 等不同货主(发货人)将不足一个集装箱的货物交集拼经营人。

②集拼经营人将拼箱货拼装成整箱货后,向班轮公司办理整箱货物运输。

③整箱货装船后,班轮公司签发 B/L 或其他单据(如海运单)给集拼经营人。

④集拼经营人在货物装船后也签发自己的提单(House B/L)给每一个货主(发货人)。

⑤集拼经营人将货物装船及船舶预计抵达卸货港信息告知其卸货港的机构(代理人),同时,还将班轮公司 B/L 及 HB/L 的复印件等单据交卸货港代理人,以便向班轮公司提货和向收货人交付货物。

⑥货主之间办理包括 HB/L 在内的有关单证的交接。

⑦集拼经营人在卸货港的代理人凭班轮公司的提单等提取整箱货。

⑧A'、B'、C'等不同的货主(收货人)凭 House B/L 等在 CFS 提取拼箱货。

集拼业务票数越多,处理难度越大,有时其中一票货的数量发生变更往往牵涉整箱货的出运,所以在处理中要倍加审慎。

思考与练习

一、简答题

1. 简述班轮运输的概念、分类及特点。

2. 简述杂货班轮的出口货运流程和进口货运流程。

3. 杂货班轮运输中,为什么采取"仓库收/交货,集中装/卸船"? 此时承运人与货方的责任如何划分?

4. 杂货班轮货物运输所涉及的运输单证有哪些? 装货单和收货单的作用是什么?

5. 海运进出口货物代运委托书和托运单分别由谁填制? 各有何作用?

6. 简述杂货班轮运输中装货联单的流转过程。

7. 简述集装箱货物的交接方式。

8. 简述场站收据各联的作用。

9. 简述集装箱装箱单的作用。

10. 简述设备交接单的进出口流程及其作用。

11. 简述班轮运费的计算标准。

12. 集装箱班轮运输基本运费的计算方法有哪几种?

13. 简述无船承运人的集中托运代理流程。

二、案例分析题

1. 某年 10 月,原告 Z 公司委托被告美商 Y 公司将一批机翼壁板由美国长滩运至中国上海。实际承运人 M 公司签发给被告的提单上载明"货装舱面,风险和费用由托运人承担"。而被告向原告签发的自己抬头的提单上则无此项记载,同时签单处表明被告代理实际承运人 M 公司签单。货抵上海港后,商检结果确认部分货物遭受不同程度的损坏及水湿。原告遂向法院提起诉讼,请求判令被告赔偿货损 68.2 万美元,并承担诉讼费。被告辩称,其身份是货运代理人,不应承担承运人的义务。原告遭受货损系由其未购买足够保险而产生,且货损发生与货装甲板无因果关系,据此请求法院驳回原告诉讼请求。

(1) 本案中,被告的身份是货运代理人还是货物承运人?

(2) 根据提单,如何区别货运代理人和货物承运人?

2. 某国际货运代理企业经营国际集装箱拼箱业务,此时他是 CONSOLIDATOR,由于他签发自己的提单,所以他是无船承运人(以下称为无船承运人)。2004 年 9 月 15 日,该无船承运人在 KOBE 港自己的 CFS 将分别属于六个不同发货人的拼箱货装入一个 20 英尺的集装箱,然后向某班轮公司托运。该集装箱于 2004 年 9 月 18 日装船,班轮公司签发给无船承运人 CY/CY 交接的 FCL 条款下的 MASTER B/L 一套;无船承运人然后向不同的发货人分别签发了 CFS/CFS 交接的 LCL 条款下的 HOUSE B/L 共六套,所有的提单都是清洁提单。2004 年 9 月 23 日载货船舶抵达提单上记载的卸货港。第二天,无船承运人从班轮公司的 CY 提取了外表状况良好和铅封完整的集装箱(货物),并在卸货港自己的 CFS 拆箱,拆箱时发现两件货物损坏。2004 年 9 月 25 日收货人凭无船承运人签发的提单前来提货,发现货物损坏。请问:

(1) 收货人向无船承运人提出货物损坏赔偿的请求时,无船承运人是否要承担责任? 为什么?

(2)如果无船承运人向班轮公司提出集装箱货物损坏的赔偿请求时,班轮公司是否要承担责任?为什么?

(3)无船承运人如何防范这种风险?

三、实训

1. 请到相关国际海运的网站或船公司网站上,查找各船公司的服务产品信息,查找相关国际航线及港口的信息。请到专业国际货运网站如锦程物流网(www. jctrans. com)、货运中国网(www. cargoinchina. com)、易舱网(www. yicang. com)及其他类似平台查找船公司及其船期表。

2. 计算。

(1) 我某公司出口一批商品共1000公吨,出口价格为每公吨2000美元 CIF 新加坡。客户现要求改报 FOB C5%上海价。查该商品总重量为1200公吨,总体积1100立方米,海运运费按 W/M 计收,每运费吨基本运费率为120美元,港口附加费15%,原报价的保险金额按 CIF 价另加成10%,保险险别为一切险,保险费率为1%,求该商品的 FOB C5%上海价。

(2) 由厦门运往新加坡,整箱货物共 2×20'GP,3×40'GP,4×40'HQ。海运费报价为 CIF 新加坡 350++/650++/650++,有++需加 BAF 与 PSS,BAF 与 PSS 分别为40/70/70,40/70/70。问共需要支付多少海运费?请填下表(BAF 为燃料附加费,PSS 为旺季附加费)。

箱型箱数	2×20'GP	3×40'GP	4×40'HQ
基本运费			
附加费:BAF			
PSS			
All in			

3. 上海国际贸易公司和日本大阪的 TKAMLA 公司于2006年3月1日签订了一份"中国绿茶"的 CIF 出口合同。上海国际贸易公司委托上海外轮代理公司为其代理该批货物的出口货运业务。上海国际贸易公司提供的资料显示:

(1)货物描述:FFCHINESE GREEN TEA

ART NO. 555	100 KGS	140KGS	20CARTONS
ART NO. 666	110 KGS	132KGS	22CARTONS
ART NO. 777	120 KGS	144KGS	24CARTONS

总毛重:416KGS   总尺码:13.2CBMS

(2)唛头:T. C

TXT264

OSAKA

C/NO. 1—66

(3)装运港:SHANGHAI,CHINA; 目的港:OSAKA,JAPAN

(4)商业发票号:TW0522

上海外轮代理公司(以下简称上海外代)向中海集装箱运输股份有限公司(以下简称中海集运)在上海港的代理人(以下简称装运港船代)订舱,填写装货联单。中海集运即是此次运输的承运人。装运港船代核对托运单、装货单等填写无误后,签发装货单,确认订舱。填写的船名为 PUDONG V. 503,装货单号为 HJSHBI142939。

实训任务：

(1)请描述外轮代理公司完成代理任务的流程。

(2)若为上海外代的业务员,请根据本例有关资料,填写托运单、装货单(见图2-15和图2-16)。

中国外轮代理公司
CHINA OCEAN SHIPPING AGENCY

上海外代
留底

托运人
Shipper _____

编号   船名
No. _____   S/S _____

目的港
For _____

标记及号码 Marks & Nos.	件数 Quantify	货名 Description of goods	重量公斤 Weight Kilos	
			净 Net	毛 Gross
共计件数(大写) Total Number of Packages Writing			运费付款方式	
运费 计算		尺码 Measurement		
备 注				
抬头人		可否 转船	可否 分批	
通知人		装期	效期	提单 张数
		金额		
收 货 人		银行 编号	信用 证号	

制单　　月　　日

图2-15 海运出口托运单

中 国 外 轮 代 理 公 司
CHINA OCEAN SHIPPING AGENCY

装货单
SHIPPING ORDER

S/O NO _____

船名
VesselName

航次
Voy.

目的港
For

托运人
Shipper

受货人
Consignee

通知
Notify

兹将下列完好状况之货物装船后希望签署收货单
Receive on board the under mentioned goods order and condition and sign the accompanying receipt for the same

标记及号码 Marks &. Nos.	件数 Quantity	货名 Description of Goods	毛重量(公斤) Gross Weight In Kilos	尺码(立方米) Measurement Cu. M.

共 计 件 数(大写)
Total Number of Packages in Writing _____

日期
Date _____

时间
Time _____

装入何舱 _____

实收 _____

理货员签名
Tallied By _____

经办员
Approved By _____

图 2-16　装货单联(S/O)

第三章

国际海运租船货运代理

内容简介

租船运输是根据个别货主的具体运输要求来组织货物运输的营运方式,事先需要双方当事人——承租人与船舶出租人协商确定每一次的租船运输事项,谈妥要去的港口、航线,要装载的货物、运费、期限等有关双方的权利和义务,也就是租船合约的签订,依照签订好的租约履行各自的责任和义务。租船运输业务流程可以分为两大部分,一是租船合约的谈判和签订,二是租船合约的履行。不同的租船运输类型,其租船合约的内容不同,租船合约的履行更是千差万别。本章主要阐述一般的租船业务流程和租船具体流程中各环节的实施过程。

教学目标

1. 知识目标

(1) 了解国际海上货物租船运输的方式和特点;

(2) 熟悉国际海运租船代理业务的流程;

(3) 了解租船经纪人在租船业务中的地位和作用;

(4) 掌握航次租船合同和定期租船合同的主要内容。

2. 技能目标

(1) 能够商洽租船合同条款;

(2) 能够操作租船程序;

(3) 能够正确计算装卸时间、滞期费和速遣费。

教学要求

1. 通过本章学习,使学生对国际租船货运代理业务有一个整体认识。掌握租船的概念、分类和特点;了解租船市场、租船当事人与经纪人的基本知识;熟悉租船业务基本概念、租船合同范本;熟悉租船业务流程及租船货运业务内容及其特点。

2. 通过训练,使学生能够操作租船流程,能够商定租船合同的条款及正确计算装船时间和计收租船运费、滞期费、速遣费。

案例导入

航次租船运输

2012 年 5 月 15 日,在经纪人广西海洋运输公司的介绍下,新加坡新和航运有限公司(下称新和公司)与中国外轮代理公司北海分公司(下称北海外代)签订了一份租船合同。合同约定,北海外代租用新和公司的"新和"号轮,将 9500t(10％范围由船东选择)的袋装水泥由北海港运往马尼拉。运费率为毛重每公吨 14.30 美元,船东不负担装卸、堆舱、平舱费,全部运费在装货完毕后 3 个银行工作日支付。装卸效率为每晴天工作日 1200t,星期日及法定节假日除外。滞期/速遣费率为每天 3000/1500 美元,所有用于等待泊位的损失时间算作装卸时间,除非船舶已经滞期,否则由于台风或其他自然灾害影响了装、卸的进行,所损失的时间不计算装卸时间。4.25％的佣金从运费中扣除,付给经纪人广西海洋运输公司。其他未提到条款按 1922 年及 1976 年修订的"金康"合同范本。

以上是一宗典型的航次租船运输案例。可见,租船运输与前面所讲的班轮运输有着显著的不同。

引导思路

1. 如何理解租船合同条款?
2. 租船运输实务的操作流程又是如何?

第一节　国际租船货运代理业务概述

一、租船运输的概念和特点

(一)租船运输的概念

租船运输是相对于班轮运输的另一种海上运输方式。从事租船货运的船舶没有预定的船期表、航线和挂靠港口,而是按照货源的要求和货主对货物运输的要求,安排船舶航行计划,组织货物运输。船、租双方的权利、义务均按租船合同行事。因此,租船运输又被称为不定期船运输。

(二)租船运输的特点

租船运输中,船舶的营运时间根据船舶出租人与承租人双方签订的租船合同来进行的,一般进行的是特定货物的运输。船舶出租人提供的是货物运输服务,而承租人则是按约定的租金率或运价支付运费。因此,区别于班轮运输,租船运输具有以下特点。

(1)没有固定的航线、装卸港及船期。租船运输的航线和装卸港的安排根据租船人的需要或按合同而定。

(2)没有固定的运价。租船的运价随租船市场的行情的变化而变化,船舶供过于求时,运价就下跌,反之则上涨。

(3)适合于大宗散货运输。货物的特点是批量大,附加值低,包装相对简单。运输的运价(或租金率)相对班轮运输而言较低。

(4)租船运输中,船舶港口使用费、装卸费及船期延误,按照租船合同规定划分及计算,而班轮运输中船舶的一切正常营运支出均由船方负担。

(5)舱位的租赁一般以提供整船或部分舱位为主,主要是根据租约来定。另外,承租人一般可以将舱位或整船再租与第三人。

（6）租船运输中的提单不是一个独立的文件。其作用仅相当于货物收据，要受租船合同的约束。

（7）承租人与船舶所有人之间的权利、义务通过租船合同来确定。

二、租船货运基本知识

（一）租船当事人

1. 船舶出租人

船舶出租人也称为船东（ship owner），船舶出租人是根据租船合同规定，向承租人出租船舶或者船舶的部分舱位的人。船舶出租人既可能是将自有船舶用于租船运输的船舶所有人（船东），也可能是以定期租船或光船租船甚至航次租船的形式将租用的船舶再次用于租船运输的船舶经营人（二船东）。

2. 船舶承租人

船舶承租人（charterer）又称为租船人，有时也称为租家，是指根据租船合同的规定，从船舶出租人租进船舶或者船舶部分舱位的人。一般可由船舶出租人从事货物运输也可由承租人从事货运经营。租船运输的承租人可能是国际贸易合同中的卖方或者买方，也可能是专门从事租船业务的经营人或船公司。

（二）租船经纪人

租船经纪人是指专门从事租船订舱等经纪业务的经纪人。在租船运输中，租船经纪人熟悉租船市场行情，精通租船业务，能及时掌握市场动态。作为当事双方的桥梁和纽带，可为委托人提供各种专业性的服务，减少委托人事务上的烦琐手续。由于租船经纪人的专业优势，船舶出租人或承租人通过租船经纪人开展业务的做法已经十分普遍。

租船经纪人一般分为以下三种：

（1）船舶出租经纪人（the owner's broker）：指根据船舶出租人的授权和知识，代表船舶出租人利益在租船市场上从事船舶出租和承揽货源的人。

（2）船舶承租人经纪人（the charterer's broker）：指根据承租人的授权和知识，代表承租人利益在租船市场上为承租人洽租合适船舶的人。

（3）双方当事人经纪人（both parties' broker）：指以中间人身份尽力促成船舶出租人和承租人双方达成船舶租赁交易，从中赚取佣金的人。

租船经纪人进行租船业务洽谈的方式有三种：①由船舶出租人和承租人各自指定一个租船经纪人，由其代表各自委托人的利益进行洽谈；②船舶出租人和承租人共同指定一个租船经纪进行洽谈；③船舶出租人或承租人与对方指定的租船经纪人进行租船业务洽谈。

船舶出租人或承租人指定了租船经纪人后，则处于"本人（principal）的地位"（双方共同指定同一租船经纪人的属于居间人的情况，承、租双方不是"本人"，而是"决定当事人"），拥有对、租船经纪人进行任何有关租船业务指示的权利。对于这些指示，租船经纪人，不管是代理人还是居间人，都必须如实照办，不得损害委托人的任何利益。

当租船经纪人以代理人的身份出现，且代表其"本人"在租船合同上签字时，必须在合同上注明其代理人身份，实际合同的当事人仍然是船舶出租人或承租人。租船经纪人超出授权范围或在没有得到授权的情况下采取的决定,其后果应由租船经纪人承担。不过在实践中,"本人"与租船经纪人之间往往没有相互约束的协议或合同,而以业务来往中的文件为委托的依据和确定责任的依据。

在通过租船经纪人成功地签订了租船合同时,通常由船舶出租人向租船经纪人支付"经纪人佣金"。佣金的多少在国际上没有统一的标准,一般为运费或租金的 1%~4%。

(三)租船市场

在租船运输中,租船市场是承租双方协商洽谈业务的场所或电子商务平台。目前,世界上主要的租船市场有英国的伦敦租船市场(波罗的海商业航运交易所)、美国纽约的租船市场、北欧的租船市场和亚洲的租船市场。

三、租船货运经营方式

目前,航运业务的租船运输经营方式有航次租船(voyage charter,trip charter)、定期租船(time charter,period charter)、光船租船(bare-boat charter,demise charter)等基本形式,还有包运租船(contract of affreightment,COA)、航次期租(time charter on trip basis,TCT)等形式。其中,最基本的租船运输的经营方式是具有运输承揽性质的航次租船。

租船运输通常适用于大宗货物的运输,因此,我国大宗货物的进出口通常采用租船运输方式。租船运输,除了要对运输进出口商品的运费占成本的比例做出正确的估价和判断外,还必须对国际航运市场的发展趋势做出预测,以便正确选择适当的贸易术语。

(一)航次租船

1. 航次租船的定义

航次租船又称"航程租船"或"程租船"或"程租",是指由船舶出租人向承租人提供船舶或船舶的部分舱位,在指定的港口之间进行单项或往返的一个航次或几个航次用以运输指定货物的租船运输方式。船舶出租人主要负责船舶的航行,承租人只负责货物的部分管理工作。

航次租船是租船市场上最活跃、最为普遍的一种租船方式,对运价水平的波动最为敏感。在国际现货市场成交的绝大多数货物(主要有液体散货和干散货两大类)通常都是通过航次租船方式运输的。

2. 航次租船的特点

航次租船主要有以下特点。

(1)航次租船合同是确定船舶出租人与承租人的权利、义务和责任的依据。航次租船合同的船舶出租人不是公共承运人,而是专门承运人(private carrier),即承运与其签订租船合同的承租人的货物。

(2)船舶出租人占有和控制船舶,负责船舶的营运调度,配备和管理船员。

(3)船舶出租人负责船舶营运的所有费用,包括船舶资本费用(船舶成本、船舶资本借贷偿还、资本金利息)、固定营运费用(船员工资和伙食、船舶物料、船舶保养费用、船舶保险费用、润滑油、企业事务费用等)和可变营运费用(燃料费、港口使用费、饮水费、合同规定的装卸费、其他费用)。

(4)承租人负责完成货物的组织,支付运费及相关的费用。船舶出租人出租整船或部分舱位,按实际装船的货物数量或整船舱位包干计收运费。承租人向船舶出租人支付的运输费用通常称为运费(freight),而不称为租金(hire)。

(5)特定船舶、特定货物、特定港口和特定航线。船舶出租人需履行适航义务和不得不合理绕航义务。

(6)航次租船合同中都规定有在港装卸货物的时间、装卸时间的计算方法、滞期和速遣以及滞留损失等规定。

3. 航次租船的分类

航次租船中,根据承租人对货物运输的需要,而采取不同的航次数来约定航次租船合同。航次租船方式可分为下列几种形式:

(1)单航次租船(single trip or single voyage charter)。

单航次租船是指船舶出租人与承租人双方约定,提供船舶完成一个单程航次货物运输的租船方式。船舶出租人负责将指定的货物从起运港运往目的港,货物运抵目的港卸船交付货物后,船舶出租人的运输合同义务即告完成。

(2)往返航次租船(return trip or return voyage charter)。

往返航次租船指船舶出租人与承租人双方约定,提供船舶完成一个往返航次的租船方式。同一船舶在完成一个单航次后,会根据货物运输需要在原卸货港或附近港口装货,返回原装货港或其附近港口。去程和回程货主可以联合起来向船舶出租人按往返航次租用船舶。船舶出租人在回程货载上有了保证,可避免回程空航,在运价方面承租人可获得一定的优惠。

(3)连续单航次租船(consecutive single voyage charter)。

连续单航次租船指船舶出租人与承租人约定,提供船舶连续完成几个单航次的租船运输方式。被租船舶在相同两港之间连续完成两个或两个以上的单航次运输后,航次租船合同结束,船舶出租人的合同义务完成。连续单航次租船合同可按单航次签订若干个租船合同,也可以只签订一个租船合同。只签订一个租船合同的情况下,合同适用于第一个航次的各项条件和条款同样适用于以后的各航次。但是,必须在合同中注明船舶第一航次的受载日期和后续的航次数,也可以为后续航次规定受载日期等。

(4)连续往返航次租船(consecutive return voyage charter)。

连续往返航次租船指船舶出租人与承租人约定,提供船舶连续完成几个往返航次的租船运输方式。由于作为承租人的一方很难同时拥有较大数量的往程和回程货载,这种运输经营方式在实务中较少出现。

(二)定期租船

定期租船(time charter,period charter)又称"期租船"或"期租",是指由船舶出租人向承租人提供约定的由出租人配备船员的船舶,由承租人在约定的时间内按照约定的用途使用,并支付租金的一种租船方式。在期限内由租船人自行调度和经营管理。在租期内,承租人利用租用的船舶既可以进行不定期租船货物运输,也可以投入班轮运输,还可以在租期内将船舶转租,以取得运费收入或谋取租金差额。在定期租船中,租期的长短完全由船舶出租人和承租人根据实际需要约定。少则几个月,多则几年或更长时间。

定期租船的特点:

(1)船舶出租人负责配备船员,任命船长,并负担其工资和给养。

（2）承租人负责船舶的营运调度,并负担营运中的可变费用,包括燃料费、港口使用费、引水费、货物装卸费、运河通行费、租船合同规定的其他费用。船舶出租人负担船舶营运的固定费用,包括船舶资本的有关费用、船用物料费、润滑油费、船舶保险费、船舶维修保养费等。

（3）承租人在船舶营运方面拥有对船长、船员指挥权,承租人有权要求船舶出租人将其撤换。

（4）船舶租用以整船出租为基础,租金率的确定以船舶的载重吨、租期为基础。有些合同规定租金率为每天每载重吨×美元,或每天租金率为×美元。每半个月或每30天预付租金一次。

（5）租约中往往订有有关交船和还船以及停租的规定。

（三）光船租船

光船租船又称为"船壳租船",是指船舶出租人向承租人提供不配备船员的船舶,在约定时间内由承租人占有、使用和营运,并向出租人支付租金的一种租船方式。光船租船实质上是一种财产租赁方式,不具有运输承揽性质。

光船租船的特点:

（1）船舶出租人提供一艘适航空船,不负责船舶的营运。

（2）承租人配备全部船员,并附有指挥责任。

（3）承租人以承运人身份负责船舶的经营及营运调度工作,并承担在租期内的时间损失,包括船期延误、修理等。

（4）承租人负担除船舶的资本费用外的全部固定及变动成本。

（5）以整船出租,租金按船舶的载重吨、租期及商定的租金率计算。

（6）船舶的占有权从船舶交与承租人使用时起,转移至承租人。

（四）包运租船

包运租船是指船舶所有人向承租人提供一定吨位的运力,在确定的港口之间,按事先约定的时间、航次周期和每航次较为均等的运量,完成合同规定的全部货运量的租船方式。包运租船方式所签订的租船合同称为"包运租船合同",或称"运量合同"（quantity contract / volume contract）。

其特点是不要求一艘固定的船舶完成运输,船舶所有人在指定船舶上有较大的自由,且在时间上不要求船舶一个接着一个航次完成运输,而是规定一个较长的时间,只要满足包运租船合同对于航次的要求,在这段时间内,船舶出租人可以灵活地安排运输。

（五）航次期租

航次期租是介于航次租船和定期租船之间的租船方式,又称为日租船（daily charter）。是指由船舶出租人向承租人提供船舶,在指定的港口之间,以完成航次运输为目的,按实际租用天数和约定的日租金率计算租金的租船运输经营方式。航次期租的特点是没有明确的租期期限,而只确定了特定的航次。这种租船方式以期租作为基础,融合了航次租船的性质,费用和风险则按期租方式处理。航次期租减少了船舶所有人因各种原因造成的航次时间延长所带来的船舶损失,而将风险转嫁给了承租人。

上述五种租船方式的区别主要体现在船舶出租人和承租人对船舶的支配权、占有权的不同,从船舶出租人对船舶的支配、占有程度的强弱来看,五种租船方式的排序为:包运租船、航次租船、航次期租、定期租船、光船租船。

四、租船合同基本条款及范本

租船合同是船舶所有人与承租人达成的协议,也称为租约(charter party,C/P),规定承租人以一定的条件向船舶所有人租用一定的船舶或一定的舱位以运输货物,并就双方的权利和义务、责任与豁免等各项以条款形式加以规定,用以明确双方的经济、法律关系。

租船合同中的条款基本可以分为以下三类。

(一)条件条款

条件条款是指合同中那些履行与否对实现合同的商业目的有着密切关系的条款。如果合同一方未履行或擅自取消这种条款,就会使合同双方协议的商业目的无法实现。对此,受害方有权拒绝履行合同中规定的义务,取消合同,并可提出赔偿要求。例如在定期租约中,NYPE以及其他一些定期租约赋予船舶出租人在承租人不准时足额支付租金时的撤船权利条款。又如船名、船型、船舶现处的位置、船级、船旗等船舶概述的规定,船长签发提单条款,承租人应该提供约定的货物,船舶预计装货日等条款也是比较典型的条件条款。

(二)保证条款

保证条款是指合同中次要的、非本质性的条款,对履行合同不产生决定性影响。即使合同一方违背了这些条款,也不至于影响合同的商业目的的实现;受害方只能提出赔偿要求,而不能一次取消合同或拒绝履行合同义务。保证条款要视合同的条款、双方的意图而定。例如:航次租船合同中的安全港口和泊位,定期租船合同中的船速及燃油消耗、船舶的维修保养以及剩余燃油的数量的规定等一般都属于保证条款。

(三)中间性条款

中间性条款是指介于条件条款和保证条款之间的合同条款。它既不是条件,也不是保证。违反中间性条款的后果,要视违约程度和后果而定。例如,关于船舶适航保证的条款中一般规定船舶在到达装货港时应适航,如果船舶有严重的"适航缺陷",承租人有权解除合同并要求赔偿;但是,如果船舶仅存在着轻微的"适航缺陷",承租人就只能要求赔偿,而无须解除合同。因此,这里所说的"适航保证",只不过是船舶出租人对使船舶适航做出的保证,并不可以理解为就是保证条款。

从合同条款的法律效力程度来分,租船合同的条款可分为首要条款、印就条款、手写条款、更正条款、附加条款、补遗条款、追加条款等,当它们之间产生矛盾时,需要以这些条款的法律效力高低来处理。其法律效力高低顺序是:首要条款具有最高效力,更正条款和附加条款的法律效力高于印就条款,手写条款的法律效力高于印就条款,补遗条款的法律效力高于追加条款。

承租双方在谈判时所参照的范本在租船实务中被称为标准租船合同范本(Standard Charter Party Form)。租船合同范本根据租船货运营运方式不同可分为航次租船合同范本、定期租船合同范本和光船租船合同范本。

目前国际航运市场中,采用的比较有影响的航次租船合同范本主要有:统一杂货租船合同(简称金康"GENCON")、北美谷物航次租船合同(简称"NORGRAIN")。目前,我国航次租船实务中大多使用"金康"合同范本,如图3-1所示。图3-2为中文金康格式租船合同第一部分。

1. Shipbroker	RECOMMENDED THE BALTIC AND INTERNATIONAL MARITIME COUNCIL UNIFORM GENERAL CHARTER (AS REVISED 1922, 1976 and 1994) (To be used for trades for which no specially approved form is in force) CODE NAME: "GENCON" Part I
	2. Place and date
3. Owners/Place of business (Cl. 1)	4. Charterers/Place of business (Cl. 1)
5. Vessel's name (Cl. 1)	6. GT/NT (Cl. 1)
7. DWT all told on summer load line in metric tons (abt.) (Cl. 1)	8. Present position (Cl. 1)
9. Expected ready to load (abt.) (Cl. 1)	
10. Loading port or place (Cl. 1)	11. Discharging port or place (Cl. 1)
12. Cargo (also state quantity and margin in Owners' option, if agreed; if full and complete cargo not agreed state 'part cargo') (Cl. 1)	
13. Freight rate (also state whether freight prepaid or payable on delivery) (Cl. 4)	14. Freight payment (state currency and method of payment; also beneficiary and bank account) (Cl. 4)
15. State if vessel's cargo handling gear shall not be used (Cl. 5)	16. Laytime (if separate laytime for load. and disch. is agreed, fill in a) and b). If total laytime for load. and disch., fill in c) only) (Cl. 6)
17. Shippers/Place of business (Cl. 6)	a) Laytime for loading
18. Agents (loading) (Cl. 6)	b) Laytime for discharging
19. Agents (discharging) (Cl. 6)	c) Total laytime for loading and discharging
20. Demurrage rate and manner payable (loading and discharging) (Cl. 7)	21. Cancelling date (Cl. 9)
	22. General Average to be adjusted at (Cl. 12)
23. Freight Tax (state if for the Owners' account) (Cl. 13 (c))	24. Brokerage commission and to whom payable (Cl. 15)
25. Law and Arbitration (state 19 (a), 19 (b) or 19 (c) of Cl. 19; if 19 (c) agreed also state Place of Arbitration) (if not filled in 19 (a) shall apply) (Cl. 19)	
(a) State maximum amount for small claims/shortened arbitration (Cl. 19)	26. Additional clauses covering special provisions, if agreed

It is mutually agreed that this Contract shall be performed subject to the conditions contained in this Charter Party which shall include Part I as well as Part II. In the event of a conflict of conditions, the provisions of Part I shall prevail over those of Part II to the extent of such conflict.

Signature (Owners)	Signature (Charterers)

图 3-1 航次租船合同范本——"金康 1994"合同

1.船舶经纪人	2.地点和日期
3.船舶所有人营业所在地(第1条)	4.承租人营业所在地(第1条)
5.船名(第1条)	6.总登记吨净登记吨(第1条)
7.货物载重吨数(大约)(第1条)	8.现在动态(第1条)
9.预计作好装货准备的日期(大约)(第1条)	
10.装货港口或地点(第1条)	11.卸货港口或地点
12.货物(同时载明数量和约定的船舶所有人可选择的范围,如未约定满舱满载货物,载明"部分货物")(第1条)	
13.运费率(同时载明是按货物交付数量支付)(第1条)	14.运费的支付(载明币名称与支付方式,以及受益人和银行账号)(第1条)
15.装卸费用[载明选择第5条中(a)或(b);同时指明船舶是否无装卸设备]	16.装卸时间[如约定装货各自的时间,填入(a)和(b);如按装货和卸货的合计时间,填入(c)](第6条)
17.托运人(载明名称与地址)(第6条)	(a)装货时间 (b)卸货时间 (c)装货和卸货的合计时间
18.滞期费率(装货和卸货)(第7条)	19.解约日(第10条)
20.经纪人佣金及向何人支付(第4条)	
21.有关约定特别规定的附加条款	

兹相互同意应按本租船合同第一部分和第二部分中所订条件,履行本合同。当条件发生抵触时,第一部分中的规定优先于第二部分,但以所抵触的范围为限。

签字(船舶所有人)	签字(承租人)

图3-2 中文金康格式租船合同第一部分

常用的定期租船合同范本有:纽约土产交易所定期租船合同(简称"NYPE")、波尔的姆统一定期租船合同(简称"BALTIME")、中租期租船合同(简称"SINOTME1980")。"NYPE"是目前使用最为广泛的定期租船标准合同。SINOTME1980是专门用于中国租船公司从国外租船使用的定期租船合同国标准格式。

目前,国际租船实务中的光船租船合同范本只有一种,即波罗的海国际航运协会制定的标准光船租船合同,简称"BARECON"。

第二节 国际租船货运代理业务流程

广义上,租船货运代理业务流程是指从租船、船舶抵港前准备、船舶在港与航行直至船舶租期结束等不同阶段有关货运作业的基本程序;狭义上,租船货运代理业务流程仅指租船合同的洽谈与签署以及有关运费/租金、滞期费与速遣费计算与收取等方面的业务操作流程。

与班轮业务不同,租船业务通常由租船经纪人与海运代理人共同的分工协作来完成,即租船经纪人负责租船合同的洽商与签署,以及有关运费/租金、滞期费与速遣费的计算与收取等方面的内容;海运代理人(海运货运代理和船舶代理)则代表委托人(出租人或承租人)完成货物、船舶通关以及在港作业等事宜。

一、国际租船程序

一项租船业务从发出询价到缔结租船合同的全过程称为租船程序(chartering procedure, chartering process)。通常情况下,租船程序主要经过租船询价、租船要约、租船还价、租船承诺、签订租船合同几个阶段。

货代公司接受货主委托后,首先要审核和确认货物信息以及货主的要求;其次就是在租船市场上获取和收集租船信息,并通过租船经纪人向市场发出询盘。

(一)确认货物信息和货主的要求

要求货主提供有效的销售合同、装箱单、商业发票等有关资料,根据货物的种类性质、包装、数量等确定货物的装载要求,明确所需的船舶类型及技术性能要求。根据货物的装船期限和装卸港口确定船舶的运输期限和运输路线、租船方式。货代还要了解货主对运输的特殊要求。例如,装卸设备的提供(是否需要船舶提供吊钩)、垫舱物料的准备、接受的运价水平等。

(二)获取和收集租船信息

收集和获取租船信息的途径和方法,可以有以下几种。

(1)通过租船经纪人,迅速掌握船、港等方面的即时资讯。例如英国克拉克松(Clarksons)、豪·罗宾逊(Howe Roblnson)、上海国际航运研究中心航运经纪俱乐部(2009年12月成立)等。

(2)通过互联网了解。借助各船公司的网站、专业航运网站、租船网站来了解船舶动态,查询船舶信息,发布货物信息,查找港口、燃油、代理、法规等资料,下载最新的租约范本、租船案例等。例如:中国国际海运网、中华租船网、中国海事服务网以及租船经纪人网站等。

(3)通过专业的咨询机构查询。要调查国外某公司的资信情况,或了解船舶动态、港口信息、法规制度等,还可向一些专门从事信息服务的机构查询。例如,BIMCO(波罗的海国际航运公会)是知名的咨询机构,此类查询服务多属于有偿服务。

(三)租船询价

租船询价(inquiry),又称租船询盘,通常是指承租人根据自己对货物运输的需要或对船舶的特殊要求通过租船经纪人在租船市场上要求租用船舶。询盘主要以电子邮件、传真等书面形式提出,或是利用网络将租船意向发出。承租人的租船询盘包括有承租人航次租船询盘和定期租船询盘。

(1)承租人航次租船询盘的主要内容包括:承租人的名称和地址、货物名称和数量、装货港和卸货港、船舶受载期和解约日、装卸时间和装卸费用条件、对船舶类型和尺码的特殊要求、希望采用租船合同范本等。

(2)承租人定期租船询盘的主要内容包括:承租人的名称和地址、船舶吨位和串行、租期、交/还船地点、航行区域、交船日期和解约日、希望采用的租船范本等。

询盘也可以由船舶所有人(船舶出租人)为承揽货载而先通过租船经纪人向租船市场发出。由船舶所有人发出的询盘内容应包括出租船舶的船名、国籍、船型、船舶的散装和包装容积、可供租用的方式、时间,希望承揽的货物种类等。

上述租船询盘内容可以根据实际需要,对不同的租船方式等做一些改变。通常,租船询盘对于询盘人没有法律约束力,从我国《合同法》的角度来讲,租船询价相当于要约邀请,是希望他人向自己发出租船要约的意思表示。

(四)租船发盘

租船发盘又称租船要约或租船报价。承租人或船舶出租人围绕租船询盘中的内容 ,就租船设计的主要条件答复询价方。

由于要约对于要约人有约束力,实务中往往在租船要约中附带某些保留条件,从而使得租船要约报价按不同约束力分为绝对发盘和条件发盘两种情形。绝对发盘是指具有绝对成交的意图,主要条款明确肯定、完整而无保留,具有法律约束力。条件发盘是指发盘方在发盘中对其内容附带某些保留条件(subject to),所列各项条件仅供双方进行磋商,接受发盘方可对发盘条件提出更改建议的发盘。在保留条件未成就前,条件发盘不构成一项具有约束力的合同,对租船业务谈判双方不具备限力。租船实务中常常附带的“保留条件”有:①以细节内容为条件(subject to details);②以董事会批准为条件(subject to board's approval);③以收货人同意为条件(subject to receiver's approval);④以发货人接受船舶受载期为条件(subject to stem);⑤以船舶未出租为条件(subject to open);⑥以双方签订正式合同文本为条件(subject to contract)。

(五)租船还盘

租船还盘(counter offer)又称租船还价,是受盘人对发盘条件不能完全接受而对原发盘提出相应的修改或变更的意见。还盘是对原发盘的拒绝,也是受盘人对原发盘人做出的一项新的发盘,只是内容较一般的发盘简单,仅是涉及受盘人要求修改的部分。还盘不是租船的必需步骤,有时承租双方无须还盘即可成交。有时则需经过多次还盘才能对各项租船条件达成一致,还有时虽经反复还盘,但终因双方分歧太大而未能成交。

(六)租船承诺

租船承诺,也称租船接受或确认,是指一方(租船人或船东)无条件地同意对方在发盘或还盘中所提出的各项洽租条件,并以声明或行为表示愿意按这些条件与对方成交、签订租船合同。一旦受盘,合同即告成立,任何一方都不能随意撤销合约,或拒绝履行合约规定的有关责任。

原则上,受盘必须是最终的,无任何保留条件的。如果一方表示接受的同时表示“但以……为条件”(subject to),则这并不是一个受盘,而是还盘。受盘可以只是对主要条款的完全接受。受盘时可以确认双方承诺的主要条件,但对于细节问题还可以进一步商讨。这就是常见的“本租约以合约细节谈定为准”(recap fixture subject details)。法律的原则是,双方若能用明确的字眼清楚地表达“在谈妥大部分合约细节后,双方都明确同意某项问题(某些细节)可在履行合约后再定”,或者明确表达“双方同意已有一个合约,只是还有某些细节还未谈妥”等,如此就不影响合约的已经存在,除非是极其重大的、将使之后合约没法顺利履行的条件或条款尚未谈妥。

(七)签订订租确认书

租船实务中,在达成租船承诺后,当事人双方还要签署一份“订租确认书”(fixture note)(见图3-3和图3-4),即将双方共同承诺的主要条款汇总,相当于一份简式的租船合同。订

Fixture note

Date：   Contract No：

It is mutually agreed confirmed between owners and Charterer on the following terms and conditions：

For owners：Safmarine (Shanghai) Shipping Co. Ltd. On behalf of Safmarine

Charterer：

Performing vessel：Safmarine Sumba 1005 or sub

Two decker；   Deadweight：18000mt；   Flag：HongKong；   Built：2010

Length Overall 160. 50m Length 153. 50m Breadth moulded 25. 20m Depth moulded 12. 40m

Summer Draft 8. 60m Hold/hatch：3/3 box shaped type strengthened for heavy cargo

Crane capacity：3sets,1 * 40T＋2 * 80T(twin),combined 144MT with beam

1. Cargo quantity n specification：3000 mtons Cement in 2 tons bag MOLOO 5 pct.

2. Loading/discharging port：Longkou, China/Matadi, DRC.

3. Lay can：15 June 2011—30 June 2011.

4. Load/disc rate：5000/1500 PDPR SSHEXUU.

5. Detention/demurrag：US＄18,000 pd pr. If any, to be settled between Chtrs and ows within 5 days of presentation of all relevant documents bends, but always before discharging complete.

6. Frt rate ：USD 75 PER FREIGHT TON FIOS.

7. Laydays shall commence once notice of readiness.

8. Charterers shall ensure that loading shall be done in accordance with Master's instructions.

9. Documentation fee：RMB 350. 00 per B/L.

10. Frt Payment ：Full freight payable to owrs nominated bank account, free of any bank charges levied by remitter's bank and or/their correspondence bank to owners upon vsl confirmation from owners banks receipt of the full freight. Frt deemed earned upon completion of loading , discount-less and nonrefundable whether ship and/or cargo lost or not lost.

11. Owners agent at bends .

12. Wharfages/taxes/dues, if any , on cgo tbf chrts acct.

13. Carriers reserved the right to perform measurement surveys of the cement for its conditions namely packing damage ,wet etc.

14. Standard L/S/D if any, tbf charterers account and arrangement.

15. General average tb settled as per York-Antwerp Rules 1974.

16. Shipside tally tbf ows acct, dockside tally tbf chtrs acct.

17. Lighterage/lightening ,if any, tbf charterer's account.

18. Arbitration，if any，in Hong Kong and English law to apply.

19. FERI(ETCN) and other document required by the D. R. Congo import rulings will be the sole responsibilities of the shipper /consignee to obtain same. If owners is being fined it will be for account of cargo or non availability of the document affected carrier's operation at load/discharge port carrier will impose demurrage as per clause 5 herein.

20. Cargo delivery/receiving. At the load port or discharge port，if it's mandatory due to port regulations for the cargo to be delivered or received directly under hook by trucks, rail wagons or lighter, charterer to ensure the cargo be delivered or received as fast as the ship is able to load or discharge respectively, otherwise demurrage/detention to apply.

    Subsequent loss of charter due to the detention is on charterer's account.

21. Others as per GENCON 94.

End

For and on behalf of owners：   For and on behalf of charterer：

图 3-3 订租确认书(英文)

租船确认书

日期：　　　　　　　　　　　　　合同号：

双方同意按下列条款和条件履行本确认书：

出租人：Safmarine 船务上海有限公司

承租人：

承运船舶规范：

二层甲板；	载重吨：18000mt	船旗：香港	建造时间：2010
总长：160.50m	型长：153.50m	型宽：25.20m	型深：12.40m
夏季干舷：8.60m	舱/舱口：3/3	box 式船舱载重	

船吊起重力：3 台，一台承载力 40 吨，两台承载力 80 吨，联合起吊承载力为 144 吨

1. 货物及数量说明：水泥重 3000 吨，袋重 2 吨，船东可选择 5% 的增减量。

2. 装/卸港：中国，龙口/刚果（金）马塔迪。

3. 受载期：2011－6－15 至 2011－6－30。

4. 装/卸货速率：每日装货量 5000 吨，卸货量 1500 吨，不足一天按比例计算，周六、周日及节假日除外（规定工作日不计入内）。

5. 滞期费：每天 18000 美金，不足一天按照比例计算。由承租人和出租人依据相关文件在五日内解决，滞期费须在卸货结束前结清。

6. 运费：每吨 75 美元，船东不负责装卸费用和积载费用。

7. 装卸起算时间：从装卸准备就绪通知书下发时开始起算。

8. 租家应保证装载与船长指示一致。

9. 文件费：每票提单 350 元人民币。

10. 运费支付：运费须支付到船东指定账户，免除由汇款人银行或其代理银行面向船只离港征收的一切手续费，不超过七个银行工作日。船东凭租家运费支付银行水单签放提单。运费视作装船结束后即已赚取，无论船船灭失与否，不得抵扣，不得返回。

11. 装卸港均由船东指定代理。

12. 因货物发生的码头费、税费、应付款项，均由承租方承担。

13. 承运人保留水泥因受损、受潮等条件引发的测量调查的权力。

14. 绑扎、加固、垫料费用由订舱人承担。

15. 共同海损依据 1974 约克安特卫普规则解决。

16. 理货费用计入船东账户，岸边费用计入租家账户。

17. 如果在装卸港需要安排驳船，由承租人承担费用。

18. 如需仲裁，在香港举行，适用英国法律。

19. FERI(ETCN)和其他刚果（金）进口章则所需的文件将对发货人/收货人承担唯一责任且具有同等效力。如果船东被罚款则货物将被代销，由承运人在装卸港所作行为而引起的文件不可用将征收滞留费（参见上述第 5 条）。

20. 提货/收货：在装/卸货港，如果港口规程强行要求货物在卡车吊钩下交付或接受，或是使用货车、驳船，则租方应确保货物分别在装、卸货的同时交付、接受，否则需支付滞期费。因滞留而发生的损失应由租家承担。

21. 其他未尽事宜根据金康合同 1994 年版。

出租人签字　　　　　　　　　　　　承租人签字

图 3－4　订租确认书（中文）

租确认书经当事人签署后,各保存一份备查,双方当事人签署后即可生效。订租确认书一般包括以下主要内容:订租确认书签订日期、船名或可替代船舶、签约双方的名称和地址、货物名称和数量、装卸港名称及受载期、装卸费用负担责任、运费或租金率、支付方法、有关费用的分担、所采用的标准租船合同的名称、其他约定特殊事项、双方当事人或其代表的签字。

(八) 签订租船合同

在签署了订租确认书后,承租双方应着手编制正式的租船合同,审核无误后应予以签署。在租船实务中,很多船东或租船人,尤其是中国的船东或租船人往往用签署订租确认书来代替签署完整的租船合同。由于订租确认书仅包括了合同的主要条款,缺乏对合同细节内容的解释与说明,以至于发生合同履行纠纷时,双方只能依据订租确认书中所规定的标准租船合同格式的有关规定来处理争议。然而,一方面,该标准租船合同格式也可能并未对该争议问题做出明确规定;另一方面,即使其有规定也可能对自己不利。因此,为了避免引起争议,承租双方应签署正式的租船合同,如果认为参照的租船合同的条款对自己较为有利而不打算再签署正式的租船合同的话,也应该在订租确认书中对租船合同中未对此做出规定但却可能发生争议的事项做出详细的说明。

二、国际租船合同履行程序

租船合同的履行因租船方式的不同相应的程序各不相同,下面以程租船合同下的具体操作程序为例进行说明。因程租合同下承租人的职责仅包括支付运费、滞期费和亏仓费(如果发生的话),提供指定的货物等。因此,以下仅介绍船舶出租人的具体操作程序。

(一) 下达航行指示

船舶出租人向指定船舶的船长发布航行指示,告知船长本航次的任务、装卸港口名称、所装货物的相关资料,其中最重要的是关于该航次的 NOR"装卸准备就绪通知书"的递交,B/L 签发的规定。要求船长每天报告船舶动态,并递交船舶抵港离港报告。

(二)委托代理

航次租船合同下,通常是由船舶出租人委托船舶代理人代办船舶进出港口的各种事宜。船舶代理人受船舶出租人的委托,为船舶出租人代办船舶挂靠港口到所需的各种业务,如办理清关、安排拖轮、引航员及装卸货物等事宜。船舶出租人告知船舶代理人船舶来港的具体事宜,包括船名、船籍、船舶规范、船舶吃水、吨税执照的期限、来港和去港名称、货物种类、重量和性质、包装、捆扎装卸费用的负担及租船合同主要条款等,以便代理人安排货物的装卸作业。如需要的话,船舶出租人还告知船舶代理人有关船舶的扫舱、洗舱、油料、淡水、垫料、伙食、航次修理和检疫等分事宜,以便代理人安排供应服务工作等。另外,船舶出租人将船舶备用金提前汇至代理人处,以便支付船舶在港所发生的各项费用。

(三) 船舶抵达装运港

从船舶离开上一卸货港时起,船舶出租人应每天与船舶代理人保持联系,询问港口泊位情况、天气情况等,以便通知船长合理安排航速,以保证船舶只靠,保证"装卸准备就绪通知书"按租约规定递交。

船舶到港后,装港代理人和船长会发抵港报告。此时应密切联系装港代理人及船长,关注装货情况。船舶装完后,应收集各种装货单证("装卸准备就绪通知书"、"大副收据"、"载货清单"等)。同时,依据租船合同签发提单、向承租人收取预付运费。

(四)船舶抵达卸货港

在船舶抵达卸货港之前,船舶出租人同样要委托卸货港代理人办理船舶到港的具体事宜。要与代理人保持联系,询问港口泊位情况、天气情况等,以便通知船长合理安排航速,以保证船舶直靠,保证"装卸准备就绪通知书"按租约规定递交。船舶到港后船长或代理人按合同规定递交装卸准备就绪通知书,密切联系和关注卸货情况,敦促代理人尽快与港方联系早日卸完货物。船舶代理人记录船舶在港的动态并及时汇报给委托人。货物的交付要符合法律规定和航运惯例。

(五)收尾工作

船舶卸货交付货物后,船舶出租人的运输任务基本结束。剩下的收尾工作包括与代理人结算港口费用,与承租人结算运费、速遣费、滞期费等。还有可能要处理运输过程中出现的合同纠纷,如货损、货差问题。

三、租船合同履行中的注意事项

(一)严格按照租船合同的规定履行

租船合同时一种运输合同,本质上是传播出租人与承租人双方资源接受法律约束的协议,双方有义务遵守。在航次租船合同下,船舶出租人的职责包括:提供租船合同所指定的适航船舶,在规定的时间内抵达装货港装货,按照规定签发提单,不得进行不合理的绕航,照管所运输的货物,将货物运至指定的卸货港,按照租船合同或提单上规定将货物交给收货人等。而船舶承租人的职责包括支付运费、滞期费和亏舱费(如果发生的话),提供指定的货物等。

(二)及时与各有关方进行沟通

一项租船业务的履行,除了双方当事人按照合同履行各自的义务外,还涉及各有关方面的协助和配合,如收发货人、船长、代理人、港方、理货公司等。租船合同签订之后,绝不意味着从此可高枕无忧,坐等运费到账。在履约阶段中可能会产生许多令人意想不到的事情,如果不妥善加以解决,会后患无穷。所以要随时跟踪船舶动态,了解装卸进度、运费收支情况以及提单签发、货物交付等具体事宜。一旦产生争议,应和各有关方保持密切联系,紧急磋商,并积极设法解决,不可懈怠。

(三)做好各种记录

为了划分和明确双方当事人的责任,弄清争议的真相,对租船业务履行环节中做好记录是十分必要的。例如,货损、货差记录,船舶在港事实记录,"装卸准备就绪通知书"递交记录等。由相关人员如是、准确地记录合同履行及争议的情况,要求真实、全面地反映事实的本来面貌。

(四)及时结清各种费用

租船业务涉及许多费用,如船舶代理费、运费、佣金、装卸费用、港口使用费、滞期费、速遣费、亏舱费和税收等。及时支付和结清各种费用,对于顺利履行合同起着至关重要的作用。双方当事人应当按照合同的有关规定,履行支付费用的义务。

第三节　航次租船货运合同

各国对航次租船合同一般根据"合同自由"原则由船舶出租人和承租人订立内容和签约，划分合同当事人权利、义务以及处理双方之间争议的只有依据他们订立的合同条款。航次租船合同的内容因具体业务的货类、航线、贸易条件等而不同。一般而言，航次租船合同主要包括合同当事人名称、船舶概况与船舶动态、货物种类与数量、装卸港口、受载期限与解约日、装卸费用、提单、运费、滞期费、速遣费、双方当事人责任与免责、经纪人佣金、船舶代理人指定、留置权、绕航、燃料补给、共同海损、仲裁等条款。

一、合同当事人

航次租船合同的当事人即船舶出租人和承租人。航次租船合同中须列明船舶出租人和承租人的名称、住址或主要营业所地址。租船经纪人在委托人的授权范围内行事，并在签署合同时明确自己是代理人的身份，他不能称为合同当事人，否则有可能被认为是合同的当事人，并对合同的履行承担责任。

二、船舶概况

(一) 船名(vessel's name)

船名是合同的重要条件之一，必须正确无误。目前，对于一般具体船舶的确定，通常有三种方法可供当事人选择。

1. **指定船舶** (named vessel)

指定船舶就是在航次租船合同中明确规定了船名，如"M/V EVERSTRONG"。一旦在合同中确定了船名，就必须由该船舶执行规定的航次运输任务，船舶出租人无权擅自以其他船舶替代，否则被认为是违约行为。如果原来指定的船舶由于意外事故沉没而不能履行合同，则合同受阻，合同自此解除，双方均不承担责任。

2. **代替船舶**(substituted vessel)

在实践中，为能顺利地履行合同以及避免因原指定船舶发生意外事故而导致合同解除，通常在指定船舶的情况下，在航次租船合同中加入"代替船舶条款"，如"M/V EVERSTRONG or substitute at owner's option"，赋予船舶出租人选择权。船舶出租人在指定替代船时，必须在船级、船型、载重吨、位置等方面与原定船舶相符，否则，承租人有权取消合同，并要求损害赔偿。替代船一经选定，须在合理时间内通知承租人。而且船舶替代船舶一经指定，就不能再作更改，即不能进行二次替代，即选择权只能行使一次。

如果合同中原指定船舶发生灭失或全损，则该项航次租船合同因受阻(frustrated)而自动取消(automatically eliminated)，替代船选择权也随之消灭。

3. **船舶待指定**(vessel to be named)

在缔结航次租船合同时，关于船舶的指定，通常以"指定船舶"为主。当因某些原因无法在租船合同中确定船舶时，经双方当事人约定可以进行"船舶待指定"。船舶待指定就是在开始履行合同的适当时间内,由船舶出租人指定具体船舶,并将船名通知承租人。在船舶待指定情况下不能再订立"代替船舶"条款,因为法律所承认的给予船舶出租人的选择权只有一次。

(二)船舶载货能力

船舶的载货能力,是指船舶实际可装载的最大货物数量,不包括船舶燃料、物料、淡水、备用品、船舶常数等,一般用载重量或立方容积来表示。船舶装载货物的实际数量是计算航次租船运费的依据。

由于在洽谈租船业务或缔结航次租船合同时,船舶所有人很难对船舶在航次中所需的燃料、淡水和其他供应品的消耗量做出准确估计。通常航次租船合同只规定一个装载货物的大概数字和可增减的百分比。记为"大约×××吨货物,×％的增减数量,由船长或船舶所有人选择(about ×××tons of dead weight of cargo , ×％ more or less, at he master's or owner's option)"。这是航次租船合同中有关船舶装载货物的"数量增减条款"(the more or less clause, MOL),增减数量的百分比一般在 5％~10％ 的幅度之间,由双方当事人根据不同种类的货物在合同中予以确定。在具体装货之前,船长根据本船的实际载货能力及港口吃水限制等,在该百分比范围内选择船舶能够装载货物的实际数量,并以书面形式向承租人进行"宣载"(declaration of cargo)。宣载书一般包括:船舶名称、船舶的载重吨数、货物重量、燃料数量、淡水数量、船舶常数、船长签名、宣载日期等。

如果船长或船舶所有人未在船舶正式开始装货前进行宣载,则被认为自动放弃了合同中"数量增减条款"所赋予船舶所有人的货物数量选择权。对此,如果届时承租人提供装船的货物实际数量没有达到船舶载货能力的要求,船舶所有人不能向租船人主张由此而造成的亏舱损失赔偿,而只能按货物装船的实际数量计收运费。如果宣载后,承租人不能提供船长在"宣载书"中要求的货物数量,造成传播载货能力得不到充分利用而产生亏舱,除合同另有规定或属于承租人的免责范围外,就构成了违约行为,承租人必须承担亏舱损失。同样,当船长不能按宣载数量接收货物装船时(即宣载数量大于船舶实际载货能力),船东也必须承担由此给货主造成的损失,例如短装损失、额外的仓储费等。

(三)船舶的位置、尽速派遣和绕航

1. 船舶位置

船舶位置(vessel's present position)是指订立合同时船舶所处的位置或状态。提供船舶位置的准确情况是船舶出租人的一项义务。如果船舶出租人所提供的船舶位置不准确,船舶一旦发生延误,不能在合同规定的期限内抵达装货港装货,不论是故意还是过失,都构成船舶出租人的违约。对此,承租人有权解除合同并要求船舶出租人赔偿由此造成的损失。

2. 尽速派遣

尽速派遣(reasonable dispatch)是指航次租船合同履行开始,进入预备航次阶段(the preliminary vayage),船舶所有人应合理速遣船舶,指示船长将船舶开往合同指定或承租人选择的装货港。预备航次即航次租船合同签订时到船舶从某地方驶抵装货港这期间内的航次。航次租船合同中通常都有明确的规定,如"船舶必须尽速驶往装货港"(the vessel must proceed with due dispatch to the loading port)。一旦在合同中订有此类条款,就意味着船舶所有人已承诺按合同规定尽速派遣船舶。因此,除非合同中另有明确规定或属于船舶所有人免责的范围(如船舶在开往装货港的预备航次途中发生碰撞,或因驾驶疏忽造成船舶搁浅等),否则,因

船舶所有人没有尽速派遣船舶(如为节省燃油指使船长减速航行),致使船舶发生延误而不能在合同规定的时间抵达装货港,该船舶所有人则被认为是违反了合同中承诺的保证性义务。据此,承租人有权提出损失赔偿。

3．绕航

绕航(deviation)是指船舶改道航行或偏离约定的或习惯的航线。如果船舶时为了救助或企图救助海上人命、财产或避免海上危险、天灾、火灾等原因而发生的绕航则属合理绕航,其他原因导致的绕航均属不合理绕航。船舶从预备航次开始直至整个航次在卸货港结束,不得进行不合理绕航,否则承租人有权解除合同和提出赔偿。出租人无法表明原因在合同或法律规定的免责及赔偿责任限制之内,船东保赔协会也会终止其保险责任。

(四)受载期与解约日

受载期与解约日(英文简称"laycan"),是航次租船合同中一项比较重要的条款。受载期(laydays)是指船舶应该抵达租船人指定或选择的装货港准备装货的预定期限。解约日(cancelling date)是指船舶必须抵达租船人指定或选择的装货港并做好装货准备的最后期限。

如果受载期以"某月某日至某月某日"的形式表示,解约日往往就是这段时间的最后一天;如果受载期是以具体的规定某一天的形式表示,解约日通常会订在这一天之后10至20天中的某一天。船舶出租人必须在约定受载期内,将船舶开到装货港并做好一切装货准备工作。如果船舶不能在规定的解约日前抵达装货港,承租人享有解除合同的选择权(an option to cancelling the charter)。

由于解除合同的选择权掌握在租船人手里,因此,对船舶出租而言,即使明知船舶不可能在合同规定的解约日前抵达装货港,仍然有义务将船舶开往该港,而决不能中途自行改航。否则,完全有可能承担更大的违约责任。因此,为了减少船期损失,船舶出租人往往会在合同中订有"询问条款",其含义是:当承租人收到船长关于船舶不能如期到达装货港,并询问是否解约或同意新的解约日的通知后,应在一定时间内做出是否解除合同的答复,否则视承租人放弃解除合同的权利。如"如果承租人行使解除本合同的选择权,至少应在船舶预计抵达装货港之前48小时宣布"。

三、装卸港口与装卸费用

(一)装卸港口

在航次租船运输中,通常由承租人指定或选择装卸港。订明港口后,事后需要更改港口或增加港口的,船方有权要求增加运费或拒绝更改。目前,国际上通常约定装卸港的方法有三种:

(1)明确指定具体的装货港和卸货港。
(2)规定某个特定的装卸泊位或地点。
(3)由承租人选择装货港和卸货港。

正常情况下,承租人所指定的港口必须是能使船舶安全进出并装卸货物的安全港。这是承租人的一项义务,即使在合同中没有清楚地用"安全"两字来表示,承租人也应承担提供安全港的默示义务。

航次租船合同对装卸港的规定中,一般都包括了两项条款:

(1)安全港口或安全泊位条款。要求港口或泊位能使船舶在抵达、进港、在港停泊和离港的整个相关期内,在未出现某些非常事件的情况下,不会处于即使运用了良好的航海技术和船艺仍不能避免的危险中。

(2)附近港条款。合同中的"附近港条款"一般这样规定:"船舶必须开往规定港口或所能安全抵达的附近地点……"(The vessel shall proceed to ×××port or so near there to as she may safely get.)该条款包含两方面含义:当原定港口变得不安全时,承租人应当指定或重新指定临近的港口;若承租人不指定或不重新指定时,出租人有权将货物卸于这种邻近地点。当港口不安全仅仅是因为暂时的障碍造成时,船东不能依此条款将货物卸掉,必须等待至障碍消除,当然以合理等待时间为准。如果航次因此而延长,则承租人应按比例支付额外的运费;但航次因此而缩短,承租人仍应支付原合同规定的运费。

(二) 装卸费用

航次租船运输所涉及的货物装卸费用由谁承担的问题,完全根据双方当事人在合同中规定"装卸费用条款"来处理。常用的"装卸费用条款"有以下几种:

(1)班轮条款(liner term,gross term, berth term)。由船舶出租人负责货物的装卸,包括在装、卸港雇佣装卸工人及支付装卸费用,其装卸货物的责任与班轮运输方式下船东的责任相同。

(2)舱内收货条款(free in, FI),又称船舶出租人不负担装货费条款。在这种条款下,由承租人负担装货费用。如果船舶出租人不负责装货费,而其他费用如卸货港的卸货费用仍由出租人承担的话,可用"LIFO"(free in, liner out)。

(3)舱内交货条款(free out,FO),又称船舶出租人不负担卸货条款。由船舶出租人负责装货费。如果船舶出租人仅不负责卸货费,其他费用仍承担的话,可用"LIFO(liner in,free out)"条款。

(4)舱内收交货条款(free in and out,FIO),又称船舶出租人不负担装卸费条款。在装卸两港由承租人雇佣装卸工人并负担装卸费用。

(5)舱内收交货和堆舱、平舱费条款。舱内收交货和堆舱、平舱费条款(free in and out, stowed and trimmed ,FIOST)与班轮条款相反,船舶出租人不负担有关装卸的所有费用,包括雇佣装卸工人、装卸费用、理舱、平舱费用都由承租人负担。

四、货物种类及数量

航次运输的货物种类及数量由承租人提出并列明在合同中,承租人享有货物选择权。然而一点在合同中确定了货物的种类及数量,承租人届时必须按合同的规定提供货物。因此,承租人享有货物选择权的同时,也必须承担按合同规定提供货物的义务。

(一)货物的种类

货物的种类与运费率、舱容或吨位的利用以及船舶的适航能力等密切相关。承租人签订航次租船合同,完成某种特定货物的运输。在租船合同中规定的特定货物被称为"契约货物"。船舶抵达装货港后,承租人只能提供"契约货物"。否则船长有权拒绝装船,船舶出租人还可因承租人的违约行为而要求赔偿损失。

（二）货物的数量

在航次租船合同中，货物数量一般规定"伸缩条款"或"最多最少条款"。对装载货物的数量避免写明一个精确的数字，而用大约、最多最少数量表示。船舶出租人有义务尽可能提供满载空间；承租人所提供的货物数量必须达到船舶的货物装载能力，即"轻满舱、重满载"。

航次租船合同约定以满载货物装船时，就意味着承租人对按照船长选择的货物数量装船负有义务，如果承租人没有按照船长宣载选择的数量装船，则被认为是违约行为，对亏舱的吨数要支付"亏舱费"。所谓"亏舱费"，实际上就是未装船货物的运费。在具体计算部分亏舱费时，应减去船舶出租人方面省的的费用，如船舶出租人可能负担的货物装船费、税金、港口费等。

五、装卸时间、滞期费与速遣费

装卸时间（laytime）是指合同当事人双方约定的船舶出租人使船舶并且保证船舶适于装卸货物，无须再运费之外支付附加费的时间，也就是承租人保证将合同货物在装货港全部装完或在卸货港全部卸完的时间。

（一）装卸时间的规定方法

（1）不规定装卸日数。在英美法中，如果租船合同中未提及装船时间，那么其法律地位如同按装卸港口习惯尽快装卸（customary quick despatch，CQD），即船舶出租人不得向承租人收取任何滞期费，除非承租人在装卸过程中有过失且导致了船期的延误。同样，承租人也不得向船舶出租人主张任何速遣费。船舶出租方承担较多的时间损失风险，租船合同中较少使用。

（2）订明装卸时间。订明装卸时间是在租船合同中规定允许承租人装卸货物的具体时间。例如，合同规定装货时间与卸货时间分别都为三个晴天工作日。

（3）规定一定的装卸定额。租船合同中仅规定一定的装卸定额，装卸时间是根据所装货物的具体数量除以一定的装卸率得出的。例如，每天装卸 3000 吨，船舶共装载 9000 吨货物，则装卸时间等于 3 天。

（二）装卸实践中"日"的理解

在租船合同中，装卸天数一般用天数来表示。对于天数的表述与理解有以下几种情况。

（1）日（day）。日是指从午夜零点至午夜 24 点连续 24 小时的时间。不足一天按比例计算。

（2）连续日（running day）。连续日是指一天紧接着一天的日数。也就是每一天，连续经过、中间不断，包括所有的日子，如周六、周日或节假日。

（3）工作日（working day）。工作日是指在港口当地，按照港口习惯进行正常装卸作业的日子，周日和节假日除外。

（4）晴天工作日（weather working day，WWD）。晴天工作日是指在工作日的含义基础上将影响船舶装卸的不良天气排斥在外的表示方法。为了明确周日和节假日是否排除在晴天工作日之外，避免争执，租船实务中通常又把工作日之后加上不同的表述。譬如：WWDSHEX（WWD Sunday and Holiday excepted）表示晴天工作日，周日和节假日除外；WWDSHEXEIU

(WWD Sunday and Holiday excepted，even if used)表示晴天工作日,周日和节假日除外,即使已使用;WWDSHEXUU(WWD Sunday and Holiday excepted，unless used)表示晴天工作日,周日和节假日除外,除非已使用。

(三)装卸时间的起算、中断和终止

1．装卸时间的起算

国际上普遍公认的装卸时间起算原则是:

(1)船舶必须已抵达合同中指定或承租人选择的港口或泊位。

在"港口租船合同"情况下,船舶必须已抵达合同所指定或租船人选择的港口,即船舶进行货物装卸的区域,包括船舶等泊或被命令或被迫等泊的惯常地点,不管该地点离货物装卸区域的距离有多远。简单地说,船舶必须已抵达能够进行装卸作业或经常等泊的港口商业区(the commercial area of the port)。在"泊位租船合同"情况下,船舶必须已抵达合同所确定具体泊位或地点,即船舶进行装卸的特定地点。

(2)船舶必须已在各方面做好装卸货的准备工作。

船舶抵达港口或泊位的同时,必须在各方面做好装卸货物的准备工作。这主要包括:法律所要求的准备工作:船舶已通过了检疫,船舶已履行了海关手续。实际所要求的准备工作:船舶处于适航状态;货舱能够适合装载契约货物,如货舱已通过检验、清洁、无虫、无味,冷藏舱的冷却温度符合装货要求,油舱的加热设施正常运转;船上的装卸工具已处于可随时使用的状态。

(3)"装/卸准备就绪通知书"已送交并被接受。

装/卸准备就绪通知书(notice of readinese，N.O.R.，NOR 或 N/R),是船舶到达装/卸港口后,船长代表船舶出租人,向承租人或其代表(通常是港口船舶代理人)递交的表明该船舶已到达装/卸港,并在必要的船舱、船机、起货机械和吊货工具等所有与装/卸货有关的方面,均做好了准备的书面通知。有效递接的装/卸准备就绪通知书,是航次租船中计算船舶装/卸货时间的起算依据。

关于装/卸时间的起算,各国法律规定或习惯并不完全一致,通常要按租船合同的约定办理。一般都规定在船长向承租人或其代理人递交了"装/卸准备就绪通知书(N/R)"以后,经过12 小时或 24 小时(称作通知时间)起算装卸时间。通知必须在承租人工作时间内且必须具备船舶抵达和备妥可装卸货物两个条件,否则通知无效。

如果船长在受载期之前递交装/卸准备就绪通知书,那么装卸时间要等到受载期开始才能起算,而且如果间隔时间不足通知时间还须等到通知时间届满。例如:受载期 5 月 1 日至 15日,通知时间 24 小时,工作时间 08:00~20:00,船舶 4 月 28 日到,中午 12:00 递交装卸准备就绪通知书,则 5 月 1 日 08:00 开始起算装卸时间;船舶 4 月 30 日到,中午 12:00 递交装卸准备就绪通知书,则 5 月 1 日 12:00 开始起算装卸时间。但是,无论如何,如果承租人提早进行装卸货物,装卸时间都要从实际开始进行装卸作业时开始起算。

2．装卸时间的中断和终止

租船实务中对于装卸时间的中断通常包括以下原因:天气、节假日、移泊时间、罢工、船舶出租人的过错、装卸设备故障等。装卸时间的中断必须是租船合同中专门针对装卸时间的、单独的除外免责条款。

装卸时间的终止习惯上以货物装完或卸完的时间作为装/卸时间的止算时间。"货物装完

或卸完的时间"应理解为装/卸作业已完全结束,船舶已处于可随时开行的状态。即使货物已装上船舶或全部从船上卸下,只要货物的加固、平舱、移走铲车或移走抓斗等工作尚未完成,仍不能算是装完或卸完。结尾工作所耗用的时间,仍应计入装卸时间。只有所有扫尾工作结束后,装卸时间才止算。装卸时间止算后,有关船舶的时间损失即应由船舶所有人承担。因此,诸如等潮、等引航员或拖轮,以及办理船舶出口报关等时间损失都应有船舶所有人承担。

(四)装卸时间的计算

在航次租船合同中,装卸时间的计算方法有分别计算和装卸时间统算等方法,作为滞期费和速遣费的核算基础。

1. 装卸时间的分别计算

装卸时间的分别计算,是指航次租船合同中关于装卸时间的规定是对装货港的装货时间和卸货港的卸货时间分别规定一定的时间,单独计算,不能将两者相加。通常情况下,如果航次租船合同没有特别规定,将对装货港和卸货港的装卸时间分别单独核算。

2. 装卸时间的统算

装卸时装卸时间统算的产生主要是出于对承租人公平的角度来考虑。关于装货港和卸货港的装卸时间的统算,主要有以下三种约定时间。

(1)装卸共用时间。装卸共用时间是表明装货港和卸货港的装卸时间统一合起来使用的一种用语。以这种用语表明的装卸时间统算,一般来说无须装货港或卸货港单独计算装卸时间,可以合并一起计算。只要装/卸两港实际使用的装/卸时间未超过合同规定的合计时间,将只会产生速遣时间不会产生滞期时间。反之如果装/卸两港实际使用的装/卸时间超过合同规定的合计时间,则只会产生滞期时间而不会产生速遣时间。但如果在装货港已将装/卸两港合计的允许使用时间用完,则在装货港已进入滞期,按照"一旦滞期,永远滞期"的原则,当船舶抵达卸货港后,立即连续计算滞期时间。

(2)可调剂使用装卸时间。可调剂使用装卸时间又称"装卸时间抵算",是指承租人有权选择将约定的装货时间和卸货时间加载一起计算。它是一种可以用卸货港的允许使用时间调剂,或抵算发生在装货港的速遣或滞期时间的一种装卸时间统算方法。

(3)装卸时间平均计算。采用这种方法时,租约中依然分别规定了装货和卸货时间,在计算装/卸货时间时,也分别计算装货港或者卸货港的滞期或速遣时间,只是在分别计算出了装/卸货港的滞期时间或速遣时间之后,用装货港的滞期时间直接抵补卸货港的速遣时间,或者用装货港的速遣时间直接抵补卸货港的滞期时间。

(五)滞期费和速遣费

1. 滞期费

航次租船合同中,滞期时间和速遣时间是通过实际使用的装卸时间与合同允许可用的装卸时间相比较而计算出来的。如果承租人所用的实际装卸时间超过了合同规定的允许使用时间,超过部分的时间称为滞期时间。计算滞期时间,通常在租船合同中有两种规定方法,即"滞期时间非连续计算"和"滞期时间连续计算"的方法。"滞期时间非连续计算"的方法是将星期日、节假日,乃至因天气或其他原因停止工作的时间从滞期时间内扣除。"滞期时间连续计算"的方法是"一旦滞期,永远滞期"的连续计算方法。滞期费(demurrage)是指因不是出租人的责任所造成的,超过装卸时间的船舶迟延而付给出租人的约定的金额。滞期费由承租人向船舶出租人支付,以补偿船舶出租人因船舶发生滞期而遭受的损失。滞期费等于滞期时间和约定的滞期费率的乘积。

2. 速遣费

承租人所用的实际装卸时间少于合同规定的允许使用时间,节省部分的时间即为速遣时间。在计算速遣时间上,实际业务中有两种规定方法:

(1)按照节省全部时间计算(all time saved)。即把承租人节省的所有时间算作速遣时间,作为计算速遣费的时间。

(2)按照节省全部工作时间计算(all working time saved)。即从承租人节省的时间中扣除星期日、节假日及不良天气停止工作的时间,只将节省的全部工作时间作为计算速遣费的时间。

对此,承租人有权向船舶出租人主张速遣费。速遣费是船舶出租人给予承租人的奖励。速遣费(dispatch money)等于速遣时间与约定的速遣费率的乘积。根据国际航运惯例,速遣费费率通常是滞期费费率的一半,合同另有明确规定的除外。

滞期费和速遣费通常都按天计算,不足一天的按比例计算。

(六)装卸时间、滞期费和速遣费计算举例

【例题】租船合同规定装货和卸货时间分别为 3WWDSHEXEIU,滞期费每天 2000 美元,速遣费为滞期费的一半。按惯例下午递交 NOR,次日 8 点起算装卸时间。假设装货港和卸货港时间事实记录如下:

某船公司于 2012 年 3 月 5 日星期一 16:00 抵达上海港,并于当天 16:40 递交了 NOR,3 月 6 日上午 8:00 开始装船,直至 3 月 11 日(星期日)上午 8:00 装货完毕。该船于 3 月 14 日(星期三)16:00 抵达长滩,并于 16:40 递交 NOR,3 月 15 日星期四上午 8:00 开始卸货,至 3 月 17 日(星期六)20:00 卸货完毕。请问:

(1)按装卸时间分别计算的方法计算滞期费和速遣费。

(2)按装卸共用时间计算的方法计算滞期费和速遣费。

(3)按可调剂使用装卸时间计算的方法计算滞期费和速遣费。

(4)按装卸时间平均计算的方法计算滞期费和速遣费。

解:3WWDSHEXEIU 表示三个晴天工作日,周日和节假日除外,即使已使用。

根据题意可知,实际装货时间是 5 天(3 月 6 日 8:00 到 3 月 11 日 8:00,从周二到周日共 6 天,但根据合同规定,周日除外,故实际装货时间为 5 天);实际卸货时间为 2.5 天(3 月 15 日 8:00 到 3 月 17 日 20:00,没有周日节假日,共用 2.5 天)。

(1)按装卸时间分别计算。

装货滞期 2 天(5-3),承租人应交滞期费:$2000 \times 2 = 4000$(美元)

卸货速遣 0.5 天,船舶出租人应支付速遣费:$1000 \times 0.5 = 500$(美元)

(2)按装卸共用时间计算。

根据合同规定,装卸共用时间为 6WWDSHEXEIU。实际装卸共用时间为 7.5 天(5+2.5),合计滞期 1.5 天(7.5-6),因此,承租人应支付滞期费:$2000 \times 1.5 = 3000$(美元)。

(3)按可调剂使用装卸时间计算。

装货滞期 2 天,卸货港的允许卸货时间只能为 1 天(因为装货多用的时间要从卸货允许的时间内扣除,即 3-2=1 天),但实际卸货时间为 2.5 天,所以,卸货滞期 1.5 天(2.5-1),承租

人应支付滞期费:2000×1.5＝3000(美元)。

(4)按装卸时间平均计算。

装货滞期 2 天,卸货速遣 0.5 天,总体上滞期 1.5 天(2－0.5),因此承租人应支付滞期费:2000×1.5＝3000(美元)。

六、租船运费

在航次租船合同中应该明确记载货物的运费率、计费标准、计费币种支付方式与时间等。

(一)运费的计收

航次租船运费的表现形式有运费率和包干运费两种。运费率是指每吨若干金额,如合同中以"每吨 10 美元"来表明运费率,是按所装运货物的数量计收的。包干运费是指按提供的船舶,商订一笔整船运费,不论实际装多少,一律照付,但出租方必须保证船舶的载重量和装货容积。

当按运费率计算运费时,在合同中应确定计算运费吨标准。特别是以重量作为标准时,首先确定按什么货量。既可约定为"装货数量",也可为"卸货数量"。

(二)运费的支付

运费的支付按时间分为预付和到付两种。

到付运费是指合同规定运费在货物抵达目的港时支付。到付运费方式也有三种情况:船舶到达卸货港时支付、卸货完毕时支付或交付货物若干天后支付。到付运费对出租人不利。因为只有按合同将货物运到卸货港才有权取得该项运费,如途中货物灭失或中途卸货未运抵目的港,都不能收取运费。如承运过程中部分货物灭失,运费应按比例扣除。到付运费对船舶出租人不利,运费的风险始终由船舶出租人承担。因此,在到付运费的情况下,通常船舶出租人会向保险公司投保"运费险"。

预付运费是指合同规定运费在船舶到达目的港之前支付。通常预付运费有三种情况:装货完毕时支付、签发提单时支付、装货完毕若干天后支付。预付运费对出租人有利,特别是当合同中订有"无论船舶和货物是否灭失,运费不予退还"这样的条款。对承租人来说,由于货物还为运抵目的港却已预付了运费,实际上存在一定的风险和利息损失。因此,在预付运费的情况,运费的风险由承租人承担,承租人通常向保险公司投保"CIF"险。在目前运力大于需求的情况下,实务中采用此种方式较少。在实务中,有些租船合同综合运用以上条款,即部分运费预付、部分到付,比如,合同规定"90%运费于提单签发后 3 天内支付,余下 10%运费连同滞期费、速遣费等在货物交付后 30 天内支付"。

作为合同的一方当事人,支付运费是承租人的一项义务。如果承租人没有按合同规定支付应该由其支付的运费,船舶出租人有权行使留置权,对承租人的货物实施留置。

第四节　定期租船货运合同

定期租船合同是指在一定时期内,船舶所有人将船舶出租,并按照出租的期间计收租金的租船合同。定期租船合同项下双方当事人的权利义务关系完全要依据合同条款内容来进行解释。选择一个对自己较为有利的租船合同范本作为定期租船谈判的底稿,对船东和租船人都十分重要。

目前,常见的定期租船合同格式主要有统一定期租船合同(也叫:"波尔的姆"合同)、"土产格式"合同和"中租期租船"合同。

(1)统一定期租船合同(Uniform Time Charter Party),租约代码为波尔的姆(BAL-TIME)。该合同格式由波罗的海国际航运公会于1909年制定。BALTIME由于是船东组织制定的,所以在很多条款上比较维护船东的利益。现行使用的是1974年修订版。

(2)纽约土产交易所期租合同(New York Produce Exchange Time Charter)。该租船合同简称为"土产格式"合同(Produce Form),由美国纽约土产交易所于1913年制定,因而航运界常称此格式为"NYPE"(租约代号)。NYPE经美国政府批准使用,故又称"政府格式"(Government Form)。到目前为止,该格式经历了1921年、1931年、1946年、1981年和1993年五次修订。现在普遍使用的是经1946年10月3日修订后的格式,即NYPE46。NYPE对租船人和船东双方权利和义务的规定较为合理,得到了较广泛的使用。

(3)中租期租船合同(China National Chartering Corporation Time Charter Party),又简称为"SINOTIME 1980"。该合同是由中国租船公司制定、专门用于中国租船公司从国外定期租船使用的租船合同标准格式。格式较多地维护租船人的利益。

定期租船合同的主要内容一般应包括:船舶说明、租船期间、交船和还船、航行区域的限制、费用分担、船舶所有人的责任及免责、租金、停租、货物种类和转租等。

一、合同当事人

和航次(程)租船一样,定期租船合同开头部分要说明当事人船方和租船方的名称和地址。

二、船舶说明

定期租船运输方式下,租船人负责指挥、调度和管理船舶。因此,船舶所有人有义务向承租人提供符合合同要求的船舶,包括船籍、船级、穿行、船舶载重量、吃水、船速以及燃料消耗等。船舶的技术指标和性能好坏直接影响该船舶的营运效果。因此,定期租船合同中船舶说明条款非常重要,船东对船舶规范描述性的正确性负责。如果租船合同中对船舶规范的描述与实际情况不符,承租人可提出索赔甚至解除合同。在船舶事项中,最容易引起纠纷的就是有关船舶的载重量、航速及燃料消耗的问题。

(一)船舶的载重量

船舶载重量是表明船舶载货能力的指标。如果船舶的实际载重量小于合同中船东提供的载重量,致使承租人的经济利益遭受损失,船东必须承担违约责任,赔偿承租人因此遭受的一切损失。通常定期租船合同中所规定的船舶载重量是根据造船或买船时船级社或船舶检验机构测定和丈量的总载重吨,扣除船舶的燃料、备品、食品、淡水等重量和减量常数估算的。

(二)航速及燃料消耗

有关船舶的航速及燃料消耗,合同中一般规定为"船舶满载时能在良好天气和风平浪静的情况下,每天消耗××吨的燃料,约××节的速度航行"。

1. 满载(fully laden)

满载是合同中规定的航速和燃油消耗量的基本条件。但实践中很多航次并非都能做到满载,如空载、半载、压载等。因此实践中常常为此产生争议。如果实际速度达不到根据各种资料和事实记录推算出的船舶在各种营运状态下的航速和燃油消耗量,承租人可提出索赔,除非是由于出租人可免责的原因造成的。为避免争议,一些合同直接列明各种状态下的船速及燃油消耗量。例如 SINOTIME1980 及 FONASBATIME 格式就规定了船舶在满载、空载等情况下船舶的速度及耗油量。

2. 良好天气(good weather)

所谓的良好天气,并没有一个统一的标准。通常被认为以航海气象蒲氏 4 级(Beaufort Scale 4)为标准。所以很多合同中约定良好天气应达到的标准。如 1993 年 NYPE 格式就规定风力不超过蒲福氏风级××级为良好天气。

3. 能够航行(capable of steaming)

这包括两方面的问题:一是指合同规定的航速应准确到多少;二是指船舶在什么期间应达到合同规定的航速。在定期租船实务中,对船舶航速在时间上的要求有:船舶在交给承租人使用之前的几个航次或交船当时,必须达到合同规定的大约航速。如果不能达到合同所规定的航速,船东承担违约责任。船舶从交船之后的整个租船期内,航速减慢而不能达到合同规定的大约航速,船东不承担违约责任。但是,如果合同中明确"在整个租船期内约×节的航速航行(about × knots throughout the duration of the chater)",则船舶必须始终保持合同所要求的航速,否则,船东应承担违约责任。另外,如果租期内船舶航速的减慢是由于船东对船舶没有合理保养(reasonable maintenance)或尽速航行(due dispatch)所致,承租人同样有权提出损害赔偿。如果船舶在订立期租合同之后,交船之前的一段时间内,因发生了意外事故或合同免责条款约定的事项致使船速不能在交付时满足合同约定的,船东没有义务提供合同规定的船速并满足燃油消耗的规定。也就是说,即使船舶出租人提供的船舶在船速及燃油消耗量方面与合同规定不同,也不视为出租人违约,但因此错过解约日的话,承租人可以选择解除合同。一般而言,船东没有义务在整个租期内的航行营运中,始终维持合同规定的船速和燃油消耗量,因为它们与船舶行驶的水域、当时的天气、季节、风、流等诸多因素有关。

4. 燃料消耗(fuel consumption)

当船舶每天所需燃料的实际消耗量超过了合同规定的数量,直接会给承租人造成经济损失,承租人可能因此而要求船东赔偿。然而,船舶的燃料是承租人安排的,如果燃料的品质低劣,势必导致船舶实际消耗量的增加,船东以此为理由进行抗辩通常奏效。另外,如果船舶出租人仅在合同中约定燃油的浓度,而没有质量、成分的约定,即使燃油内含大量杂质,造成船舶机器受损,承租人也无须承担赔偿责任。因此,最好在合同中订立一项燃料品质条款(the bunker quality clause),明确规定燃料的品质。如果船舶在使用高品质燃料的情况下,实际消耗量超过合同规定的数量,船东必须承担违约赔偿责任。相反,如果事实证明,船舶燃料消耗量的增加是由于承租人安排不符合燃料品质条款所规定的燃料,船东不承担违约赔偿责任。

三、租期、交船与还船

(一)租期(charter period)

租期又称租船期间,是承租人租用船舶的期限,有的以日历月表示,有的以日历年(天)表示。租期通常在交船之后若干时间内起算。租期届满时,承租人应将船舶还给出租人。由于海上运输的特点,租期届满之日与承租人使用船舶的最后航次之日很难吻合,合同中通常都规定一宽限期。在英美等国,即使合同中未规定宽限期,法院或仲裁机关在合同解释上,也给予承租人一默示宽限期。承租人只要在宽限期内还船,不视为违约。

(二)交船(delivery)

船东按合同规定,将船舶交给承租人使用的行为称"交船"。在实际交船之前,船东应事先通知承租人预期交船日期及确切交船日期,以便让承租人作好接船准备和安排船舶货运任务。船东应在合同规定的期间内,将船舶交给承租人。多数情况下,交船期的最后一天为解约日。

(1)关于交船地点。交船地点主要根据合同来确定,一般是由承租人指定的,为某一具体港口。有的进一步明确港内具体地点,如到达引航站或引航员登轮的地点。因此要求双方对于交船港口的情况应有大致的了解,以免承担时间损失。

(2)关于交船时船舶的状态。出租人交付船舶时,应当做到谨慎处理,使船舶适航,交付的船舶应当适于约定的用途。此外合同对船舶证书的齐全和有效性,以及船舶检验及其报告等一般都有相应的规定。出租人违反规定的,承租人有权解除合同,并有权要求赔偿因此遭受的损失。合同中通常还规定交船时船上所剩燃油和淡水的数量,并由承租人按当时、当地的市场价格购买。

(三)还船(redelivery)

1. 还船日期

原则上承租人在合同约定的租期届满时,将船舶还给船东。但是很多情况下,船舶最后航次结束之日不能与租期届满之日相吻合,因而出现延迟还船或提前还船。延迟还船包括合法的最后航次和非法的最后航次。经合理计算,完成最后航次的日期约为合同约定的还船日期,但可能超过合同约定的还船日期的,承租人有权超期用船以完成该航次。超期期间,承租人应当按照合同约定的租金率支付租金;市场的租金率高于合同约定的租金率的,承租人应当按照市场租金率支付租金。如果当地市场租金率低于合同中约定的租金率,则按合同租金率计算租金。对于非法的最后航次的指示,船长有权拒绝,并请求承租人重新指定一个合法的最后航次。如果承租人不另行指定,则出租人有权解除合同,并请求损害赔偿。

2. 还船地点

还船地点一般规定为几个港口或一个区域,由承租人选择具体地点。

3. 还船条件

对承租人较好的还船条件是,船在何时何地备妥就在何时何地还船,即 W. W. R. 条件(when where the vessel is ready)。但船东常要求对船东有利的还船条件,即出港引水员下船时还船,称 D. O. P. 条件(dropping outward pilot)。关于还船时船舶的状态,通常合同规定,除自然损耗外,应处于与交船时同样的良好状态。否则,承租人应当负责修复或给予赔偿。另外,船上存油符合租船合同中的限制规定。

四、租船人使用船舶的限制

定期租船合同中往往要对承租人使用船舶权利在某些方面进行限制,主要体现在以下两个方面。

(一) 对船舶航行区域的限制

航行区域是指定期租船合同规定的本船可以航行的限定范围。期租合同只规定航行区域不规定具体港口。一般对航行区域的限制为：英国伦敦保险协会所规定的区域；不能去战争、罢工、冰冻区等不安全地区，否则由承租人支付附加保险费；不能去对方便旗限制的地区。其主要原因为：

1. 受船舶保险的限制

期租船多是由船舶所有人投保的。保险公司根据船舶的实际情况和技术性能接受保险并在保险单上对船舶的航行区域范围做出限制。如果船舶在保险单限定的航行区域内发生意外事故，保险公司负责赔偿；反之则不予赔偿。因此，船舶所有人当然要尽量使船舶的航行区域与保险单的规定相一致。除非承租人承担保险。

2. 受某些特殊原因的限制

世界上有些国家或地区之间不通商、不通航，甚至是敌对国。后者，在船舶驶往这些区域是需支付附加保费和船员危险津贴，因此合同中都会订明这样的限制条款和明确由承租人加保的条款。此外，对方便旗船抵制的 ITF(international transport workers federation，ITF)地区，如英国、澳大利亚、芬兰等。一般合同也订明禁止或不允许前往的条款。

3. 受地理条件或流行病区域的限制

受地理条件或流行病区域的限制，合同中常有这样的规定：如根据船体的结构强度，船舶不宜在冰冻区域航行，以及船舶不得驶入"热病及传染病流行的区域"和"任何冰冻区域"。

原则上，承租人应严格按合同规定的航行区域安排营运。如必须向限定区域以外的区域配船，应事先取得船舶所有人的同意，并承担由此造成的船舶损坏及其他损失的赔偿责任，否则，船长可以拒绝承租人的命令和指示。

(二) 对于船舶装载货物的限制

期租合同中，装载货物的种类，通常并不限定特定的种类，只规定装载"合法货物"。即所装运的货物必须不是船旗国或货物的启运国或运抵国所禁止的货物。如果承租人指示船长装运合法货物范围以外的货物，即除外货物，船长有权拒绝装运。如果船舶所有人不希望自己的船舶装运某些货物如危险品，必须在合同中列明，否则容易产生纠纷。

五、租金支付与撤船

(一) 租金支付(payment of hire)

1993 年 NYPE 和 BALTIME 合同格式均对租船人支付租金的方式进行了规定，核心内容是：按期准时以现金方式预付租金，不做扣减。

1. 现金支付(payment by cash)

这里所指的现金不单纯包括现钞，还包括与现金方式相类似的其他支付方式。这种支付方式必须满足的条件是：一旦支付，不能撤回或回收(being irrevocable)；使出租人无条件地立即使用租金(unconditional and immediate use of the hire)，像银行转账单(inter bank transfers)、银行汇票(banker's drafts)、银行支付单(payment slips)等都可视为现金方式支付。如果承租人是以类似现金的上述方式支付租金的话,其支付时间的确定是以出租人的银行收到这些票据的时间作为承租人支付租金的时间,而不是以承租人的银行发出上述票据时间为准。

2. 不做扣减(without discount)

"不做扣减"并不意味着不做任何扣减,根据法律或合同的规定,允许承租人在支付下一期租金时扣除可以扣减的部分,但是,合同必须有明确的规定。除此之外,承租人不得随意扣减。

3. 预付(in advance)

预付是指租金应在支付日之前或当天支付,不得晚于支付日(on or before but not after than the due date)支付的行为。支付日必须是银行工作日,除非另有明示规定,否则承租人只要在支付日午夜之前支付租金即可满足预付的含义。如果支付日恰好是非银行支付日时,则承租人应在前一银行工作日当天或之前支付,才能满足预付的要求。所以对于承租人而言,在应付日当天或之前支付租金是其一项绝对义务。

因为通货膨胀的影响,定期租船合同中常订有"自动递增条款"又称"按比例调整条款(escalation clause)"。由于租金一经确定,通常在租期内不再变动,如果合同中订有此类条款,在规定的费用上涨时,按约定租金即可按相应的比例提高,以保护船舶所有人在租期中因部分费用上涨而使船舶所有人的盈利减少或发生亏损的损失。

(二)撤船(withdrawal of vessel)

1. 撤船的条件

在租船人未按期准时预付足额的租金,也未事先提供银行担保或担保金。船舶所有人可在事先不给租船人任何警告的情况下,从租船人那里撤船。从通知租船人撤船时起,合同终止。为避免出租人擅用撤船权而带来的不应有的损失,现在,在一些期租合同中出现了"反技巧性条款"来限制出租人的撤船权。如果合同中没有类似条款的话,则承租人或其代理人就应谨慎保证租金的正确支付。反技巧性条款(anti-fechnicality clause),又称"抵御市场波动条款",其通常含义大致为:当承租人没有按时、定期地支付租金时,出租人应书面通知承租人可以在××银行工作日内改正其过错(when there is any failure to make punctual and regular payment of hire,the Charterers shall be given by the Owners ×× bank's working day written notice rectify any failure)。

2. 撤船的法律后果

出租人通过撤船来减少损失,也使期租合同归于终止。关于撤船后,出租人是否有权向承租人索赔,我国海商法与美国法律相同,认定只要承租人晚付租金,就构成违约,出租人不仅可以终止合同,还可就因此产生的损失向承租人索赔。

3. 撤船权的放弃

撤船的决定应在合理时间内做出,否则将被视为放弃撤船权利。出租人在下列情况下会丧失撤船权:①接受晚支付的租金。注意出租人明确表示接受,钱款已到银行不被视为出租人接受了租金。②接受了及时付出的不足额的租金。如果在规定时间届满承租人仍未补正,出租人仍有权撤船。③出租人确认继续履行合同。当出租人致使承租人相信合同将继续履行时,则表明出租人放弃撤船的权利。④未及时行使撤船权。如出现不合理的延误,则视为放弃权利。合理时间包括款项查询、法律咨询等。

六、停租

停租是指在租期内不是由于承租人的原因而妨碍承租人对船舶不能按约定使用时,承租人享有在停止使用期间中断支付租金的一种权利。作为停租原因的事项,一定要在合同中清楚订明。常见的停租事项包括:船舶入干坞,人员或物料的不足,船体、机器或设备的损坏或故障,船货产生的海损事故而引起的延误等。

凡对合同没有订明的停租原因,租船人必须继续履行支付租金的义务。在实践中,如果租船人准备停租,必须事先向船东发出停租声明(off-hire statement)。由于租金一般都是预付的,因此,对停租期间的租金应从下次支付的租金中予以扣除。在停租期间,承租人有不支付租金的权利,但仍有其他的合同义务,除非合同另有明确规定。这些义务包括提供并支付燃油、负责安排货运等。如果承租人能够证明停租是由于出租人的违约造成的,可就预先支付的停租期间的租金、提供的燃油或其他利益损失向出租人索赔,即停租并不影响承租人的索赔权。

思考与练习

一、简答题

1. 租船运输的种类和特点有哪些?
2. 简述班轮运输与租船运输的区别。
3. 航次租船合同中装卸费用都有哪些主要条款?
4. 简述租船业务的一般程序。
5. 租船经纪人的业务操作程序是什么?
6. 航次租船合同的主要内容有哪些?其主要注意事项是什么?
7. 航次租船合同中关于装卸时间及滞期费、速遣费是如何计算的?
8. 定期租船合同的主要内容有哪些?其主要注意事项是什么?
9. 定期租船合同中关于交、还船的条款有哪些?
10. 定期租船合同中对于支付租金是如何规定的?

二、案例分析题

A租船经纪公司与某煤炭公司签订一份"煤炭运输代理协议",双方约定由租船公司负责安排船舶,从秦皇岛向印度港口承运散装煤炭5～6船货。双方协议中对煤炭出运量、装船期、装船率、运价、佣金、运费支付方及支付日期、滞期/留置费、装卸时间的起算、船舶设施等事项均做出了约定。租船经纪公司于是以煤炭公司代理人的身份同新加坡公司签订租船合同,租用其船舶从秦皇岛向印度出运散煤5～6船,该租船公司也写明租船人为煤炭公司。这两份租船合同除了在运费数额上有所不同之外,其他诸如煤炭出运量、受载期、装卸率、运费支付方式与日期等内容完全相同。由于船舶发生滞期损失,新加坡公司提出仲裁,向A租船公司和煤炭公司主张滞期费损失。但租船经纪公司认为自己只不过是煤炭公司的代理人,并无义务支付滞期费。A租船公司和煤炭公司对谁是该租船协议的当事人的问题发生争议。经查证实,A租船公司分别向煤炭公司、船公司收取运费和支付运费,并从中赚取了运费差价。根据以上事实,请回答:

(1)在此案中A租船经纪公司与煤炭公司签订的合同是代理合同还是运输合同?租船经

纪公司在与船公司签订的租船合同中是代理人还是当事人？是否有义务赔偿新加坡船公司的滞期损失？

（2）煤炭公司有无义务赔偿新加坡船公司的滞期损失？

三、实训

1. 实训背景

某公司出口谷物 10000 吨，租用一艘程租船装运。

（1）租船合同中有关的装运条件如下：

① 每个晴天工作日（24 小时）装货定额为 1000 吨，星期日和节假日除外，如果使用了，按半数时间计入。

② 星期日和节假日前一日 18 时以后至星期日和节假日后一日的 8 时以前为假日时间。

③ 滞期费和速遣费每天（24 小时）均为 USD 2 000。

④ 凡上午接受船长递交的"装卸准备就绪通知书"（Notice of Readiness），装卸时间从当日 14 时起算；凡下午接受通知书，装卸时间从次日 8 时起算。

⑤ 如果有速遣费发生，按"节省全部时间"（all time saved）计算。

（2）港务局的装货记录如下：

日期	星期	说明	备注
4 月 27 日	三	上午 8 时接受船长递交的通知书 14 时开始作业，14～24 时	
4 月 28 日	四	0 时到 24 时	下雨停工 2 小时
4 月 29 日	五	0 时到 24 时	
4 月 30 日	六	0 时到 24 时	18 时以后下雨 2 小时
5 月 1 日	日	0 时到 24 时	节假日
5 月 2 日	一	0 时到 24 时	节假日
5 月 3 日	二	0 时到 24 时	节假日
5 月 4 日	三	0 时到 24 时	8 时以前下雨停工 4 小时
5 月 5 日	四	0 时到 14 时	

2. 实训要求

根据租船合同条款和港务局的装货记录，计算装卸该批货物的装货时间和滞期费或速遣费。

第四章

提单与提单业务

内容简介

海运提单是货物的收据、物权的凭证和运输合同的证明,它是出口人凭以向银行办理结汇的主要单据之一,并且在运输业务的联系、费用的结算和对外索赔中都具有重要作用,因此,正确掌握提单的基础理论与缮制提单的基本方法对国际贸易和国际货代从业人员来说至关重要。本章主要介绍了提单的概念、分类及相关法规,以及正面记载内容与背面条款;概要介绍了海运单和电子提单两种海运业务的其他单证;说明了提单的缮制、签发、更改、补发、背书的相关方法。

教学目标

1.知识目标

(1)掌握提单的定义和作用;

(2)理解提单的关系人和流通性;

(3)了解提单的各种分类,重点掌握记名提单、不记名提单、指示提单的分类和清洁提单、不清洁提单的分类;

(4)了解有关提单的国际公约和国内法规;

(5)了解提单的正面内容和背面条款;

(6)了解海运单和电子提单的基本内容;

(7)掌握提单的缮制和签发方法;

(8)了解提单的更改、补发和背书方法。

2.技能目标

(1)对提单有基本认知;

(2)基本能够辨认提单的种类;

(3)基本能够完整地缮制和签发提单。

教学要求

通过本章的教学,使学生对海运提单这一最重要的国际货物运输单据有较为全面和深刻的认知,对海运单和电子提单这两种海运单据有一定程度的了解,基本掌握提单的缮制和签发方法,较为准确地把握提单实务的有关内容。

案例导入

托运人与承运人的联合清洁提单欺诈案

1997年4月,我国T公司向荷兰M公司出售一批纸箱装货物,以FOB条件成交,目的港为鹿特丹港,由 M 公司租用 H 远洋运输公司的货轮承运该批货物。同年 5 月 15 日,该合同货物在青岛港装船。当船方接收货物时,发现其中有 28 箱货外表有不同程度的破碎,于是大副在收货单上批注"该货有 28 箱货外表破碎"。当船方签发提单,欲将该批注转提单时,卖方 T 公司反复向船方解释说买方是老客户,不会因一点包装问题提出索赔,要求船方不要转注收货单上的批注,同时向船方出具了下列保函:"若收货人因包装破碎货物受损为由向承运人索赔时,由我方承担责任。"船方接受了上述保函,签发了清洁提单。

该货船起航后不久,接到买方 M 公司的指示,要求其将卸货港改为法国的马赛港,收货人变更为法国的 F 公司。经过一个多月的航行载货船到达马赛港,船舶卸货时法国收货人 F 公司发现该批货物有 40 多箱包装严重破碎,内部货物不同程度受损,于是以货物与清洁提单不符为由,向承运人提出索赔。后经裁定,向法国收货人赔偿 20 多万美元。此后,承运人凭保函向卖方 T 公司要求偿还该 20 多万美元的损失,但 T 公司以装船时仅有 28 箱包破碎为由,拒绝偿还其他的十几箱的损失。于是承运人与卖方之间又发生了争执。

引导思路

这是一个典型的托运人(卖方)与承运人一起隐瞒装船货物不清洁的事实,承运人凭保函发清洁提单的案件。承运人提单上对货物的不良包装加以批注,从而导致丧失了公约或法律赋予的可能免除责任的权利;也没有履行其应尽的义务,对本该加批注的不作任何批注。这不仅造成了对收货人的损害,使受蒙蔽的买方持付款赎回不洁货物,同时也给承运人自身带来了风险。卖方在货物装船时就提供了一部分包装破碎的货物,这本身就是一种违约行为;不仅如此,还同承运人一起隐瞒事实真相,从而构成对买方的欺骗。如果买方获悉这一真相,不仅可以起诉承运人,还可以以卖方严重违约甚至欺诈为由提出买卖合同,要求退回货款,同时要求卖方给予损害赔偿。因此,以保函换清洁提单的做法实不可取。

第一节 提单的概念、分类及其法规

一、提单概述

(一)提单的定义

海运提单(ocean bill of lading),或简称为提单(bill of lading,B/L),是国际结算中的一种重要单据。《中华人民共和国海商法》第 71 条规定:"提单,是指用以证明海上货物运输合同和货物已经由承运人接收或者装船,以及承运人保证据以交付货物的单证。提单中载明的向记名人交付货物,或者按照指示人的指示交付货物,或者向提单持有人交付货物的条款,构成承运人据以交付货物的保证。"

提单是处理承托双方权利和义务的主要凭据,其源于欧洲商人的"发明",经过几百年的实践与改良,已成为国际贸易与航运的基石。在跟单信用证实务中,提单无疑是最为重要的单据之一。

(二)提单的作用

提单是货物的收据、物权的凭证,同时又是运输合同的证明,它是出口人凭以向银行办理

结汇的主要单据之一,并且在运输业务的联系、费用的结算和对外索赔中都具有重要作用。根据法律规定,提单主要有三项功能:

1. 运输合同:海上货物运输合同的证明

提单是承运人与托运人之间运输合同内容的证明,是双方处理运输中权利和义务问题的主要依据。我国《海商法》中明确规定:"承运人与收货人、提单持有人之间的权利、义务关系,依据提单规定确定。"提单背面条款明确规定了承运人、托运人之间的权利、责任与豁免。因此,提单上的内容除承运人与托运人事先另有约定或者托运人证明内容不是其真实的意思表示外,属于承托双方合同的内容,对双方具有约束。这是提单最直接和最原始的功能。

2. 货物收据:承运人接管货物或者货物已经装船的证明

对于将货物交给承运人运输的托运人,提单具有货物收据的功能。承运人不仅对于已装船货物负有签发提单的义务,而且根据托运人的要求,即使货物尚未装船,只要货物已在承运人掌管之下,承运人也有签发一种被称为"收货待运提单"的义务。所以,提单一经承运人签发,即表明承运人已将货物装上船舶或已确认接管。提单作为货物收据,不仅证明收到货物的种类、数量、标志、外表状况,而且还证明收到货物的时间,即货物装船的时间。因为按时交货是履行合同的必要条件,所以,用提单来证明货物的装船时间是非常重要的。

3. 物权凭证:承运人据以交付货物的凭证

对于合法取得提单的持有人,提单具有物权凭证的功能。提单的合法持有人有权在目的港以提单相交换来提取货物,而承运人只要出于善意,凭提单发货,即使持有人不是真正货主,承运人也无责任。而且,只要不是记名提单,提单就可以不经承运人的同意而转让给第三者,提单的转移就意味着物权的转移,连续背书可以连续转让。提单的合法受让人或提单持有人就是提单上所记载货物的合法持有人。提单所代表的物权可以随提单的转移而转移,提单中所规定的权利和义务也随着提单的转移而转移。另外,提单也是托运人凭以向银行办理议付结汇的单据。

(三)提单的关系人

提单作为国际贸易的枢纽,其价值已远远超出了它作为海上货物运输合同证明的一纸单证。提单在签发之后可能经过多次转让,最终在目的港提货的往往不是托运人而是提单持有人。提单持有人的权利能否实现直接关系到海上货物运输合同的正常履行和国际贸易的顺利进行。在提单业务中,涉及的主要关系人有:托运人、承运人、收货人和被通知人。

1. 承运人

承运人是负责运输货物的当事人,有时被称为船方。在不同情况下,它可能是船舶所有人即公司,也可能是租船人,租船人租用船只自己经营运输业务。即使是通过代理人办理承运手续,提单上所体现的承运人也不应是代理人,而是实际运输货物的人,它与托运人订立运输合约,承担履行运输合约的责任。信用证要求的运输单据包括提单,必须是具名的承运人或其代理人签发的。

2. 托运人

托运人也称货方,一般是国际贸易合同中的卖方或出口方,它与承运人订立运输合约。根据在具体的国际贸易业务中所使用的国际贸易术语不同,它可能是发货人(shipper)即卖方,也可能是收货人(consignee)即买方。

3. 收货人

收货人通常被称为提单的抬头人,一般是国际贸易合同中的买方或进口方,也可以是第三人。第三人通过提单的背书转让,有权在目的港凭提单向承运人提取货物。实际收货人则是提单的受让人(transferee)或持单人(holder)。

4.被通知人

被通知人(notify Party)不是提单的当事人,只是收货人的代理人,是被承运人通知之人。之所以在提单上填写被通知人,是因为空白抬头的提单无收货人的名称和地址,因此必须有被通知人的记载,以便货到目的港后,承运人可以通知被通知人,由它转告实际收货人及时办理提货、报关手续,这是承运人给予货主的一种便利。

(四)提单的流通性

为了加速商品流转和便利资金筹措的需要,国际贸易中出现了单证买卖。单证持有人只要将代表一定财产或资产的单证转让给他人,就意味着该财产或资产所有权的转移,让与人便可及时获得价款。提单作为物权凭证,为了适应上述融资的需要,除不可转让的提单外,具备一定的条件就可以转让,转让的方式有两种:空白背书和记名背书。我国《海商法》第79条规定,"提单的转让,依照下列规定进行:记名提单,不得转让;指示提单,经过记名背书或者空白背书转让;不记名提单,无须背书即可转让"。

但是,提单的转让是受到一定条件限制的:一是提单的转让必须是承运人在目的港交付货物前才有效,如果承运人凭一份提单正本交付了货物,其余的几份也就失去了效力,提单不能再行转让;二是提单持有人必须在货物运抵目的港的一定时间内,与承运人洽办提货手续;三是由于货物过期不提,即视为无主,承运人可对不能交付的货物行使处分权,从而限制了提单作为物权凭证的效力。

与汇票的流通性相比,提单的流通性要小一些。其主要表现为,提单的受让人不像汇票的正当持票人那样享有优于前手背书人的权利。具体来说,如果一个人用欺诈手段取得一份可转让的提单,并把它背书转让给一个善意的、支付了价金的受让人,则该受让人不能因此而取得货物的所有权,不能以此对抗真正的所有人。相反,如果在汇票流通过程中发生这种情况,则汇票的善意受让人的权利仍将受到保障,他仍有权享受汇票上的一切权利。

二、提单的分类

按不同的分类标准,提单可以划分为许多种类。

(一)根据货物是否装船可分为已装船提单和备运提单

1.已装船提单(on board B/L or shipped B/L)

已装船提单是在货物装船之后,由承运人或其代理人向托运人签发的货物已经装船的提单。这种提单的特点是提单上必须注明船名和船期。提单是买方凭以提货的依据,买方为了确保能在目的地提货,一般都要求卖方提供已装船提单,以证明货物确已装船。

2.备运提单(received for shipment B/L)

备运提单又称收货待运提单、待装提单,或待运提单。它是承运人虽已收到托运人交来的货物但尚未装船,应托运人的要求而签发的提单。签发这种提单时,说明承运人确认货物已交由承运人保管并存在其所控制的仓库或场地,但还未装船。所以,这种提单未载明所装船名和装船时间,在跟单信用证支付方式下,银行一般都不肯接受这种提单。但当货物装船,承运人在这种提单上加注装运船名和装船日期并签字盖章后,待运提单即成为已装船提单。同样,托运人也可以用待运提单向承运人换取已装船提单。我国《海商法》第74条对此作了明确的规定。

(二)根据对货物表面状况有无不良批注分为清洁提单和不清洁提单

1. 清洁提单(clean B/L)

清洁提单是指货物装船时,表面状况良好,承运人在签发提单时未加任何货损、包装不良或其他有碍结汇批注的提单。使用清洁提单在国际贸易实践中非常重要,买方要想收到完好无损的货物,首先必须要求卖方在装船时保持货物外观良好,并要求卖方提供清洁提单。在以跟单信用证为付款方式的贸易中,通常卖方只有向银行提交清洁提单才能取得货款。清洁提单是收货人转让提单时必须具备的条件,同时也是履行货物买卖合同规定的交货义务的必要条件。承运人一旦签发了清洁提单,货物在卸货港卸下后,如发现有残损,除非是由于承运人可以免责的原因所致,承运人必须负责赔偿。

2. 不清洁提单(unclean B/L or foul B/L)

不清洁提单是指承运人收到货物之后,在提单上加注了货物外表状况不良或货物存在缺陷和包装破损的提单。例如,在提单上批注"铁条松失"(iron strip loose of missing)、"包装不固"(in sufficiently packed)、"×件损坏"(× package in damage condition)等。但是,并非提单有批注即为不清洁提单。国际航运公会(International Chamber of Shipping)于1951年规定为下列3种内容的批注不能视为不清洁:第一,不明白地表示货物或包装不能令人满意,如只批注"旧包装"、"旧箱"、"旧桶"等等;第二,强调承运人对于货物或包装性质所引起的风险不负责任;第三,否认承运人知悉货物内容、重量、容积、质量或技术规格。这三项内容已被大多数国家和航运组织所接受。在使用信用证支付方式时,银行一般不接受不清洁提单。有时在装船时会发生货损或包装不良,托运人常要求承运人在提单上不作不良批注,而向承运人出具保函,也称赔偿保证书(letter or indemnity),向承运人保证如因货物破残损以及承运人因签发清洁提单而引起的一切损失,由托运人负责。承运人则给予灵活,签发清洁提单,便于在信用证下结汇。对这种保函,有些国家法律和判例并非承认,如美国法律认为这是一种欺骗行为。所以,使用保函时要视具体情况而定。

(三)根据收货人抬头分为记名提单、不记名提单和指示提单

1. 记名提单(straight B/L)

记名提单又称收货人抬头提单,它是指在提单的"收货人"一栏内具体写明了收货人的名称。由于这种提单只能由提单内指定的收货人提货,所以记名提单不能转让,但同时也可以避免在转让过程中可能带来的风险。记名提单一般用于贵重商品、展品及援外物资的运输,因为,这样可以避免转让过程中可能带来的风险。

2. 不记名提单(open B/L)

不记名提单又称空白提单,是指在提单"收货人"一栏内不填明具体的收货人或指示人的名称而留空的提单。不记名提单的转让不需任何背书手续,仅凭提单交付即可,提单持有者凭提单提货,极为简便。承运人应将货物交给提单持有人,谁持有提单,谁就可以提货,承运人交付货物只凭单,不凭人。这种提单丢失或被窃,风险极大,若转入非善意的第三者手中时,极易引起纠纷,所以在信用证结算方式下,极少使用这种提单。

3. 指示提单(order B/L)

指示提单是指收货人栏内,只填写"凭指示"(to order)或"凭某人指示"(to order of ……)

字样的一种提单。这种提单通过背书方式可以流通或转让。所以,又称可转让提单,这种提单在实务中是普遍使用的。

(四)根据运输方式不同分为直达提单、转船提单和多式联运提单

1. 直达提单(direct B/L)

直达提单是指由承运人签发的,货物从装货港装船后中途不经过转船而直接运抵卸货港的提单。直达提单中关于运输记载的基本内容里,仅记载有起运港和卸货港,不能带有中途转船的批语。凡信用证规定不许转运或转船者,发货人必须提供直达提单。

2. 转船提单(transhipment B/L)

转船提单是指货物经由两程以上船舶运输至指定目的港,而由承运人在装运港签发的提单。转船提单内一般注明"在某港转船"的字样。

3. 多式联运提单(through B/L)

多式联运提单是指海陆、海空、海河、海海等联运货物,由第一承运人收取全程运费后并负责代办下程运输手续在装运港签发的全程提单。卖方可凭联运提单在当地银行结汇。转船提单和联运提单虽然包括全程运输,但签发提单的承运人一般都在提单上载明只负责自己直接承运区段发生货损,只要货物卸离他的运输工具,其责任即告终止。

(五)根据提单内容的繁简分为全式提单和略式提单

1. 全式提单(long from B/L)

全式提单是指提单除正面印就的提单格式所记载的事项,背面列有关于承运人与托运人及收货人之间权利、义务等详细条款的提单。由于条款繁多,所以又称繁式提单。在海运的实际业务中大量使用的大都是这种全式提单。

2. 略式提单(short form B/L)

略式提单又称简式提单,是指提单上印明"简式"(short form B/L)字样,仅有正面提单内容,而背面是空白的提单。一般提单背面记载有承运人与托运人的责任、权利和义务的条款,但略式提单背面空白,在一定程度上影响了它的流通性,所以有些信用证明确规定不接受略式提单。但只要信用证没有这种明确规定,银行可以接受略式提单。在这种情况下,提单上通常列有如下条款:"本提单货物的收受、保管、运输和运费等事项,均按本提单全式提单的正面、背面的铅印、手写、印章和打字等书面条款和例外条款办理,该全式提单存本公司及其分支机构或代理处,可供托运人随时查阅。"略式提单在美国很流行。

(六)根据提单签发人不同分为班轮提单和无船承运人提单(仓至仓提单)

1. 班轮提单(liner B/L)

班轮提单是指在班轮运输中,由班轮公司或其代理人所签发的提单。在集装箱班轮运输中,班轮公司通常为整箱货签发提单。

2. 无船承运人提单(NVOCC B/L)

无船承运人提单是指由无船承运人或其代理人所签发的提单。在集装箱班轮运输中,无船承运人通常为拼箱货签发提单,因为拼箱货是在集装箱货运站内装箱和拆箱,而货运站又大多有仓库,所以有人称其为仓至仓提单(house B/L)。当然,无船承运人也可以为整箱货签发提单。

(七)根据其他情况分为舱面提单、过期提单、倒签提单和预借提单

1.舱面提单(on deck B/L)

舱面提单又称甲板货提单,是指对装在甲板上的货物所签发的提单。在这种提单上一般都有"装舱面"(on deck)字样。舱面货(deck cargo)风险较大,根据《海牙规则》规定,承运人对舱面货的损坏或灭失不负责任。因此,买方和银行一般都不愿意接受舱面提单。但有些货物,如易燃、易爆、剧毒、体积大的货物和活牲畜等必须装在甲板上。在这种情况下,合同和信用证中就应规定"允许货物装在甲板上"的条款,这样,舱面提单才可结汇。但采用集装箱运输时,根据《汉堡规则》规定和国际航运中的一般解释,装于舱面的集装箱是"船舱的延伸",与舱内货物处于同等地位。

2.过期提单(stale B/L)

过期提单又叫提单过期。过期提单有两种:一种是指出口商取得提单后未能及时到银行交单,或过了银行规定的交单期限未议付而形成过期提单;第二种情况是出口商向银行交单结汇的日期距装船开航的日期过久,以致无法于船到目的地以前送达目的港收货人的提单,即货物先于提单到达目的地,出现货等单。按照《跟单信用证统一惯例》规定,凡超过装船日期21天后提交的提单为过期提单,但在任何情况下都不得迟于信用证的截止日。如信用证有效期或信用证规定的交单期早于此期限,则以有效期或规定的交单期为最后期限。银行虽不接受过期提单,但过期提单并非无效提单,提单持有人仍然可凭此要求承运人交付货物。近洋国家的贸易合同一般都规定有"过期提单也可接受"的条款。

3.倒签提单(anti-dated B/L)

倒签提单倒签提单是指承运人或其代理人应托运人的要求,在货物装船完毕后,以早于货物实际装船日期为签发日期的提单。当货物实际装船日期晚于信用证规定的装船日期,若仍按实际装船日期签发提单,托运人就无法结汇。为了使签发提单的日期与信用证规定的装运日期相符,以利结汇,承运人应托运人的要求,在提单上仍以信用证的装运日期填写签发日期,以免违约。在出口业务中,往往在信用证即将到期或不能按期装船时,采用倒签提单。有人认为倒签提单是解决迟期装船的有效方式,用起来特别随便,好像是一种正常签发提单的方式。然而根据国际贸易惯例和有关国家的法律实践,错填提单日期,是一种欺骗行为,是违法的。

4.预借提单(advanced B/L)

预借提单又称无货提单,是指因信用证规定装运日期和议付日期已到,货物因故而未能及时装船,但已被承运人接管,或已经开装但未装毕,托运人为了能及时结汇而出具保函,要求承运人或其代理人提前签发的已装船清洁提单。签发这种提单的承运人要承担更大的风险,可能构成承、托双方合谋对善意的第三者收货人进行欺诈。

签发倒签提单或预借提单,对承运人的风险很大,由此引起的责任承运人必须承担,尽管托运人往往向承运人出具保函,但这种保函同样不能约束收货人。比较而言,签发预借提单比签发倒签提单对承运人的风险更大,因为预借提单是承运人在货物尚未装船,或者装船还未完毕时签发的。我国法院对承运人签发预借提单的判例,不但由承运人承担了由此而引起的一切后果,赔偿货款损失和利息损失,还赔偿了包括收货人向第三人赔付的其他各项损失。

三、有关提单的法规与国际公约

关于国际海上货物运输合同的国内法规是《中华人民共和国海商法》，相关的国际公约是《海牙规则》、《维斯比规则》和《汉堡规则》。

(一)《海牙规则》(Hague Rules)

《海牙规则》全称为《统一提单的若干法律规定的国际公约》(International Convention for the Unification of Certain Rules of Law Relating to Bills of Lading)，是关于提单法律规定的第一部国际公约。该公约于 1924 年 8 月 25 日在比利时首都布鲁塞尔签订，1931 年 6 月 2 日起生效，为统一世界各国关于提单的不同法律规定，并确定承运人与托运人在海上货物运输中的权利和义务而制定的国际协议。早期，作为最大货主的美国于 1893 年通过了《哈特法》，这部法律的最大特点就在于对免责的限制。《哈特法》这种规定对航运界产生重大影响，并为《海牙规则》所接受。

《海牙规则》规定了承运人最低限度义务、免责事项、索赔和诉讼时效、托运人的义务和责任、适用范围等几个方面的内容。对于承运人免责事项，海牙规则第 4 条 2 款列举了 11 项免责事项。11 项免责事项，尤其是对航行和管船过失的免责奠定了海牙规则关于承运人的不完全过失责任制的基础。对于索赔和诉讼时效，《海牙规则》均规定了较短时间。索赔通知为交货前或当时，货物灭失、损坏不明显为移交后 3 日内并以书面形式，但双方进行联合检查者除外。《海牙规则》规定了一年的诉讼时效，自货物交付或应当交付之日起一年内。对于责任限制，海牙规则规定了每件或每单位 100 英镑的最高赔偿额。但托运人装货前就货物性质和价值另有声明并载入提单的则不在此限。至于适用范围，公约适用于任何缔约国国内签发的提单。

总体看来，《海牙规则》无论是对承运人义务的规定，还是免责事项，索赔诉讼，责任限制，均是体现着承运方的利益。而对货主的保护则相对较少。这也是船货双方力量不均衡的体现。力量不均衡势力相互妥协的产物不可避免地有各种缺点和不足，比如期限过短，限额过低等。虽然如此，这一公约仍然是海上货物运输中有关提单的最重要和仍普遍被采用的国际公约。中国虽然没有加入该公约，但却把它作为制定中国《海商法》的重要参考依据，中国不少船公司的提单条款也采纳了这一公约的精神。所以，《海牙规则》堪称现今海上货物运输方面最重要的国际公约。

(二)《维斯比规则》(Visby Rules)

随着国际贸易的发展，特别是集装箱运输方式的出现和迅猛发展，《海牙规则》的内容已不适应新形势发展的需要。尤其关于承运人的大量免责条款明显偏袒船方利益，通货膨胀的现实使 100 英镑的赔偿限额明显过低等原因，到了 50 年代末，要求修改《海牙规则》的呼声日渐强烈。于是，从 60 年代开始，国际海事委员会着手修改《海牙规则》，于 1968 年 2 月通过了《关于修订统一提单若干法律规定的国际公约的协定书》(Protocol to Amend the International Convention for the Unification of Certain Rules of Law Relating to Bills of Lading)，简称《维斯比规则》，并于 1977 年 6 月 23 日生效。截止至 1996 年 9 月，参加该规则的国家共有 29 个，其中包括英、法、德、荷、西、挪、瑞典、瑞士、意、日等主要航运国家。

《维斯比规则》共 17 条,但只有前 6 条才是实质性的规定,对《海牙规则》的第 3、4、9、10 条进行了修改。其主要修改内容有:

1. 扩大了规则的适用范围

《海牙规则》的各条规定仅适用于缔约国所签发的提单。《维斯比规则》扩大了其适用范围,其中的第 5 条第 3 款规定:①在缔约国签发的提单;②货物在一个缔约国的港口起运;③提单载明或为提单所证明的合同规定,该合同受公约的各项规则或者使其生效的任何一个国家的立法所约束,不论承运人、托运人、收货人或任何其他有关人员的国籍如何。该规定的意思是只要提单或为提单所证明的运输合同上有适用《维斯比规则》的规定,该提单或运输合同就要受《维斯比规则》的约束。

2. 明确了提单的证据效力

《海牙规则》第 3 条第 4 款规定,提单上载明的货物的主要标志、件数或重量和表面状况应作为承运人按其上所载内容收到货物的初步证据。至于提单转让至第三人的证据效力,未作进一步的规定。《维斯比规则》为了弥补上述的缺陷,在第 1 条第 1 款做出补充规定:但是,当提单转让至善意的第三人时,与此相反的证据将不能接受。这表明对于善意行事的提单受让人来说,提单载明的内容具有最终证据效力。所谓"善意行事"是指提单受让人在接受提单时并不知道装运的货物与提单的内容有何不符之处,而是出于善意完全相信提单记载的内容。这就是说,《维斯比规则》确立了一项在法律上禁止翻供的原则,即当提单背书转让给第三者后,该提单就是货物已按上面记载的状况装船的最终证据。承运人不得借口在签发清洁提单前货物就已存在缺陷或包装不当来对抗提单持有人。这一补充规定,有利于进一步保护提单的流通与转让,也有利于维持提单受让人或收货人的合法权益。一旦收货人发现货物与提单记载不符,承运人只能负责赔偿,不得提出任何抗辩的理由。

3. 提高了承运人对货物损害赔偿的限额

《海牙规则》规定承运人对每件或每单位的货物损失的赔偿限额为 100 英镑,而《维斯比规则》第 2 条则规定,每件或每单位的赔偿限额提高到 10000 金法郎,同时还增加一项以受损货物毛重为标准的计算方法,即每公斤为 30 金法郎,以两者中较高者为准。采用的金法郎仍以金本位为基础,目的在于防止日后法郎纸币的贬值,一个金法郎是含金纯度为 900/1000 的黄金 65.5 毫克的单位。一旦法郎贬值,仍以上述的黄金含量为计算基础,在《维斯比规则》通过时,10000 金法郎大约等于 431 英镑,与《海牙规则》规定的 100 英镑相比,这一赔偿限额显然是大大提高了。这一规定不但提高了赔偿限额,而且创造了一项新的双重限额制度,同时还维护了货主的利益。另外,该规则还规定了丧失赔偿责任限制权利的条件,即如经证实损失是由于承运人蓄意造成,或者知道很可能会造成这一损害而毫不在意的行为或不行为所引起,则承运人无权享受责任限制的权利。

4. 增加了"集装箱条款"

《海牙规则》没有关于集装箱运输的规定。《维斯比规则》增加"集装箱条款",以适应国际集装箱运输发展的需要。该规则第 2 条第 3 款规定:如果货物是用集装箱、托盘或类似的装运器具集装时,则提单中所载明的装在这种装运器具中的包数或件数,应视为本款中所述的包数或件数;如果不在提单上注明件数,则以整个集装箱或托盘为一件计算。该条款的意思是,如果提单上具体载明在集装箱内的货物包数或件数,计算责任限制的单位就按提单上所列的件数为准;否则,则将一个集装箱或一个托盘视为一件货物。

5.延长了诉讼时效

《海牙规则》规定,货物灭失或损害的诉讼时效为一年,从交付货物或应当交付货物之日起算。《维斯比规则》第1条第2款、第3款则补充规定,诉讼事由发生后,只要双方当事人同意,这一期限可以延长,明确了诉讼时效可经双方当事人协议延长的规定。对于追偿时效则规定,即使在规定的一年期满之后,只要是在受法院法律准许期间之内,便可向第三方提起索赔诉讼。但是准许的时间自提起诉讼的人已经解决索赔案件,或向其本人送达起诉状之日起算,不得少于三个月。

(三)《汉堡规则》(Hamburg Rules)

《汉堡规则》的全称是《1978年联合国海上货物运输公约》(United Nations Convention on the Carriage of Goods by Sea,1978),该公约于1978年3月在德国汉堡举行的联合国海上货物运输大会上得以通过,于1992年11月1日生效,进一步完善了海上货物运输规则,但由于这些变革对承运人的利益有较大影响,签字国绝大多数为发展中国家和非主要航运货运国,占全球外贸船舶吨位数90%的国家都未承认该规则,因此《汉堡规则》对国际海运业影响不是很大。

(四)《中华人民共和国海商法》

《中华人民共和国海商法》简称《海商法》,于1993年7月1日起施行,其中有关海上货物运输合同的规定,基本是以《海牙规则》和《维斯比规则》为基础,同时吸收了《汉堡规则》的部分内容。

《海商法》的调整范围为海上运输关系和船舶关系,海上运输是指海上货物运输和海上旅客运输,包括海洋与内河之间的直达运输。但海上货物运输合同的规定,不适用于中华人民共和国港口之间的海上货物运输。船舶是指海船和其他海上移动式装置,但是用于军事的、政府公务的船舶和20总吨以下的小型船艇除外。在海上货物运输合同部分,规定了承运人的责任、托运人的责任、运输单证、货物交付、合同的解除、航次租船合同的特别规定、多式联运合同的特别规定等内容。其中运输单证部分,对提单的定义、提单的签发人、提单内容、提单的转让等做了较为详细的规定。

第二节　提单正面内容及背面条款

一般的全式提单正面印制的是提单格式所记载的事项,背面列有关于承运人与托运人及收货人之间权利、义务等详细条款。

一、提单的正面内容

提单的正面一般记载货物和货物运输的基本事项,主要包括下列各项内容。

(一)必要记载事项

(1)提单编号(B/L No.)。提单编号一般列在提单右上角,以便于海运业务中使用。发货人向收货人发送装船通知时,也要列明提单编号。

(2)托运人(shipper)。本栏填写托运人的名称、地址。托运人一般为信用证中的受益人即出口商。

(3)收货人(consignee)。本栏填写收货人的名称、地址,有时也可以填写电话、传真或代码。

(4)通知方(notify party)。本栏填写船公司在货物到达目的港时发送到货通知的收件人,一般为进口商或其代理人。

(5)船名(name of vessel)。本栏填写装运货物的船舶名称及航次,班轮提单必须记载此项内容。

(6)接货地和交货地(place of receipt and place of delivery)。在多式联运方式下填写,表明承运人接收到货物和交付货物的地点。

(7)装货港和卸货港(port of loading and port of discharge)。填写实际装船港口和实际卸下货物港口的具体名称。

(8)货名(description of goods)。即有关货物品名、标志、包装、重量、体积等的说明,货名必须与信用证上规定的货名一致。

(9)件数和包装种类(number and kind of package)。此栏按箱子的实际包装情况填写。在集装箱整箱货运输下,此栏通常填写集装箱的数量、型号;如果是在拼箱货运输下,此栏应填写货物件数。

(10)唛头(shipping marks)。信用证上有规定的,必须按规定填写;否则可按发票上的唛头填写。

(11)毛重、尺码(gross weight;measurement)。信用证上有规定的,必须按规定填写;否则一般以公斤为单位列出货物的毛重、以立方米列出货物的体积。

(12)运费与费用(freight and charges)。一般为预付(freight prepaid)或到付(freight collect)。如果国际贸易出口中使用的贸易术语是 CFR 或 CIF,一般均填上"运费预付"字样;如果使用 FOB,则运费可制作"运费到付"字样。

(13)温度提示(temperature control instructions)。本栏填写冷藏箱运输时所要求的温度,应尽量避免标明具体温度。

(14)提单的签发地点、日期和份数。提单签发的地点原则上是装货地点,一般是在装货港或货物集中地签发。提单的签发日期应该是提单上所列货物实际装船完毕的日期,也应该与收货单上大副所签发的日期是一致的。在跟单信用证项下结汇时,提单上所签发的日期必须与信用证或合同上所要求的最后装船期一致或先于装船期。提单份数一般按信用证要求出具,一般理解为正本提单一式三份,每份都有同等效力,收货人凭其中一份提取货物后,其他各份自动失效。副本提单的份数可视托运人的需要而定。

(15)承运人或船长,或由其授权的人签字或盖章。

(二)正面条款

提单正面条款是指在提单的正面,以印刷的形式列明一些属于承运人声明性质的条款。常见的内容有:

1.确认条款

这是承运人表示在集装箱外表状况良好的条件下接收集装箱,并同意承担按照提单上所列条款,将集装箱从起运地运往交货地,将货物交给收货人的责任的条款。

2.承诺条款

这是承运人承认提单是运输合同成立的证明,承诺按照提单条款的规定承担义务和享有权利,而且也要求托运人承诺接受该提单条款制约的条款。由于提单是承运人单方面拟订的,而该条款则表明托运人接受提单也就是承诺接受提单条款的制约,所以这类条款也称为"代拟条款"。

3.签署条款

这是承运人表明提单由谁签发,以及签发正本提单的份数和各份正本提单具有相同效力的条款。

二、提单的背面条款

提单的背面条款是表明承运人与托运人、收货人或提单持有人之间承运货物的权利、义务、责任与免责的条款,是解决他们之间争议的依据。一般分为强制性条款和任意性条款两类。强制性条款的内容不能违反有关国家的法律和国际公约、港口惯例的规定,违反或不符合这些规定的条款是无效的。另一类是任意性条款,即上述法规、国际公约没有明确规定的,允许承运人自行拟定的条款,和承运人以另条印刷、刻制印章或打字、手写的形式在提单背面加列的条款,这些条款适用于某些特定港口或特种货物,或托运人要求加列的条款。虽然各种提单背面条款多少不一,内容不尽相同,但通常都有下列主要条款:

1.定义条款(definition)

定义条款是提单或有关提单的法规中对与提单有关用语的含义和范围做出明确规定的条款。如中远集团(COSCO)提单条款第 1 条规定:货方(merchant)包括托运人(shipper)、受货人(receiver)、发货人(consignor)、收货人(consignee)、提单持有人(holder of B/L),以及货物所有人(owner of the goods)。

2.首要条款(paramount clause)

首要条款通常用以明确本提单受某一国际公约制约或适用某国法律的条款。通常规定:提单受《海牙规则》或《维斯比规则》或者采纳上述规则的某一国内法的制约,如英国《1971 年海上货物运输法》,美国《1936 年海上货物运输法》的制约。我国《海商法》实施前的中远提单第 3 条规定:"有关承运人的义务、赔偿责任、权利及豁免应适用《海牙规则》,即 1924 年 8 月25 日在布鲁塞尔签订的《关于统一提单若干规定的国际公约》。"目前中远提单则规定,该提单受中华人民共和国法律的制约。首要条款通过当事人的"意思自治"原则,扩大了国际公约或国内法的适用范围。

3.管辖权条款(jurisdiction clause)

在诉讼法上,管辖权是指法院受理案件的范围和处理案件的权限。在这里是指该条款规定双方发生争议时由何国行使管辖权,即由何国法院审理,有时还规定法院解决争议适用的法律。提单一般都有此种条款,并且通常规定对提单产生的争议由船东所在国法院行使管辖权。例如,我国中远公司提单就规定:本提单受中华人民共和国法院管辖,本提单项下或与本提单有关的所有争议应根据中华人民共和国的法律裁定;所有针对承运人的法律诉讼应提交有关公司所在地的海事法院——广州、上海、天津、青岛、大连海事法院受理。

严格地说,该条款是管辖权条款和法律适用条款的结合。提单管辖权的效力在各国不尽相同,有的国家将其作为协议管辖处理,承认其有效。但更多的国家以诉讼不方便,或该条款减轻承运人责任等为理由,否认其效力,依据本国诉讼法,主张本国法院对提单产生的争议案件的管辖权。也有的国家采取对等的原则,确定其是否有效。

4. **承运人责任条款**(carrier responsibility)

一些提单订有承运人责任条款,规定承运人在货物运送中应负的责任和免责事项。一般概括地规定以什么法律或什么公约为依据,如果提单已订有首要条款,就无须另订承运人的责任条款。在中远提单的第 3 条、中国外运提单第 4 条均规定,其权利和责任的划分以及豁免应依据或适用《海牙规则》。根据这一规定,并非《海牙规则》所有规定都适用于该提单,而只是有关承运人的义务、权利及豁免的规定适用于该提单。

5. **承运人的责任期间条款**(period of responsibility)

《海牙规则》中没有单独规定承运人的责任期间,因而各船公司的提单条款中都列有关于承运人对货物运输承担责任的起止时间条款。中远提单第 4 条规定:"承运人的责任期间应从货物装上船舶之时起到卸离船舶之时为止。承运人对于货物在装船之前和卸离船舶之后发生的灭失或损坏不负赔偿责任。"《海牙规则》第 1 条"定义条款"中对于"货物运输"(Carriage of Goods)的定义规定为"包括自货物装上船舶开始至卸离船舶为止的一段时间"。

上述责任期间的规定,与现行班轮运输"仓库收货、集中装船"和"集中卸货、仓库交付"的货物交接做法不相适应。所以,一些国家的法律,如美国的《哈特法》(Harter Act)规定:承运人的责任期间为自收货之时起,至交货之时为止。《汉堡规则》规定:承运人的责任期间,包括在装货港,在运输途中以及在卸货港,货物在承运人掌管下的全部期间。我国《海商法》规定的承运人责任期间,集装箱货物同《汉堡规则》,而件杂货则同《海牙规则》。

6. **包装和标志(唛头)条款**(packages and marks)

本条款是指对托运人在装货港提供货物的包装标志的规定。托运人应对货物进行妥善包装,标志须正确、清晰,因包装不良、标识不清产生的一切费用和责任由托运人负责。

7. **运费和其他费用条款**(freight and other charges)

该条款通常规定,托运人或收货人应按提单正面记载的金额、货币名称、计算方法、支付方式和时间支付运费,以及货物装船后至交货期间发生的,并应由货方承担的其他费用,以及运费收取后不再退还等规定。中远提单第 6 条和中外运提单第 8 条规定:运费和费用应在装船前预付。到付运费则在货物抵达目的港时,交货前必须付清。无论是预付还是到付,船舶或货物其中之一遭受损坏或灭失都应毫不例外地全部付给承运人,不予退回和不得扣减。一切同货物有关的税捐或任何费用均应由货方支付。该条款通常还规定,货方负有支付运费的绝对义务。即使船舶或货物在航行过程中灭失或损害,货方仍应向承运人支付全额运费。如货物灭失或损害的责任在于承运人,则货方可将其作为损害的一部分,向承运人索赔。

8. **自由转船条款**(transhipment clause)

该条款又称为转运、换船、联运和转船条款(Forwarding,Substitute of Vessel,Through Cargo and Transhipment)。该条款规定,如有需要,承运人为了完成货物运输可以任意采取一切合理措施,任意改变航线,改变港口或将货物交由承运人自有的或属于他人的船舶,或经铁路或以其他运输工具直接或间接地运往目的港,或运到目的港以后转船、收运、卸岸、在岸上或水面上储存以及重新装船运送,以上费用均由承运人负担,但风险则由货方承担。我国《海商法》第 91 条规定:因不可抗力或者不能归责于承运人的原因,船舶不能在约定的目的港卸货时,船长有权将货物卸在邻近的安全港口,视为已经履行合同;否则,承运人有责任将货物运到目的港,将部分运输转交实际承运人的,承运人也应当对此负责。

9.**选港条款**(option)

该条款通常规定,只有当承运人与托运人在货物装船前有约定,并在提单上注明时,收货人方可选择卸货港。收货人应在船舶驶抵提单中注明的可选择的港口中第一个港口若干小时之前,将其所选的港口书面通知承运人在上述第一个港口的代理人。否则,承运人有权将货物卸于该港或其他供选择的任一港口,运输合同视为已经履行。也有的提单规定,如收货人未按上述要求选定卸货港,承运人有权将货物运过提单注明的港口选择范围,至船舶最后的目的港,而由托运人、收货人承担风险和费用。当船舶承运选港货物时,一般要求收货人在所选定的卸货港卸下全部货物。

10.**错误申报条款**(error declaration)

承运人有权在装运港或目的港查验托运人申报的货物数量、重量尺码与内容,如发现与实际不符,承运人可以收取运费罚款。中外运提单规定的罚款为正误差额的5倍。

11.**赔偿责任限额条款**(limit of liability)

承运人的赔偿责任限额是指已明确承运人对货物的灭失和损失负有赔偿责任,承运人对每件或每单位货物支付的最高赔偿金额。提单应按适用的国内法或国际公约规定的承运人对货物的灭失或损坏的赔偿责任限额。但承运人接受货物前托运人书面申报的货物价格高于限额并已填入提单又按规定收取运费时,应按申报价值计算。

12.**危险货物条款**(dangerous goods)

此条款规定托运人对危险品的性质必须正确申报并标明危险品标志和标签,托运人如事先未将危险货物性质以书面形式告知承运人,并未在货物包装外表按有关法规予以标明,则不得装运;否则,一经发现,承运人为船货安全有权将其变为无害、抛弃或卸船,或以其他方式予以处置。如提单上订明适用《海牙规则》或《维斯比规则》或相应的国内法,便无须订立此条款。

13.**舱面货条款**(deck cargo)

由于《海牙规则》对舱面货和活动物(live animal)不视为海上运输的货物,因而提单上一般订明,关于这些货物的收受、装载、运输、保管和卸载均由货方承担风险,承运人对货物灭失或损坏不负赔偿责任。

第三节　海运单与电子提单

一、海运单

(一)海运单的定义和功能

海运单,又称海上运送单或海上货运单,是指证明海上货物运输合同和承运人接收货物或者已将货物装船的不可转让的单证。使用该单据时,不需要在目的港提示该单据作为收获条件,承运人或其代理人可凭收货人收到的货到通知或其身份证明而向其交货。海运单的正面内容与提单的基本一致,但是印有"不可转让"的字样。有的海运单在背面订有货方定义条款、承运人责任、义务与免责条款、装货、卸货与交货条款、运费及其他费用条款、留置权条款、共同海损条款、双方有责碰撞条款、首要条款、法律适用条款等内容。

海运单具有两个重要作用：

第一，它是承运人收到货物，或者货物已经装船后，签发给托运人的一份货物收据；

第二，它是承运人与托运人之间订立的海上货物运输合同的证明。但是，因为海运单的不可转让性，决定了它并不是货物的物权凭证。

(二)海运单和提单的区别与联系

(1)提单是货物收据、运输合同的证明、也是物权凭证，海运单只具有货物收据和运输合同这两种性质，它不是物权凭证。

(2)提单可以是指示抬头形式，可以背书流通转让；海运单是一种非流动性单据，海运单上标明了确定的收货人，不能转让流通。

(3)海运单和提单都可以做成"已装船"形式，也可以做成"收妥备运"形式。海运单的正面各栏目的格式和缮制方法与海运提单基本相同，只是海运单收货人栏不能做成指示性抬头，而应缮制确定的具体收货人。

(4)提单的合法持有人和承运人凭提单提货和交货，海运单上的收货人并不出示海运单，仅凭提货通知或其身份证明提货，承运人凭收货人出示的适当身份证明交付货物。

(5)提单有全式和简式提单之分，而海运单是简式单证，背面不列详细货运条款，但载有一条可援用海运提单背面内容的条款。

(6)海运单和记名提单，虽然都具有收货人，不作背书转让。我国法律对于记名提单还是当作提单来看的。但事实上，记名提单不具备物权凭证的性质。所以，虽然在有些国家收货人提货需要出具记名提单，但在有些国家，比如美国，只要能证明收货人身份也可以提货。如此，记名提单在提货时和海运单无异。

二、电子提单

(一)电子提单的定义

电子提单(electronic bill of lading)，是通过 EDI 技术将纸面提单的全部内容与条款以电子数据交换系统进行传送的有关海上货物运输合同证明的电子数据。电子提单不同于传统的书面提单，而是显示在计算机上屏幕上的一系列结构化了的电子数据。有关各方，包括卖方、发货人或托运人、银行、商品检验检疫机构、保险公司、港口、买方和收货人，都以承运人为中心，通过专用计算机密码完成在货物运输过程中的货物交付和所有权的转让。使用电子提单，收货人提货时，不需要出示任何书面文件，只要出示身份证明，由船舶代理验明即可。

电子提单的使用，既解决了因传统提单晚于船舶到达目的港，不便于收货人提取货物的问题，又因其可以防止在流转过程中发生欺诈行为而具有一定的交易安全性，因此电子提单有着广阔的应用前景。

(二)电子提单的流转过程

电子提单的流转是通过 EDI 系统，将有关各方的计算机联成网络而实现的。电子计算机将货物运输合同中的数字、文字、条款等，按特定的规则，转化为电子信息(electronic message)，借助于电子通信设备，从一台计算机转送到另一台计算机上。其完整流转过程是：

（1）托运人向承运人发出订舱电子信息（booking message），承运人确认托运人提出的各项条款。

（2）承运人接受订舱，则电子信息系统自动产生并向托运人发送接收订舱及有关运输合同条件的 EDI 信息，由托运人的 EDI 系统加以确认并通知运输调度，将货物交给承运人或其代理人接管。

（3）托运人的 EDI 系统向海关和商品检验检疫机构的 EDI 系统发送申请报关，商检出口的 EDI 证书，经确认后传送给承运人或其代理人的 EDI 系统批准放行。

（4）承运人或其代理人收到货物后，由 EDI 系统自动向托运人发送收货信息（receipt message），托运人确认后，托运人即成为电子提单的持有人。

（5）货物装船后，大副签发 EDI 收据并由承运人的 EDI 系统发送电子提单给托运人和银行的 EDI 系统，同时给托运人一个更新的电子签名的电讯密码，经托运人确认后即对货物具有了支配权，电子提单签发完结。

（6）托运人的 EDI 系统向银行的 EDI 系统发送电子发票、电子保险单和电子提单等电子单据，经银行确认后即完成结汇。

（7）托运人的 EDI 系统发送信息通知承运人，货物已转移给银行，随后承运人的 EDI 系统销毁与托运人的通讯密码，并向银行提供一个新的通讯密码。

（8）收货人向银行支付货款后，取得对货物的所有权。银行的 EDI 系统向承运人发出电讯通知货物所有权已转移给收货人。

（9）承运人的 EDI 系统向收货人的 EDI 系统发送 EDI 信息确认其控制着货物，并传送电子提单及一个新的通讯密码。

（10）承运人的 EDI 系统向目的港代理人发送 EDI 信息，将货物的说明、船舶情况及收货人的名称通知代理人，由代理人在船到港时，向收货人发出到货通知的 EDI 信息。

（11）收货人得到到货通知后通知运输调度，凭其身份证明在指定地点提货。

（12）收货人实际接收货物后通知承运人，此时，承运人销毁与买方之间的密码。

在电子提单形成和流转过程中，电子提单安全问题是一个非常重要的事情。电子提单的安全关键在于密码的保密性和在传递过程中防止被人偷换，必须严加防范，同时还要加强和完善对电子提单的立法工作。

第四节　海运提单的缮制和签发

一、提单的缮制

海运提单的格式，每家船公司都有自己不同的格式，但各项栏目、内容基本一致。出口商缮制提单和银行审核提单的基本要求是"单证相符"。下面介绍海运提单的缮制及审核中注意事项。

1. 托运人（shipper）

托运人也称发货人（consignor），是指委托运输的当事人。如信用证无特殊规定，应以托运人为受益人。如果受益人是中间商，货物是从产地直接装运的，这时也可以实际卖方为发货人,因为按 UCP600 的规定,如信用证无特殊规定,银行将接受以第三人为发货人的提单。不过此时必须考虑各方面是否可行的问题,同时要确保与信用证、托运单等单证记载相一致。

2. 收货人(consignee)

这是提单的抬头,是银行审核的重点项目。应与托运单中"收货人"的填写完全一致,并符合信用证的规定。根据信用证的规定,收货人可以是记名式、不记名式和指示式,指示式指收货人栏填写"凭指示(to order)"或"凭某某人指定(to order of…)"字样。其中,前者称为不记名指示,也称"空白抬头";后者称为记名指示。

例 1:来证要求 Full set of B/L Consigned to ABC Co.,则提单收货人一栏中填"Consigned to ABC Co."。

例 2:来证要求 B/L issued to order of Applicant,查 Applicant 为 Big A Co.,则提单收货人一栏中填"to order of Big A Co."。

例 3:来证要求 Full set of B/L made out to our order,查开证行名称为 Small B Bank,则提单收货人一栏中填"to order of Small B Bank"或填"to Small B Bank's order"。

3. 被通知人(notify party)

被通知人即买方的代理人,货到目的港时由承运人通知其办理报关提货等手续。具体来说分为以下几种情况:

(1)如果信用证中有规定,应严格按信用证规定填写,如详细地址、电话、电传、传真号码等,以使通知顺利。

(2)如果信用证中没有具体说明被通知人,那么就应将开证申请人名称、地址填入提单副本的这一栏中,而正本的这一栏保持空白或填写买方亦可。副本提单必须填写被通知人,是为了方便目的港代理通知提货事宜。

(3)如果来证中规定"Notify…only",意指仅通知某某,则"Only"一词不能漏掉。

(4)如果信用证没有规定被通知人地址,而托运人在提单被通知人后面加注详细地址,银行可以接受,但无须审核。

4. 前段运输(pre-carriage by)和转船港(port of transhipment)

如果货物需转运,则在此两栏分别填写第一程船的船名和中转港口名称。

5. 船名(vessel)

如果货物需转运,则在这栏填写第二程的船名;如果货物不需转运,则在这栏填写第一程船的船名。是否填写第二程船名,主要是根据信用证的要求,如果信用证并无要求,即使需转船,也不必填写第二程船名。如来证要求 In case transshipment is effected. Name and sailing date of 2ND ocean vessel calling Rotterdam must be shown on B/L(如果转船,至鹿特丹的第二程船船名,日期必须在提单上表示),只有在这种条款或类似的明确表示注明第二程船名的条款下,才应填写第二程船船名。

6. 装运港(port of lading)

(1)应严格按信用证规定填写,装运港之前或之后有行政区的,如 Xingang/Tianjin,应照加。

(2)一些国外开来的信用证笼统规定装运港名称,仅规定为"中国港口"(Chinese ports, Shipment from China to…),这种规定对受益人来说比较灵活,如果需要由附近其他港口装运时,可以由受益人自行选择。制单时应根据实际情况填写具体港口名称。若信用证规定

"Your port",受益人只能在本市港口装运,若本市没有港口,则事先须通知开证人改证。

(3)如信用证同时列明几个装运港(地),提单只填写实际装运的那一个港口名称。

(4)托收方式中的提单,本栏可按合同的买方名称填入。

7. 卸货港(port of discharge)

如果货物的目的地就是目的港,空白这一栏。填写目的港或目的地应注意下列问题:

(1)除 FOB 价格条件外,目的港不能是笼统的名称,如"欧洲主要港口(European main port)",必须列出具体的港口名称。如国际上有重名港口,还应加国名,世界上有 170 多个港口是同名的,例如"Newport"(纽波特)港同名的有五个,爱尔兰和英国各有一个,美国有两个,还有荷属安的列斯一个;"Portsmouth"(朴次茅斯)港也有五个,英国一个,美国四个;"Santa Cruz"(圣克鲁斯)港有七个,其中两个在加那利群岛(Canary Islands),两个在亚速尔群岛(Azores Islands),另外三个分别在阿根廷、菲律宾和美国;而"Victoria"(维多利亚)港有八个,巴西、加拿大、几内亚、喀麦隆、澳大利亚、塞舌尔、马来西亚、格林纳达都有。

(2)如果信用证的目的港后有"In transit to…",在采用 CIF 或 CFR 贸易术语的条件下,不能照加在提单上,只能在其他空白处或唛头内加注此段文字以表示转入内陆运输的费用由买方自理。

(3)美国一些信用证的目的港后有 OCP 字样,应照加在提单上。OCP 即 overland common points,一般叫作"内陆转运地区"。例如 San Francisco OCP,意指货到旧金山港后再转运至内陆。San Francisco OCP Coos Bay,意指货到旧金山港后再转运至柯斯湾。新加坡一些信用证规定"Singapore PSA",PSA 意指 Port of Singapore Authority,即要求在新加坡当局码头卸货。该码头费用低廉,但船舶拥挤,一般船只不愿意停泊该码头,除非承运人同意。

(4)有些信用证规定目的港后有 Free port(自由港),Free zone(自由区),在提单上也可以照加,例如 Aden(亚丁),Aqaba(阿喀巴),Colon(科隆),Beirut(贝鲁特),Port Said(赛得港)这些目的港后应加 Free Zone,买方可凭此享受减免关税的优惠。

8. 最终目的地(final destination)

此栏填写最终目的地的名称。

9. 正本提单的份数(No. of original B/L)

按航运惯例,正本提单通常是一式二份或三份。每份具有同等效力,收货人凭其中任何一份提取货物后,其他几份自动失去效力。但副本提单的份数可视托运人的需要而定。不过,副本提单不能作为物权凭证进行背书转让,只供有关作业的参考。除非信用证另有规定,签发的正本提单必须全套(full set)提交。

例1:full set of B/L,是指全套提单,按习惯作两份正本解释。

例2. :full set (3/3) plus 2 N/N copies of original forwarded through bills of lading,本证要求提交全部制作的三份正本。这里的(3/3)意为:分子的数字指交银行的份数,分母的数字指应制作的份数。N/N (Non-Negotiation)意为不可议付,即副本。

例3:full set less one copy on board marine bills of lading,指应向议付行提交已装船海运提单,是全套正本(至少一份正本)。

例4:2/3 original clean on board ocean bills of lading,指制作三份正本提单,其中两份向议付行提交。

10. **标志和号码**(mark & No.)

标志和号码俗称唛头。唛头是指为了装卸、运输及存储过程中便于识别货物和货主而刷在货物外包装上的运输标志,是提单的一项重要内容,也是提单与货物的主要连接点,也是收货人提货的重要依据。提单上的唛头应与发票等其他单据以及实际货物保持一致,否则会给提货和结算带来困难。一般需要注意下列事项:

(1)如信用证上有具体规定,缮制唛头应以信用证规定的唛头为准;如果信用证上没有具体规定,则以国际贸易合同为准;如果合同上也没有规定,可按买卖双方私下商订的方案或受益人即出口方自定。

(2)唛头内的每一个字母、数字、图形、排列位置等应与信用证规定完全一致,保持原形状,不得随便错位、增减等。

(3)散装货物没有唛头,可以表示"No mark"或"N/M";裸装货物以不同的颜色区别,例如钢材、钢条等刷上红色标志,提单上可以"Red stripe"表示。

11. **件数和包装种类**(number and kind of packages)

本栏填写包装数量和包装单位。包装种类一定要与信用证一致。提单下面应加大写数量,大小写数量要一致。如果散装货物无件数时,如原油、煤炭等,可表示为"In bulk"(散装)。如果是裸装货物,应加件数,如一台机械或一辆汽车,填"1 UNIT";100头猪则应填写"100 HEADS"等,并加大写数量。如果是集装箱运输,由托运人装箱的整箱货可以只填写集装箱数量,如"2 CONTAINER"等。

12. **商品名称**(description of goods)

商品名称应按信用证规定的品名以及其他单据如发票品名来填写,应注意避免不必要的描述。如信用证上商品是"Shoes"(鞋子),绝不能擅自详细描述成"Men's canvas shoes"(男式帆布鞋),或"Ladies' casual shoes"(女式轻便鞋)等。如果品名繁多、复杂,则银行接受用统称表示的品名描述,但不得与信用证中货物的描述有抵触。如果信用证规定以法语或其他语种表示品名时,则应按其语种表示。

13. **毛重(公斤)**[gross weight(kg)]

毛重应与发票或装箱单相符。除信用证另有规定外,一般以千克为单位表示,并取其整数。如裸装货物没有毛重只有净重,应先加"Net weight"或"N. W.",再注具体的净重数量。

14. **尺码**(measurement)

尺码即货物的体积,以立方米为计量单位,小数点以后保留三位。

15. **运费条款**(freight clause)

运费条款应按信用证规定注明。如信用证未明确,可根据价格条件是否包含运费决定如何批注。主要有以下几种情况:

(1)如果是 CIF、CFR 等价格条件,运费在提单签发之前支付者,提单应注 Freight paid(运费已付)或 Freight prepaid(运费预付)。

(2)FOB、FAS 等价格条件,运费在目的港支付者,提单应注明"Freight collect"、"Freight to collect"、"Freight to be collected"(运费到付或运费待收),或注"Freight payable at destination"(运费目的港支付)。

(3)如信用证规定 Charter party B/L acceptable(租船契约提单可以接受),提单内可注明"Freight as per charter party"表示运费按租船契约支付。

(4)如果卖方知道运费金额或船公司不愿意暴露运费费率的情况下,提单可注"Freight paid as arranged"(运费已照约定付讫),或者运费按照约定的时间或办法支付,提单可注"Freight as arranged",或者"Freight payable as per arrangement"。

(5)对于货物的装船费和装卸费等负担问题,经常船方要求在提单上注明有关条款,如"F. I."(Free In):船方不负担装船费。

16. 特殊条款(special condition in B/L)

例1:Bill of lading must specifically state that the merchandise has been shipped or loaded on board a named vessel and/or bill of lading must evidence that merchandise has been shipped or loaded on board a named vessel in the on-board notation. 信用证要求在提单上特别地注明货物装上一只定船名的船。虽然在提单上已有一个栏目填船名,但对方仍然坚持用文字证明。这是对方强调装载船的表示。一般托运人会接受,于是在提单的空白处打上 We certify that the merchandise has been shipped on a ship name ×××.

例2:Bill of lading should mark freight payable as per charter party,evidencing shipment from whampoa, China to U. S, gulf port. 这是要求强调运费根据租船契约支付,并强调装运由中国的黄埔至美国的哥尔夫波特港的特殊条款。在填写提单时,不应因这两项内容已注在栏目中填写而放弃重写一次,应在提单空白处打上 Fright has been payable as per charter party. 和 The shipment has been made from whampoa, China to U. S, gulf port.

例3:来证要求:Terms as intended in relation to name of vessel, port of loading and port of arrival are not acceptable. 这是不允许在有关船名、装运港、目的港表达中出现"预计"字样的条款。在具体制作提单过程中应遵照办理。

例4:来证要求:Issuing company's certificate confirming that the vessel named in B/L is a vessel of a conference line. This document is only to be presented in case of shipment be sea freight. 这是一个限制托运人必须把货物交给班轮公会承运的条款。托运人在收到来证时就应根据实际情况决定是否能做得到。从制作提单的具体方式来看有两种处理办法:其一是由船公司出具一张船籍证,证明装载船是某班轮公会的;其二,由船公司在签发提单时务必在提单上加注证明该船是某班轮公会的。

17. 提单签发地点和日期(place and date of issue)

提单签发的地址通常是承运人收到货物或装船的地址,一般是在装货港或货物集中地签发,但有时也不一致,例如,收到或装运货物在天津新港而签单在天津。国际多式联运提单的签发地一般为收货人所在地或国际多式联运经营人办公地点。

提单签发的日期应当是提单上所列货物实际装船完毕的日期,并且应与大副签署的收货单签发的日期相一致,一般不得晚于信用证规定的装运期,这对出口商能否安全收汇很重要。如果提单正面条款中已有装上船条款(Shipped on board the vessel named above…),在这种情况下签单日期即被视为装船日期。

18. 已装船批注(laden on board the vessel)

有些提单正面没有预先印就的类似已装上船的条款,这种提单便称为备运提单。备运提单转化为已装船提单的方式有两种:

(1)在提单的空白处加"已装船"批注或加盖类似内容的图章。例如"Shipped on Board",有的只加"On Board",然后加装船日期并加提单签发的签字或简签。所谓简签,是指签字人最简单的签字形式,通常只签本人姓名中的一个单词或一个字母来代替正式签字。

(2)在备运提单下端印有专供填写装船条款的栏目:Laden on Board the Vessel,已装船标注。有人称之为"装船备忘录"。装船后,在此栏处加注必要内容,如船名等,填写装船日期并由签字人签字或简签。

二、提单的签发

向托运人签发提单是船公司的一项重要业务,提单内容正确与否将直接关系到承运人的切身利益,也会对托运人和收货人产生重要的影响。

1. 提单的签发人

提单必须经过签署手续后才能生效。有权签发提单的有船长、承运人或其代理人。承运人或其代理人签发时必须表明其身份。特别要注意的是,代理人代表承运人或船长签字或证实时,必须表明所代表的委托人的名称和身份,即注明代理人是代表承运人还是代表船长签字。

(1)承运人签发。作为海上货物运输合同的当事人的一方并承担货物运输责任的承运人,当然有权签发提单,同时必须标明其名称与身份。

(2)船长签发。各国有关海上货物运输的法律都规定船长是承运人的法定代理人,不必经过承运人的授权,船长就有权签发提单,而且与承运人本人签发的提单具有同样的法律效力,同时要求船长必须标明其名称与身份。

(3)代理人签发。由承运人代理人签发提单必须经承运人的委托授权,未经授权,代理人是无权签发提单的。由代理人签发时,必须有代理人名称和身份。

2. 提单签发的方法

提单签发的方法除了传统的手签方法外,只要没有特殊的规定,如信用证不规定必须手签提单,则可以采用印鉴、打孔、盖章或不违反提单签发地所在国家法律的其他机械或电子的方法。

3. 签发提单的份数

提单有正本和副本之分。正本提单一般签发一式两份或三份,这是为了防止提单流通过程中万一遗失时,可以应用另一份正本,签发正本提单的份数应分别记载于所签发的各份正本提单上以使受益方及银行了解全套正本提单的份数。各份正本具有同等效力,所以通常都在提单上列有"承运人或其代理人已签署本提单一式 3 份,其中一份经完成提货手续后,其余各份失效"的字样。副本提单承运人不签署,份数根据托运人和船方的实际需要而定。副本提单只用于日常业务,不具备法律效力,不能凭此提货或转让。正本提单上标注有"ORIGINAL"字样,为了表示该份正本提单是全套提单中的第几份时,应该使用"FIRST ORIGINAL"、"SECOND ORIGINAL"、"THIRD ORIGINAL"等字样,有的国家用"ORIGINAL"、"DUPLI-CATE"、"TRIPLICATE"标注。有"COPY"字样的为副本提单,根据国际商会的相关出版物,标有副本字样的、没有标明正本字样的、无签署的均属于副本提单。

第五节　海运提单的更改、补发和背书

一、提单的更改

由于种种原因,托运人会要求承运人更改提单内容,承运人会据此重新缮制提单,但因更改提单内容而引起的损失和费用,由提出更改要求的托运人承担。提单的更改分为签发前和签发后两种。

1.提单签发前的更改

在实际业务中,提单可能是在托运人办妥托运手续后,货物装船前,在缮制有关货运单证的同时缮制的。在货物装船后,这种事先缮制的提单可能与实际装载情况不符而需要更改或者重新缮制。此外,货物装船后,因托运货物时申报材料有误,或者信用证要求的条件有所变化,或者其他原因,而由托运人提出更改提单内容的要求,在这种情况下,承运人通常都会同意托运人提出的更改提单内容的合理要求,重新缮制提单。

2.提单签发后的更改

如果货物已经装船且已经签发了提单,之后托运人才提出更正的要求,承运人就要考虑各方面的关系后,才能决定是否同意更改。因更改内容而引起的损失和费用,都由提出更改要求的托运人负担。提单的更改要尽可能赶在载货船舶开航之前办理,以减少因此而产生的费用和手续。

二、提单的补发

如果提单签发后遗失,托运人提出补发提单,承运人会根据不同情况进行处理。一般是要求提供担保或保证金,而且还要按照一定的法定程序将提单声明作废。具体来说,可以分为下列两种情况:

(1)正本提单结汇后,在寄送途中遗失。这种情况一旦发生,收货人可在目的港凭副本提单和具有良好信用的银行出具的保证书提取货物,并依据一定的法定程序声明提单作废,而无须另行补发提单。

(2)提单在结汇前遗失。这时,应由托运人提供书面担保,经承运人或其代理人同意后补签新提单并另行编号。同时把有关情况转告承运人在目的港的代理人,并声明原提单作废,以免发生意外纠纷。

三、提单的背书

提单转让的方式一般有两种,背书与交付,背书为提单转让的方式之一。由于提单具有物权凭证的作用,所以不论是何种提单,在转让或提货时,收货人都应在提单的背面签字和盖章。

对于提单的转让,分不同的提单有不同的规定,记名提单不得转让,不记名提单无须背书即可转让,指示提单需经背书或空白背书才可转让。通常所说的背书,是指指示提单在提单持有人需要进行转让时必须完成的,在提单背面明确或不确定受让人,并签名的手续。根据明确

受让人与否,背书可分为记名背书、指示背书和不记名背书。

1. 记名背书

记名背书也称完全背书,是指背书人在提单背面写明被背书人(受让人)的名称,并由背书人(出让人)签名的背书形式。经过记名背书的指示提单将成为记名提单性质的指示提单。

2. 指示背书

指示背书是指背书人(出让人)在提单背面写明"凭×××指示"字样,同时由背书人签名的背书形式。经过指示背书的指示提单还可以继续进行背书,但背书必须连续。

3. 不记名背书

不记名背书也称空白背书,是指背书人(出让人)在提单背面由自己签名,但不记载任何被背书人(受让人)的背书形式。经过不记名背书的指示提单将成为不记名提单性质的指示提单。

四、提单的回收

根据国际公约和各国法律的规定,承运人在交付货物时必须收回提单,并在提单上作"作废"的批注。提单的回收和注销表明承运人已经完成运输合同,提单项下的债权债务因而得以解除,但并不代表提单可能代表的物权终止,因为回收和注销的提单可能是全套提单中未经授权转让的其中一份。

思考与练习

一、简答题

1. 提单有哪些方面的作用?
2. 有关提单的国际公约有哪些?
3. 简述提单的正面内容。
4. 简述提单的背面条款。
5. 什么是海运单和电子提单?

二、案例分析题

1. 2000年11月,我国A公司与菲律宾的B公司商定:A公司为B公司供应红富士苹果6000箱,装货港为中国青岛,卸货港为菲律宾马尼拉港。其后,A公司又与C公司达成协议,由C公司承担A公司的该批货物。2000年12月6日,C公司将A公司的货物装上船并向A公司签发了一式三份的正本提单。该提单载明:托运人为A公司、收货人为B公司、承运人为C公司。提单的正面有一项声明:凡合同或包含在原提单的内容以中国法律为依据,任何由原合同引发的争议和索赔终审权在中国法院而非其他法院。C公司将A公司的货物运至马尼拉港后,C公司在未收回其签发的全套正本提单的情况下于2000年12月17日接受B公司签发的保函,而将该提单项下的货物放给B公司。

2001年1月17日,因单证不符,A公司未收到货款,也未能办理出口退税,且无法享受国家的财政补贴。同时退回的提单项下的货物却已被B公司提走,可谓钱货两失。为此,A公司于2001年6月28日诉之于海事法院,要求C公司承担给其造成的经济损失。

问题:

(1)试分析承运人C公司应否承担无单放货的责任?

(2)此时的保函能否用于对抗 A 公司。

2.2004 年 11 月 8 日,我国 A 公司与日本 B 公司签订出口各式夹克衫贸易合同,贸易术语为 FOB 上海。合同规定,付款方式为信用证,B 公司指定 M 海运公司承运将该批货物从中国上海出运至大阪,M 公司为此签发了以 A 公司为托运人的正本提单。此外,提单上的通知方为 C 公司,收货人记载为"TO ORDER"。由于 B 公司一直没有付款买单,我国 A 公司现仍持有上述提单正本。经调查,涉案货物运抵目的港后,已由前述提单通知人根据 B 公司指示以银行保函形式未凭正本提单向 M 公司提取,即涉案货物已由 M 公司在目的港未收回正本提单即向他人进行了交付。据此,2005 年 10 月 8 日,A 公司诉至海事法院,请求判令被告赔偿相应经济损失 5.9598 万美元及该款自 2004 年 11 月起的利息损失。

问题:

(1)"TO ORDER"的记载形式表明承运人应按哪方的指示发放货物?

(2)M 公司可否凭借银行保函向我国 A 公司进行抗辩?

三、实训

实训一

根据下列资料制作提单。

(一)信用证资料

1. BENEFICIARY: NINGBO NATIONAL I/E CORP.

2. APPLICANT: NEIBOUR HAIS CO. LONDON UK.

3. A FULL SET CLEAN SHIPPED ON BOARD OCEAN BILL OF LADING MADE OUT TO THE ORDER OF BANK OF INDIA, UK MARKED FREIGHT PREPAID NOTIFYING WIN SHIPPING SERVICES, 94 BEATMOND ROAD.

4. SHIPMENT FROM NINGBO TO LONDON.

5. DESCRIPTION OF GOODS: 100 CARTONS OF CHESTNUTS USD 12.00 PER CARTON CIF LONDON.

(二)有关资料

1. 唛头:NH
   LONDON
   NO. 1－100

2. 提单号:453

3. 船名航次:KANGKE V. 372

4. 总毛重:1800KGS

5. 总体积:24.533CBM

6. 提单签发日期:OCT. 10,2005

7. 装运日期:OCT. 11,2005

8. 提单签发单位:SINOTRANS NINGBO CO. 提单签发人:杨晓

实训二

根据下列资料找出提单的错误。

(一)信用证资料

1. APPLICANT：W. BROTHER SILK GARMENTS CO,,LTD
   NO. 1289 CHINATOWN STREET，NEW YORK，USA
2. BENEFICIARY：SHANGHAI SILK GARMENTS IMP & EXP CO,
   21 SHANXI SOUTH ROAD SHANGHAI CHINA
3. LOADING IN CHARGE：SHANGHAI PORT
4. FOR TRANSPORT TO：NEW YORK PORT
5. LATEST DATE OF SHIP. :JULY. 7, 2005
6. DESCRIPTION OF GOODS：SILK GARMENTS
   2000PCS CIF NEW YORK USD12. 00 PER PC
7. FULL SET OF CLEAN ON BOARD OCEAN BILLS OF LADING MADE OUT TO
   THE ORDER OF BANK OF MERCHANT，USA MARKED"FREIGHT PREPAID"
   AND NOTIFY APPLICANT.

(二)其他背景材料

1. 提单号：DOP6345E
2. 货物总毛重：7200.00KGS
3. 货物总件数：100CTNS
4. 货物总尺码：25.50M3
5. 船名和航次：EAST WIND V. 325
6. 唛头：WBSGC
   MADE IN CHINA
   NO. 1－100
7. 集装箱号码：EASH2341F/SEAL NO. L0989
8. 提单签发日期：2005 年 7 月 3 日
9. 装运日期：2005 年 7 月 3 日
10. 提单签发单位：COSCO CONTAINER LINES
    提单签发人：东方扬帆

附件一:海运提单样本

BILL OF LADING FCI FAN CHENG INTERNATIONAL TRANSPORTATION SERVICE CO., LTD. ORIGINA

SHIPPER (PRINCIPAL OR SELLER-LICENSEE AND ADDRESS)		
JIANGSU OVERSEAS GROUP GARMENTS CO., LTD. CITIC MANSION, 348 ZHONGSHAN ROAD, NANJING, CHINA	B/L NO. ESOSK03719673	NUMBER OF ORIGINAL B/L'S THREE
	EXPORT REFERENCES 035UG02D2U89	

CONSIGNED TO	FORWARDING AGENT (NAME AND ADDRESS-REFERENCES)
TO ORDER OF SHIPPER	

NOTIFY PARTY/INTERMEDIATE CONSIGNEE (NAME AND ADDRESS)	
SHINYEI KAISHA, OSAKA BRANCH OSAKA-EKIMAE DAIICHI BLDG, F 1-700, NO3, 1-CHOME, UMEDA, KITA-KU, OSAKA 530 JAPAN AND OMORI KAISOTEN LTD., 23-1 HIGASHI-MACHI, CHUO-KU, KOBE, JAPAN	POINT AND COUNTRY OF ORIGIN
	INLAND ROUTING/EXPORT INSTRUCTIONS
PLACE OF RECEIPT	

VESSEL VOYAGE	PORT OF LOADING	CONTAINER NUMBERS
T TY LAKE V.0329E	SHANGHAI PORT	
PORT OF DISCHARGE	FOR FINAL DESTINATION	
OSAKA, JAPAN	OSAKA, JAPAN	

MARKS AND NUMBERS	NO. OF PKGS	DESCRIPTION OF PACKAGES AND GOODS (PARTICULARS FURNISHED BY SHIPPER)	GROSS WEIGHT	MEASUREME
I/M	599 CARTONS	MEN'S 100PCT COTTON WOVEN TRUNKS MEN'S 100PCT SILK WOVEN TRUNKS CN/SN:GESU2206150/2767046 1X20'FCL OCEAN FREIGHT INCLUDING FAF(BAF)/YAS/EBS PREPAID SHIPMENT EFFECTED BY CONTAINERIZED VESSEL	5352.00KGS	24.66CBM

SAY FIVE HUNDRED AND NINETY NINE CARTONS ONLY

CY-CY SHIPPERS LOAD & COUNT
FREIGHT PREPAID
15 JUL 2003

ON BOARD
庄海民
(5)

FREIGHT RATES, CHARGES, WEIGHTS AND/OR MEASUREMENTS			
SUBJECT TO CORRECTION	PREPAID	COLLECT	
@			
@			
@			
@			
@			
@			
TOTAL OCEAN FREIGHT CHARGES			
OTHER CHARGES			
TOTAL PREPAID			
TOTAL COLLECT			

To obtain Delivery Contact
GINKAI SHIPPING CO., LTD
NIIGATA   TEL: 045 640 3281

15 JUL 2003

SHANGHAI

Dated at
FAN CHENG INTERNATIONAL
TRANSPORTATION SERVICE CO., LTD
庄海民
(5)AS CARRIER

Form No. 1A

BILL OF LADING

国|际|货|运|代|理

附件二：空白提单样本

| 1. Shipper Insert Name, Address and Phone | | 17.B/L No. |

中远集装箱运输有限公司
COSCO CONTAINER LINES

TLX: 13057 COSCO CN
FAX: +86(021)-6545 8984

ORIGINAL

| 2. Consignee Insert Name, Address and Phone |

Port-to-Port or Combined Transport

BILL OF LADING

3. Notify Party Insert Name, Address and Phone

(It is agreed that no responsibility shall attach to the Carrier or his agents for failure to notify)

RECEIVED in external apparent good order and condition except as other-
Wise noted. The total number of packages or unites stuffed in the container,
The description of the goods and the weights shown in this Bill of Lading are
Furnished by the Merchants, and which the carrier has no reasonable means
Of checking and is not a part of this Bill of Lading contract. The carrier has
Issued the number of Bills of Lading stated below, all of this tenor and date,
One of the original Bills of Lading must be surrendered and endorsed or sig-
Ned against the delivery of the shipment and whereupon any other original
Bills of Lading shall be void. The Merchants agree to be bound by the terms
And conditions of this Bill of Lading as if each had personally signed this Bill
of Lading.
SEE clause 4 on the back of this Bill of Lading (Terms continued on the back
Hereof, please read carefully).
*Applicable Only When Document Used as a Combined Transport Bill of Lading.

Combined Transport * Pre - carriage by	Combined Transport* Place of Receipt
4. Ocean Vessel Voy. No.	5. Port of Loading
6. Port of Discharge	Combined Transport * Place of Delivery

7.Marks & Nos. Container / Seal No.	8.No. of Containers or Packages	9.Description of Goods (If Dangerous Goods, See Clause 20)	10.Gross Weight Kgs	11.Measurement
		Description of Contents for Shipper's Use Only (Not part of This B/L Contract)		

12. Total Number of containers and/or packages (in words)
   Subject to Clause 7 Limitation

Freight & Charges	Revenue Tons	Rate	Per	Prepaid	Collect
Declared Value Charge					

| Ex. Rate: | Prepaid at | Payable at | 14.Place and date of issue | |
| | Total Prepaid | 13.No. of Original B(s)/L | 16.Signed for the Carrier, COSCO CONTAINER LINES | |

LADEN ON BOARD THE VESSEL
I5.DATE   BY

第五章
国际陆路货运代理

内容简介

国际货运代理企业为了给客户提供一站式服务,实现"门到门"的运输,陆运代理业务就成为企业必不可少的业务种类。本章对国际公路货物运输业务、国际铁路联运业务的概念、特点、作用、单据缮制、费用核算等相关知识进行了详细的介绍,为从事国际陆路货运代理业务提供一些参考。

教学目标

1. 知识目标

(1)掌握国际公路货物运输的基本业务;

(2)掌握国际铁路货物联运的基本业务;

(3)掌握公路运单与铁路运单的主要内容及填制规范;

(4)掌握公路、铁路运费的计收方式。

2. 技能目标

(1)国际公路货物运输代理操作;

(2)国际铁路货物联运代理操作;

(3)能正确缮制运单;

(4)能正确计收运费。

教学要求

1. 通过本章的教学,使学生了解并掌握公路运输及代理业务相关知识,国际铁路货物联运及代理业务相关知识。

2. 通过本章的训练,使学生能够顺利操作公路运输代理业务与国际铁路货物联运代理业务及运单缮制、运费计收,为国际货运代理从业人员从事陆运业务打下基础。

案例导入

运动服出口俄罗斯货运代理业务

青岛荣华贸易公司是一家专门从事运动服装出口的企业,该企业在国内订单式生产运动服装,然后出口到俄罗斯、蒙古等国家,与外国公司有着多年的贸易关系。2012 年 9 月 20 日荣华贸易公司委托青岛劲达国际货运代理公司代理货运出口。

引导思路

1. 青岛劲达国际货运代理公司将选择何种运输方式?
2. 青岛劲达国际货运代理公司如何办理此项业务?

第一节　国际公路货物运输概述

公路货物运输是在公路上运送货物的运输方式,是现代运输主要方式之一,同时,也是构成陆上货物运输的两个基本运输方式之一。它在整个运输领域中占有重要的地位,并发挥着愈来愈重要的作用。现代所用运输工具主要是汽车。因此,公路运输一般即指汽车运输。

一、国际公路货物运输的概念

国际公路货物运输是指起运地点、目的地点或约定的经停地点位于不同的国家或地区的公路货物运输。在我国,只要公路货物运输的起运地点、目的地点或约定的经停地点不在我国境内均构成国际公路货物运输。目前,世界各国的国际公路货物运输一般以汽车作为运输工具,因此,国际公路货物运输与国际汽车货物运输这两个概念往往可以相互替代。

二、国际公路货物运输的特点

国际公路货物运输,除了具有适应性强、机动灵活、直达性能好、运输成本较高、运行持续性较差、对环境污染影响较大等特点之外,还具有以下特点:

(1)可以广泛参与国际多式联运;
(2)是邻国间边境贸易货物运输的主要方式;
(3)按有关国家之间的双边或多边公路货物运输协定或公约运作。

三、国际公路货物运输的作用

目前,主要是利用公路运输在中、短程货物运输方面的优势,承担以下几个方面的进出口货物运输业务。

(1)公路运输的特点决定了它最适合于短途运输。它可以将两种或多种运输方式衔接起来,实现多种运输方式联合运输,做到进出口货物运输的“门到门”服务。

(2)公路运输可以配合船舶、火车、飞机等运输工具完成运输的全过程,是港口、车站、机场集散货物的重要手段。尤其是鲜活商品、集港疏港抢运,往往能够起到其他运输方式难以起到的作用。可以说,其他运输方式往往要依赖汽车运输来最终完成两端的运输任务。

(3)公路运输也是一种独立的运输体系,可以独立完成进出口货物运输的全过程。公路运输是欧洲大陆国家之间进出口货物运输最重要的方式之一。我国的边境贸易运输、港澳货物运输,其中有相当一部分也是靠公路运输独立完成的。

(4)集装箱货物通过公路运输实现国际多式联运。集装箱由交货点通过公路运到港口装船,或者相反。美国陆桥运输,我国内地通过香港的多式联运都可以通过公路运输来实现。

四、国际公路货运公约和协定

为了统一公路运输所使用的单证和承运人的责任,联合国所属欧洲经济委员会负责草拟了《国际公路货物运输合同公约》,简称CMR,并在1956年5月19日在日内瓦欧洲17个国家参加的会议上一致通过并签订。该《公约》共有十二章五十一条,就适用范围、承运人责任、合同的签订与履行、索赔和诉讼以及承运人履行合同等等都做了较为详细的规定。

此外,为了有利于开展集装箱联合运输,使集装箱能原封不动地通过经由国,联合国所属欧洲经济委员会成员国之间于1956年缔结了关于集装箱的关税协定。参加该协定的签字国,有欧洲21个国家和欧洲以外的7个国家。协定的宗旨是相互间允许集装箱免税过境,在这个协定的基础上,根据欧洲经济委员会倡议,还缔结了《国际公路车辆运输规定》(Transport International Routier 简称 TIR),根据规则规定,对集装箱的公路运输承运人,如持有 TIR 手册,允许由发运地到达目的地,在海关签封下,中途可不受检查、不支付关税、也可不提供押金。这种 TIR 手册是由有关国家政府批准的运输团体发行,这些团体大都是参加国际公路联合会的成员,它们必须保证监督其所属运输企业遵守海关法规和其他规则。协定的正式名称是"根据 TIR 手册进行国际货物运输的有关关税协定。"(Customs Convention on the International Transport of Goods under Cover of TIR Carnets)。该协定有欧洲23个国家参加,并已从1960年开始实施。

尽管上述《公约》和协定有地区性限制,但它们仍不失为当前国际公路运输的重要国际公约和协定,并对今后国际公路运输的发展具有一定影响。

五、国际公路货运合同

(一)国际公路货运合同的概念

国际公路货运合同是指合同中规定的接管和交付货物的地点位于不同国家,承运人以营运车辆进行货运,托运人支付运费并明确合同双方当事人权利、义务关系的合同。其中营运车辆,是指用于国际货运公路营运的机动车、拖挂车、拖车和半拖车等公路交通货运工具。国际公路货运合同的当事人是托运人(又称发货人)和承运人。承运人的代理人、受雇人或其他受雇为履行运输合同服务的人员,在承运人授权范围或雇佣范围内的行为,视同承运人本人的行为,由承运人承担所产生的一切权利义务。代托运人与承运人订立国际公路货运合同,须有托运人的授权委托证明,在托运人授权范围内所为的一切行为,直接由托运人承担其权利义务。

在国际公路货运业务中,常常把运单视为运输合同而不另订运输合同。

国际公路货运合同是双方合同,必须由合同双方当事人的意思表示一致,合同方可成立。合同应当是合法行为,应符合有关的国际规则,如汉堡规则和有关国家的法律,不得妨碍社会公共秩序,不得损害他人利益。

国际公路货运合同的条款直接或间接违背有关国际公约或有关国家法律的,则合同无效。特别是给予承运人的保险利益或其他类似条款或任何转嫁举证责任的条款均属无效。但是该条款无效并不影响其他条款的效力。

(二)合同双方当事人的权利义务及履行

1.填写运单的义务和责任

托运人(发货人)应对由于下列事项不确切或不当,致使承运人遭受的损失负责:托运人(发货人)名称和地址;货物接管的地点及日期和指定交付地点;收货人名称和地址;货物品名、包装方法及危险货物性能;货物件数及其特殊标志和号码;货物毛重或以其他方式表示的数量;办理海关和其他手续所必需的通知;不允许转运的说明;托运人(发货人)负责支付的费用;"现款交货"费用的金额;货物价值和交货优惠利息金额的声明;托运人(发货人)关于货物保险给予承运人的指示;议定的履行运输的时效期限;交付承运人的单据清单;托运人(发货人)为使运单签发或目的在于将其列入运单而给予的任何其他事项或指示。

如果承运人应托运人(发货人)要求,将上述事项列入运单,除非有相反证明,则应认为承运人对此认可,接受其条件。

如果运单未包含无条件遵守有关国际公约规定的说明,承运人应对由于有权处置货物者的不作为所遭受的一切损失负责。

2.接管货物

承运人接管货物时,应核对运单中对件数及其标志和号码申报的准确性,以及货物的外表状况及其包装。托运人(发货人)应有权要求承运人核对货物的毛重或以其他方式表示的数量,也可要求对货物的内容进行核对。承运人有权对此种核对产生的费用提出索赔。核对结果应记入运单中。如运单中未包含承运人的特殊保留条件,除非有相反证明,则应认为当承运人接管货物时,货物和包装外表状况良好,件数、标志和号码与在运单中的说明相符。

3.办理海关及其他手续

接管货物后,应办理海关及其他手续。

4.货物处置权

托运人(发货人)有权处置货物,特别是以要求承运人停止在途货物运输的方式来改变货物交付地点或将货物交付给非运单所指定的收货人。当第二份运单交给收货人时或当收货人要求承运人交付第二份运单和货物或者因货物灭失或延迟交付,收货人行使其权利时,则托运人的货物处置权即告终止。自此以后,承运人应听从收货人的指令。

如果发货人在运单中注明收货人有权自运单签发之时起处置货物,则收货人自运单签发时享有货物处置权。如收货人在行使其处置货物的权利时,已指示将货物交给另一方,那么其他人无权再指定其他收货人。

托运人(发货人)与收货人行使货物处置权应符合下列条件:

(1)发货人或在运单中已注明收货人自运单签发之时起有权处置货物的收货人,出示上面已列明对承运人的新指示的第一份运单并向承运人赔偿由于执行该指示所涉及的所有费用和损失。

(2)该指示并不造成货物的分票。

(3)当指示到达执行人手中时执行该指示是可能的,同时既不干扰承运人的正常工作的进行,也不妨碍其他货物的发货人或收货人。

5.货物交付与处置

(1)货物到达指定的交货地点后,收货人有权凭收据要求承运人将第二份运单和货物交付。同时,应支付运单中所应支付的费用。

如果由于某种原因或者根据运单规定的条件,在货物到达指定交货地点前执行合同已经成为不可能,承运人应按规定从有权处置货物者处取得指示。但是,如果承运人不能根据规定在合理时间内从有权处置货物者处取得指示,他应采取他认为对有权处置货物者最有利的措施。

如果货物到达指定交付地点后的情况妨碍货物交付,承运人应要求托运人(发货人)给予指示。如果收货人拒绝接货,托运人(发货人)应有权处置货物而无须出示第一份运单。

(2)当收货人行使运单中托运人授予的货物处置权而指示将货物交付另一人后发生交货受阻的情况,承运人应要求原收货人给予指示。承运人向有权处置货物者取得指示或执行变更交货的指示,有权享受偿还因取得或执行该项指示而发生的费用的权利。

(3)承运人在成为有权处置货物者的情况下,可立即卸货,自此以后运输应视作终结。然后,承运人应代表有权处置货物者掌管货物。但承运人也可将货物委托给第三方掌管。

如果货物易腐或货物的状况证明易腐,或者栈租费超过货物的价值,承运人可出售货物而无须等待有权处置货物者的指示。如货物已按上述条件被出售,在出售的货款中扣除由货方承担之费用后的余额应归有权处置货物者所支配。出售货物的手续,由货物所在地的法律或习惯来确定。

第二节 公路运输费用及公路运单

一、公路货物运单

(一)公路货物运单含义

公路货物运单是公路货物运输及运输代理的合同凭证,是运输经营者接收货物并在运输期间负责保管和据以交付的凭据,也是记录车辆运行和行业统计的原始凭证。

(二)公路货物运单的种类

公路货物运单分为甲、乙、丙三种。甲种运单适用于普通货物、大件货物、危险货物等货物运输和运输代理业务;乙种运单适用于集装箱汽车运输;丙种运单适用于零担货物运输。

承、托运人要按道路货物运单内容逐项如实填写,不得简化、涂改。承运人或运输代理人接收货物后应签发道路货物运单,道路货物运单经承、托双方签章后有效。

甲、乙种道路货物运单,第一联存根,作为领购新运单和行业统计的凭据;第二联托运人存查联,交托运人存查并作为运输合同当事人一方保存;第三联承运人存查联,交承运人存查并作为运输合同当事人另一方保存;第四联随货同行联,作为载货通行和核算运杂费的凭证,货物运达、经收货人签收后,作为交付货物的依据。

丙种道路货物运单,第一联存根,作为领购新运单和行业统计的凭证;第二联托运人存查联,交托运人存查并作为运输合同当事人一方保存;第三联提货联,由托运人邮寄给收货人,凭此联提货,也可由托运人委托运输代理人通知收货人或直接送货上门,收货人在提货联收货人签章处签字盖章,收、提货后到到达站收回;第四联运输代理人存查联,交运输代理人存查并作为运输合同当事人另一方保存;第五联随货同行联,作为载货通行和核算运杂费的凭证,货物运达、经货运站签收后,作为交付货物的依据。丙种道路货物运单与汽车零担货物交接清单配套使用。承运人接收零担货物后,按零担货物到站次序,分别向运输代理人签发道路货物运单(丙种)。已签订年、季、月度或批量运输合同的,必须在运单"托运人签章或运输合同编号"栏目注明合同编号,托运人委托发货人签章。批次运输任务完成或运输合同履行后,凭运单核算运杂费,或将随货同行联(第五联)汇总后转填到合同中,由托运人审核签字后核算运杂费。道路货物运输和运输代理经营者凭运单开具运杂费收据。运输危险货物必须使用在运单左上角套印"道路危险货物运输专用章"的道路货物运单(甲种),方准运行。

国际公路货物运输合同公约(CMR)运单一式3联。发货人和承运人各持运单的第一、三联,第二联随货物走。CMR运单不是议付或可转让的单据,也不是所有权凭证。CMR运单必须记载下列事项:运单签发日期和地点,发货人、承运人、收货人的名称和地址,货物交接地点、日期,一般常用货物品名和包装方法,货物重量、运费,海关报关须知等。例如,图5-1是国际汽车货物运单样图。

(三)公路货物运单的签发

运输合同应以签发运单来确认。无运单、运单不正规或丢失不影响运输合同的成立或有效性。

运单应签发有托运人(发货人)和承运人签字的三份正本,这些签字可以是印刷的或经运单签发国的法律允许,可由托运人(发货人)和承运人以盖章代替。第一份应交托运人(发货人),第二份应交付跟随货物,第三份应由承运人留存。当待装货物在不同车内或装有不同种类货物或数票货物,托运人(发货人)或承运人有权要求对使用的每辆车、每种货或每票货分别签发运单。

(四)公路货物运单内容

公路货物运单应包括下列事项:

(1)运单签发日期和地点;

(2)托运人(发货人)名称和地址;

(3)承运人名称和地址;

(4)货运接管的地点及日期和指定的交付地点;

(5)收货人名称和地址;

(6)一般常用的货物品名和包装方法,如属危险货物,说明通常认可的性能;

(7)件数和其特殊标志和号码;

(8)货物毛重或以其他方式表示的数量;

(9)与运输有关的费用(运输费用、附加费用、关税和从签订合同到交货期间发生的其他费用);

(10)办理海关和其他手续所必需的通知;

(11)不管有任何相反条款,该运输必须遵照有关国际公约各项规定的说明;

(12)不允许转运的说明;

(13)托运人(发货人)负责支付的费用;

(14)"现款交货"费用的金额;

国际汽车货物运单

CMT   No：

1.发货人 名称 国籍　　　　市			2.收货人 名称 国籍　　　　市		
3.装货地点 国籍　　　　市 街			4.卸货地点 国籍　　　　市 街		
5.标记和号码	6.件数	7.包装种类	8.货物名称	9.体积(m³)	10.毛重(kg)

a.进/出口许可证 NO：　　　从　　　在　　　　　　　　　　　　　　海关		
b.货物声明价值		
c.发货人随附单证		
d.订单或合同号	包括运费交货点	
e.其他指示	不包括运费交货点	

11.运送特殊条件	13.应付运费　发货人	币别	收货人
12.承运人意见	运费		
14.承运人			
	共计		

编制日期	16.收到本运单货物日期
15.到达装货　　　时　　　分 离去　　　时　　　分 发货人签字盖章 承运人签字盖章	17.达到装货　　　时　　　分 离去　　　时　　　分 收货人 签字盖章

18.海关机构记载	19.收货人可能提出的意见	20.汽车号 拖车号 司机姓名 行车许可证号
		21.运输里程 过境里程 收货人境内里程 共计

图 5-1　国际汽车货物运单

155

(15)货物价值和交货优惠利息金额的声明;

(16)托运人(发货人)关于货物保险所给予承运人的指示;

(17)议定的履行运输的时效期限;

(18)交付承运人的单据清单。

此外,还可以在运单上列上认为有用的其他事项。

(五)公路运输运单的填写要求

(1)一张运单托运的货物必须是同一托运人;对拼装分卸的货物应将每一拼装或分卸情况在运单记事栏内注明。

(2)易腐、易碎、易溢漏的液体、危险货物与普通货物以及性质相抵触、运输条件不同的货物,不得用一张运单托运。

(3)一张运单托运的件货,凡不是具备同品名、同规格、同包装的,以及搬家货物,应提交物品清单。

(4)托运集装箱时应注明箱号和铅封印文号码,接运港、站的集装箱,还应注明船名、航次或车站货箱位,并提交装箱清单。

(5)轻泡货物按体积折算重量的货物,要准确填写货物的数量、体积、折算标准、折算重量及其有关数据。

(6)托运人要求自理装卸车的,经承运人确认后,在运单内注明。

(7)托运人委托承运人向收货人代递有关证明文件、化验报告或单据等,须在托运人记事栏内注明名称和份数。

(8)托运人对所填写的内容及所提供的有关证明文件的真实性负责,并签字盖章;托运人或承运人改动运单时,亦须签字盖章说明。

(9)托运货物时应注意:①在普通货物中不得夹带危险、易腐、易溢漏货物和贵重物品、货币、有价证券、重要票据;②托运超限货物,托运方应提供该货物的说明书;鲜活物品,托运方须向车站说明最长的允许运输期限;托运政府法令禁运、限定以及需要办理卫生检疫、公安监理等手续的货物,应随附有关证明。

二、公路运输费用

(一)公路货物运输计价标准

1. 计费重量

(1)计量单位:①整批货物运输以吨为单位;②零担货物运输以千克为单位;③集装箱运输以箱为单位。

(2)重量确定:①一般货物,按毛重计算;②整批货物吨以下计至 100 千克,尾数不足 100 千克的,四舍五入;③零担货物起码计费重量为 1 千克,重量在 1 千克以上,尾数不足 1 千克的,四舍五入;④零担运输轻泡货物以货物包装最长、最宽、最高部位尺寸计算体积,按每立方米折合 333 千克计算重量。

(3)包车运输按车辆的标记吨位计算。

(4)散装货物按体积由各省、自治区、直辖市统一规定重量换算标准计算重量。

2.计费里程

货物运输计费里程以千米为单位,尾数不足 1 千米的,进整为 1 千米。

3.计时包车货运计费时间

包车货运计费时间以小时为单位。起码计费时间为 4 小时;使用时间超过 4 小时,按实际包用时间计算。整日包车,每日按 8 小时计算;使用时间超过 8 小时,按实际使用时间计算。时间尾数不足半小时舍去,达到半小时进整为 1 小时。

4.运价单位

①整批运输:元/吨·千米;②零担运输:元/千克·千米;③集装箱运输:元/箱·千米;④包车运输:元/吨位·小时。

(二)公路货物运价

1.基本运价

(1)整批货物基本运价:指整批普通货物在等级公路上运输的每吨千米运价。

(2)零担货物基本运价:指零担普通货物在等级公路上运输的每千克千米运价。

(3)集装箱基本运价:指各类标准集装箱重箱在等级公路上运输的每箱千米运价。

2.吨(箱)次费

(1)吨次费:对整批货物运输在计算运费的同时,按货物重量加收吨次费。

(2)箱次费:对汽车集装箱运输在计算运费的同时,加收箱次费。箱次费按不同箱型分别确定。

3.普通货物运价

普通货物实行等级计价,分为三个等级。以一等货物为基础,二等货物加成 15%,三等货物加成 30%。

4.特种货物运价

(1)长大笨重货物运价,分为两级。一级长大笨重货物在整批货物基本运价的基础上加成 40%~60%。二级长大笨重货物在整批货物基本运价的基础上加成 60%~80%。

(2)危险货物运价,分为两级。一级危险货物在整批(零担)货物基本运价的基础上加成 60%~80%。二级危险货物在整批(零担)货物基本运价的基础上加成 40%~60%。

(3)贵重、鲜活货物运价。贵重、鲜活货物在整批(零担)货物基本运价的基础上加成 40%~60%。

5.特种车辆运价

按车辆的不同用途,在基本运价的基础上加成计算。特种车辆运价和特种货物运价两个价目不准同时加成使用。

6.非等级公路货运运价

非等级公路货物运价在整批(零担)货物基本运价的基础上加成 10%~20%。

7.快速货运运价

快速货物运价按计价类别在相应运价的基础上加成计算。

8.集装箱运价

(1)标准集装箱运价。标准集装箱重箱运价按照不同规格的箱型的基本运价执行,标准集装箱空箱运价在标准集装箱重箱运价的基础上减成计算。

(2)非标准箱运价。非标准箱重箱运价按照不同规格的箱型,在标准集装箱基本运价的基础上加成计算,非标准集装箱空箱运价在非标准集装箱重箱运价的基础上减成计算。

(3)特种箱运价。特种箱运价在箱型基本运价的基础上按装载不同特种货物的加成幅度加成计算。

9.出入境汽车货物运价

出入境汽车货物运价,按双边或多边出入境汽车运输协定,由两国或多国政府主管机关协商确定。

(三)公路货物运输其他收费

1.调车费

应托运人要求,车辆调往外省、自治区、直辖市或调离驻地临时外出驻点参加营运,调车往返空驶者,可按全程往返空驶里程、车辆标记吨位和调出省基本运价的50%计收调车费。

2.延滞费

(1)发生下列情况,应按计时运价的40%核收延滞费。

①因托运人或收货人责任引起的超过装卸时间定额;

②应托运人要求运输特种或专项货物需要对车辆设备改装、拆卸和清理延误的时间;

③因托运人或收货人造成不能及时装箱、卸箱、掏箱、拆箱、冷藏箱预冷等。

(2)由托运人或收、发货人责任造成的车辆在国外停留延滞时间延滞费按计时包车运价的60%~80%核收。

(3)因承运人责任引起货物运输期限延误,应根据合同规定,按延滞费标准,由承运人向托运人支付违约金。

3.装货(箱)落空损失费

应托运人要求,车辆开至约定地点装货(箱)落空造成的往返空驶里程,按其运价的50%计收装货(箱)落空损失费。

4.道路阻塞停运费

汽车货物运输过程中,如发生自然灾害等不可抗力造成的道路阻滞,无法完成全程运输,需要就近卸存、接运时,卸存、接运费用由托运人负担。已完运程收取运费;未完运程不收运费;托运人要求回运,回程运费减半;应托运人要求绕道行驶或改变到达地点时,运费按实际行驶里程核收。

5.车辆处置费

应托运人要求,运输特种货物、非标准箱等需要对车辆改装、拆卸和清理所发生的工料费用,均由托运人负担。

6.车辆通行费

车辆通过收费公路、渡口、桥梁、隧道等发生的收费,均由托运人负担。

7.运输变更手续费

托运人要求取消或变更货物托运手续,应核收变更手续费。因变更运输,承运人已发生的有关费用,应由托运人负担。

(四)公路货物运费计算

公路货物运费,根据不同情况,用不同公式计算。

1.整批货物运费计算

整批货物运费=吨次费×计费重量+整批货物运价×计费重量×计费里程+货物运输其他费用

158

2.零担货物运费计算

零担货物运费＝计费重量×计费里程×零担货物运价＋货物运输其他费用

3.集装箱运费计算

重(空)集装箱运费＝重(空)箱运价×计费箱数×计费里程＋箱次费×计费箱数＋
货物运输其他费用

4.计时包车运费计算

包车运费＝包车运价×包用车辆吨位×计费时间＋货物运输其他费用

第三节　公路运输货运代理操作流程

公路运输代理业已经渗透到公路运输领域内的各个角落,成为公路运输的重要组成部分,其作用也得到各方面的认同。下面具体介绍一下公路运输货运代理基本操作流程。

(一)接单

公路运输主管从客户处接受(传真)运输发送计划,公路运输调度从客户处接出库提货单证并及时核对单证。

(二)登记

运输调度在登记表上分送货目的地、分收货客户、标定提货号码。司机(指定人员及车辆)到运输调度中心拿提货单,并在运输登记本上确认签收。

(三)调用安排

填写运输计划、运输在途、送到情况,追踪反馈表,并用电脑输出相应的单据。

(四)车队交接

根据送货方向、重量、体积统筹安排车辆。报运输计划给客户处,并确认到厂提货时间。

(五)提货发运

按时到达客户提货仓库,检查车辆情况,办理提货手续。提货完毕时,注意盖好车棚,锁好箱门,办好出厂手续,并及时电话通知收货客户预达时间。

(六)在途追踪

建立好收货客户的档案。司机及时反馈途中信息,与收货客户通过电话保持联系,及时通报送货情况。认真填写跟踪记录,有异常情况立即与客户取得联系。

(七)到达签收

通过电话或传真确认到达时间。司机将回单用 EMS 或 FAX 传真回运输公司,签收运输单,定期将回单送至客户处。将当地市场的情况及时反馈给客户。

(八)回单

按时准确到达指定卸货地点,将货物交接给收货客户,尽量做到百分之百签收,保证运输产品的数量和质量与客户出库单一致。并帮助了解收货人对客户产品在当地市场的销售情况。

(九)运输结算

整理好收费的各种票据,做好收费汇总表交至客户,经客户确认后交回结算中心。结算中心开具发票,向客户收取运费及相关费用。

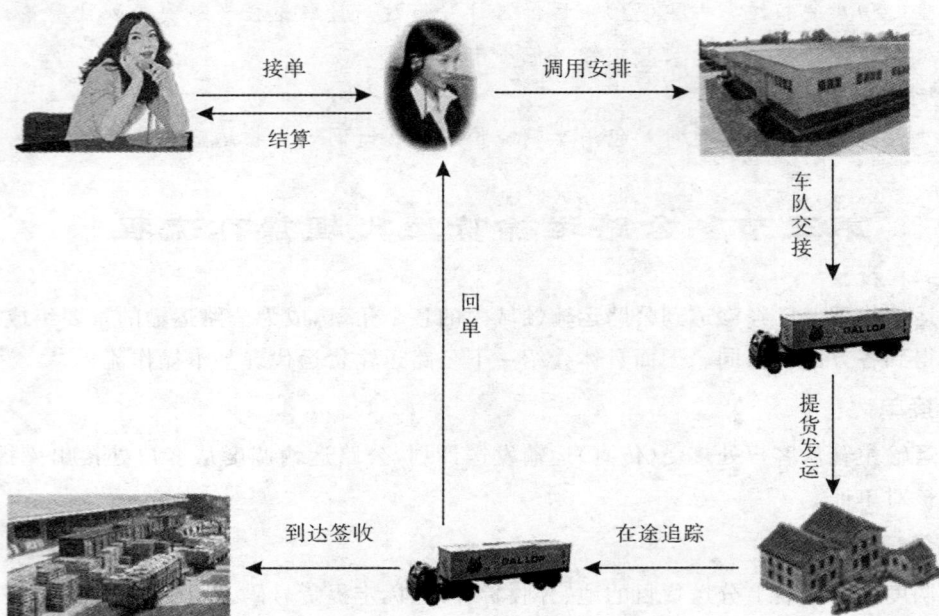

图 5-2 公路运输货运代理操作流程

第四节 国际铁路货物联运概述

一、国际铁路联运的含义

国际铁路联运是指使用一份统一的国际铁路联运票据,由跨国铁路承运人办理两国或两国以上铁路的全程运输,并承担运输责任的一种连贯运输方式。

在两个或两个以上的国家的全程铁路运输过程中无须发、收货人参加,由铁路部门负责从接货到交货的全过程。

二、国际铁路货物联运的特征

国际铁路货物联运具有以下特征:

(1)涉及面广。每运送一批货物都要涉及两个和两个以上国家、几个国境站。

(2)货物运输条件高。要求每批货物的运输条件如包装、转载、票据的编制、添附文件及车辆使用都要符合有关国际联运的规章、规定。

(3)办理手续复杂。货物必须在两个或两个以上国家铁路参加运送,在办理国际铁路联运时,其运输票据、货物、车辆及有关单证都必须符合有关规定和一些国家的正当要求。

(4)使用一份铁路货物联运票据完成货物的跨国运输。

(5)国际铁路货物联运运输责任方面采用统一责任制。

(6)国际铁路货物联运仅使用铁路一种运输方式。

三、国际铁路货物联运的两大系统

(一)国际铁路货物运输公约

《国际铁路货物运输公约》(Convention Concerning International Carriage of Goods by Rail,CIM），简称《国际货约》，是关于铁路货物运输的国际公约。它是在1890年制订的《国际铁路货物运送规则》(简称《伯尔尼公约》)基础上发展起来的。1961年2月25日由奥地利、法国、西德、比利时等国在瑞士伯尔尼签订，又于1970年2月7日修订，修订后的《国际货约》于1975年1月1日生效。国际铁路运输中央事务局总部设在伯尔尼。

《国际货约》分6部分，共70条和4个附件。其主要内容包括：第1部分，公约的目的和适用范围(第1—5条)；第2部分，运输合同(第6—25条)；第3部分，责任、法律诉讼(第26—53条)；第4部分，各种规定(54—61条)；第5部分，特殊规定(第62—64条)；第6部分，最终规定(第65—70条)。附件1，危险物品铁路运输国际规章；附件2，国际铁路运输中央事务局规章；附件3，修订委员会和专家委员规则；附件4，仲裁规则。

《国际货约》适用于至少两个缔约国之间的铁路联运。铁路的运输单据称为运单，内容包括接货地点、日期和交货地点及货物质量情况、件数、标记等，是运输合同成立的证据。承运人对货物的灭失、残损或延误负责，但由索赔人的错误行为、货物的内在缺陷或承运人所不能避免的原因造成者除外，责任豁免的举证责任在于承运人。承运人的责任限制为每公斤50金法郎，但由承运人的有意错误行为或严重错误所造成的损害的赔偿限额为上述赔偿限额的2倍。对承运人的诉讼时效为1年。但涉及承运人欺诈或有意错误行为的案件，诉讼时效为2年。

在《国际货约》的成员国中，有的同时还参加了《国际货协》，即参加《国际货约》国家的进出口货物，可以通过铁路直接转运到的《国际货协》成员国，它为国际铁路货物的运输提供了便利的条件。

(二)国际铁路货物联运协定

《国际铁路货物联运协定》(Agreement Concerning International Carriage of Goods by Rail)是关于国际铁路货物联运多边条约，简称《国际货协》，1951年由苏联、罗、匈、波等7个东欧国家签订。中国、朝鲜、蒙古于1953年7月加入该协定。《国际货协》自签订以后至1971年先后经过多次修改和补充。现行的是1971年4月经铁路合作组织核准，并从1974年7月1日起生效的文本。协定共分8章，包括：总则、运输契约的缔结、运输契约的履行和变更、铁路责任、赔偿请求、诉讼、赔偿请求时效、各铁路间的清算及一般规定，共40条。主要内容规定了协定适用的范围，运输合同的订立，货物运送组织、运送条件、运送费用计算核收办法，铁路与发、收货人之间的权利与义务以及赔偿和诉讼的问题。此外，在法律适用上，凡《国际货协》有规定，而国内规章也有规定时，不论两者是否相同，应适用《国际货协》的规定。但在两邻国铁路间有特殊规定时，应按其规定的条件办理。《国际货协》中没有规定的事项，适用国内铁路规章。它强调国际铁路货物运输是通过签订合同来设立和实现的，因此它对合同的缔结、双方当事人的权利与义务、责任的划分与索赔等做了详细规定。

《国际货协》是参加国际货物联运协定各国铁路和发、收货人办理货物联运所必须共同遵守的基本文件,是调整我国与该协定参加国之间铁路货物运输的主要法律依据。

四、国际铁路联运的范围

国际铁路联运的范围主要有以下方面:

(1)同参加国际货协和未参加国际货协但采用国际货协规定的铁路间的货物运送,铁路从发站以一份运送票据负责运送至最终到站交付给收货人。

(2)同未参加国际货协铁路间的货物运送,发货人在发送路用国际货协运送票据办理至参加国际货协的最后一个过境路的出口国境站,由该站站长或收货人、发货人委托的收转人转运至最终到站。

(3)通过过境铁路港口站的货物运送。从参加国际货协铁路的国家,通过参加国际货协的过境铁路港口,向其他国家(不论这些国家的铁路是否参加国际货协)或者相反方向运送货物时,用国际货协运送票据只能办理至过境铁路港口站止或者从这个站起开始办理,由港口站的收转人办理转发送。

五、国际铁路货物联运的办理种别

(一)国际铁路货物联运办理种别分为整车、零担和大吨位集装箱

(1)整车,是指按一份运单托运的按其体积或种类需要单独车辆运送的货物。

(2)零担,是指按一份运单托运的一批货物,重量不超过 5000 公斤,按其体积或种类不需要单独车辆运送的货物。但如有关铁路间另有商定条件,也可不适用国际货协整车和零担货物的规定。

(3)大吨位集装箱,是指按一份运单托运的,用大吨集装箱运送的货物或空的大吨位集装箱。

(二)根据货物的不同在办理托运时应注意的问题

1. 不能按零担托运的货物

下列货物不能按零担托运:

(1)需要冷藏、保温或加温运输的货物;

(2)规定需按整车办理的危险货物;

(3)易于污染其他货物的污秽品;

(4)蜜蜂;

(5)不易计算件数的货物;

(6)未装容器的活动物(铁路局规定在管内可按零担运输的除外);

(7)一件货物重量超过 2 吨,体积超过 3 立方米或长度超过 9 米的货物(经发站确认不致影响中转站和到站装卸车作业的除外)。

2. 不能使用集装箱托运的货物

下列货物不能使用集装箱托运:

(1)易于污染和腐蚀箱体的货物,如水泥、炭黑、化肥、盐、油脂、生毛皮、牲骨、没有衬垫的油漆等。

(2)易于损坏箱体的货物,如生铁块、废钢铁、无包装的铸件和金属块等。

(3)鲜活货物(经铁路局确定,在一定季节和一定区域内不易腐烂的货物除外)。

(4)危险货物(另有规定的除外)。

(三)整车、零担和集装箱的区别

在数量上,零担货物规定一批的重量和体积须不够一个三十吨货车,一件货物的体积最小不得小于 0.02 立方米,每批不得超过 300 件;使用集装箱运输的货物重量,每箱不得超过集装箱最大载重量。铁路集装箱最大载重量为:一吨箱 810 公斤,五吨箱 4200 公斤。

在货物品类及其性质上,按零担或集装箱运输时有一定的限制,零担运输中所列七类货物不能按零担承运;集装箱运输中所列的四类货物不能使用集装箱装运;而按整车运输时则没有这类限制。

在货物运送的单位上,整车以每车为一批,跨装、爬装及使用游车的货物,以每车组为一批,而零担或集装箱运输的货物,则以每张运单为一批;使用集装箱运输货物,铁路按批办理,每批必须同一箱型,至少一箱,最多不得超过铁路货车一车所能装运的箱数。

在货物运费的核收上,整车货物与零担货物的运价号、运价率都不同。按集装箱运输时,一整车集装箱按货车标重及其适用的整车运价率计费;零担、集装箱按货物重量(低于起码重量的按起码重量)及其适用的零担运价率计费。

第五节　国际铁路货物联运运单及联运运费的计算

一、国际铁路联运运单

(一)国际铁路联运运单及其作用

国际铁路联运运单,是发货人与铁路之间缔结的运输契约,它规定了铁路与发、收货人在货物运送中的权利、义务和责任,对铁路和发、收货人都具有法律效力。该运单从始发站随同货物附送至终点站并交给收货人,它不仅是铁路承运货物出具的凭证,也是铁路同货主交接货物、核收运杂费用和处理索赔与理赔的依据。

铁路运送国际联运货物时,使用国际铁路货物联运运单,发货人在托运时,应按每批货物逐项填写运单,签字后向铁路发站提出。

(二)国际铁路联运运单的构成

国际铁路联运的运单由以下部分构成,见表 5-1。

表 5-1　国际铁路联运运单的构成

序号	名　称	用　途
1	运单正本	货物运送的合同,随着货物至到站,并随同"货物到达通知单"和货物一起交给收货人
2	运单副本	在运送合同缔结后交给发货人,它不具有运单的效力,仅作为货物已由铁路承运的证明。发货人凭运单副本向收货人结算货款,行使变更要求以及在货物和运单全部丢失时,凭此向铁路部门提出索赔要求。
3	运行保单	是参加联运的各铁路部门办理货物交接、划分运送责任以及清算运费、统计运量和运费收入的原始依据,它随同货物至到站,并留存到达铁路。
4	货物交接单	随同货物至到站,并留存到达铁路。
5	货物到达通知单	随同货物至到站,并同运单正本和货物一起交给收货人。

第 1 张和第 5 张,以及第 2 张和第 4 张应在左边相互连接。允许第 1-5 张在上边相连续。

我国出口货物必须填"出口货物明细单"和"出口货物报关单"以及"出口外汇核销单"另外根据规定和合同的要求还要添附"出口许可证"、品质证明书、商检证、卫生检疫证、动植物检查以及装箱单、磅码单、化验单、产地证及发运清单等有关单证。

(三)国际铁路联运运单的填写规范

运单正面未划粗线的各栏由发货人填写,粗线内由铁路填写,现将发货人填写的各栏说明如下:

第 1 栏,发货人及其通信地址。填写发货人的名称及其通信地址。发货人只能是一个自然人或法人。由中国、朝鲜、越南发货时,准许填写这些国家规定的发货人及其通信地址的代号。

第 2 栏,合同号码。填写出口单位和进口单位签订的供货合同号码。

第 3 栏,发站。填写运价规程中所载发站全称。

第 4 栏,发货人的特别声明。发货人可在该栏中填写自己的声明,例如关于对运单的修改及易腐货物的运送条件等。

第 5 栏,收货人及其通信地址。注明收货人的名称及其通信地址,收货人只能是一个自然人或法人。从国际货协参加路向未参加国际货协的铁路发货而由站长办理转发送时,则在该栏填写"站长"。

第 6 栏,对铁路无约束效力的记载。发货人可以对该批货物做出记载,该项记载仅作为对收货人的通知,铁路不承担任何义务和责任。

第 7 栏,通过的国境站。注明货物应通过的发送路和过境路的出口国境站。如有可能从一个出口国境站通过邻国的几个进口国境站办理货物运送,则还应注明运送所要通过的进口国境站。根据发货人注明的通过国境站确定经路。

第 8 栏,到达路和到站。在斜线之前,应注明到达路的简称,在斜线之后,应用印刷体字母(中文用正楷粗体字)注明运价规程上到站的全称。运往朝鲜的货物,还应注明到站的数字代号。运往非货协国的货物而由站长办理转发时,记载国际货协参加路最后过境路的出口国境站,并在该站站名后记载:"由铁路继续办理转发送至_____铁路_____站"。

9-11 栏的一般说明。填写 9-11 栏事项时,可不受各栏间竖线的严格限制。但是,有关货物事项的填写顺序,应严格符合各栏的排列次序。

第9栏,记号、标记、号码。填写每件货物上的记号、标记和号码。货物如装在集装箱内,则还要填写集装箱号码。

第10栏,包装种类。写包装的具体种类,如纸箱、木桶等,不能笼统地填"箱"、"桶",如用集装箱运输,则记载集装箱。

第11栏,货物名称。货物名称应按国际货协规定填写,或按发送路或发送路和到达路现行的国内运价规程品名表的规定填写,但需注明货物的状态和特征;两国间的货物运送,可按两国商定的直通运价规程品名表中的名称填写。在"货物名称"字样下面专设的栏内填写通用货物品名表规定的六位数字代码。填写全部事项时,如篇幅不足,则应添附补充清单。

第12栏,件数。注明一批货物的件数。用敞车类货车运送不盖篷布或盖有篷布而未加封的货物,其总件数超过100件时,或运送仅按重量不按件数计的小型无包装制品时,注明"堆装",不注件数。

第13栏,发货人确定的重量(公斤)。注明货物的总重量。

第14栏,共计件数(大写)。用大写填写第12栏中所记载的件数。

第15栏,共计重量(大写)。用大写填写第13栏中所载的总重量。

第16栏,发货人签字。发货人应签字证明列入运单中的所有事项正确无误。发货人的签字也可用印刷的方法或加盖戳记处理。

第17栏,互换托盘。该栏内的记载事项,仅与互换托盘有关。注明托盘互换办法,并分别注明平式托盘和箱式托盘的数量。

第18栏,种类、类型。在发送集装箱货物时,应注明集装箱的种类和类型。使用运送用具时,应注明该用具的种类。

第19栏,所属者及号码。运送集装箱时,应注明集装箱所属记号和号码。对不属于铁路的集装箱,应在集装箱号码之后注明大写字母"P"。使用属于铁路的运送用具时,应注明运送用具所属记号和号码。使用不属于铁路的运送用具时,应注明大写字母"P"。

第20栏,发货人负担下列过境铁路的费用。如发货人负担过境铁路运送费用,填写所负担过境铁路名称的简称。如发货人不负担任何一个过境铁路的运送费用,填写"无"字。

第21栏,办理种别。办理种别分为:整车、零担,大吨位集装箱,并将不需要者划消。

第22栏,由何方装车。发货人应在运单该栏内注明由谁装车,将不需要者划消。

第23栏,发货人添附的文件。注明发货人在运单上添附的所有文件的名称和份数。

第24栏,货物的声明价格。用大写注明以瑞士法郎表示的货物价格。

第25栏,批号。由铁路填写。上半部为发送路和发站编码,下半部为批号。

第26栏,海关记载。供海关记载用栏。

27—30栏的一般说明,用于记载使用车辆的事项,只有在运送整车货物时填写。至于各栏是由发货人填写还是由铁路车站填写,则视由何方装车而定。

第27栏,车辆。注明车种、车号和所属路简称。

第28栏,标记载重。填写车辆上记载的载重量。

第29栏,轴数。使用车的轴数。

第30栏,自重。车辆记载的自重。

第31栏,换装后的货物重量。由铁路确定的重量。

第32栏,铁路确定的货物重量。

第33—44栏,数字编码栏。铁路填写,记载事项用。

第45栏,铅封个数和记号。填写车辆或集装箱上施加的封印个数和所有记号。至于铅封的个数和记号,视由何方施封而由发货人或铁路车站填写。

第46栏,发站日期戳。

第47栏,到站日期戳。

第48栏,确定重量方法。注明确定重量的具体方法。例如,"用轨道衡"、"按标准重量"、"按货件上标记重量"等。由发货人确定货物重量时,发货人应在该栏注明确定重量的方法。

第49栏,过磅站戳记、签字。

第50栏,附件2。根据国际货协附件第2号,托运危险品时须在方框内画对角线。

背面各栏由铁路填写。

二、国际铁路联运运输费用

(一)国际铁路联运运输费用的计收

国际铁路货物联运运输费用的计算和核收,必须遵循《国际货协》、《国际货协统一过境运价规程》(简称《统一货价》)和中华人民共和国铁道部《铁路货物运价规则》(简称《国内价规》)的规定。

联运货物运送费用包括货物运费、押运人乘车费、杂费和其他费用。

联运货物运送费用核收主要有以下几项规定。

(1)参加国际货协各铁路间运送费用核收的原则:发送路的运送费用在发站向发货人或根据发送路国内现行规定核收;到达路的运送费用在到站向收货人或根据到达路国内现行规定核收;过境路的运送费用按《统一货价》在发站向发货人或在到站向收货人核收。

(2)国际货协参加路与非国际货协铁路间运送费用核收的规定:发送路和到达路的运送费用的核收与参加国际货协的核收原则相同。过境路的运送费用,则按下列规定计收,参加国际货协并实行《统一货价》各过境路的运送费用,在发站向发货人(相反方向运送则在到站向收货人)核收;但办理转发送国家铁路的运送费用,可以在发站向发货人或在到站向收货人核收。过境非国际货协铁路的运送费用,在到站向收货人(相反方向运送则在发站向发货人)核收。

(3)通过过境铁路港口站货物运送费用核收的规定:从参加国际货协并实行《统一货价》的国家,通过另一个实行统一货价的过境铁路港口,向其他国家(不论这些国家是否参加统一货价)和相反方向运送货物时,用国际货协票据办理货物运送,只能办理至过境港口站为止或从这个站起开始办理。

从参加国际货协铁路发站至港口站的运送费用,在发站向发货人核收;相反方向运送时,在到站向收货人核收。

在港口站所发生的杂费和其他费用,在任何情况下,都在这些港口车站向发货人或收货人的代理人核收。

过境铁路的运送费用,按《统一货价》规定计收。

(二)国际铁路联运货物运费的计算

国际铁路联运货物运费计算的主要依据是《统一货价》和《铁路货物运价规则》(简称《国内价规》)。

1.运费计算的原则

(1)发送国和到达国铁路的运费,均按铁路所在国家的国内规章办理。按照我国《铁路货物运价规则》进行计算。运费计算的程序及公式如下:首先.根据货物运价里程表确定从发站至到站的运价里程。然后根据运单上填写的货物品名查找货物品名检查表,确定适用的运价号。再根据运价里程和运价号在货物运价率表中查出相应的运价率。最后按《铁路货物运价规则》确定的计费重量与该批货物适用的运价率相乘,算出该批货物的运费。

(2)过境国铁路的运费,均按承运当日统一货价规定计算,由发货人或收货人支付。如由参加国际货协铁路的国家向未参加国寻货协铁路的国家之间运送货物,则有关未参加货协国家铁路的运费,可按其所参加的另一种联运协定计算。我国出口的联运货物,交货共同条件一般均规定在卖方车辆上交货,因此我方仅负责至出口国境站一段的运送费用。但联运进口货物,则要负担过境运送费用和我国铁路段的费用。

2.过境运费按统一货价规定的计算程序

(1)根据运单上载明的运输路线,在过境里程表中,查出各通过国的过境里程;

(2)根据货物品名,在货物品名分等表中查出其可适用的运价等级和计费重量标准;

(3)在慢运货物运费计算表中,根据货物运价等级和总的过境里程查出适用的运费率。其计算公式为:

$$基本运费额 = 货物运价率 \times 计费重量$$
$$运费总额 = 基本运费额 \times 加成率$$

加成率系指运费总额应按托运类别在基本运费额基础上所增加的百分比快运货物运费按慢运运费100%,零担货物加50%后再加100%。随旅客列车挂运整车费,另加200%。

(三)国内段运费按价规计算的程序

(1)根据货物运价里程表确定发到站间的运价里程。一般应按最短路径确定,并需将国境站至国境线的里程计算在内。

(2)根据运单上所列货物品名,查找货物运价分号表,确定适用的运价号。

(3)根据运价里程与运价号,在货物运价表中查出适用的运价率。

(4)计费重量与运价率相乘,即得出该批货物国内运费。

其计算公式为:

$$运费 = 货物运价率 \times 计费重量$$

式中计费重量的确定:整车货物的计费重量除一些特殊的规定外,一律按照货车标记载重量计算运费。货物重量超过标记载重量的,按货物重量计算。计算重量单位以吨表示,吨以下四舍五入。零担货物按货物重量计算,计费重量以10千克为单位,不足10千克时,进为10千克。

第六节 国际铁路货物联运进出口业务

一、国际铁路联运出口货物运输流程

(一)托运前的准备工作

在托运前必须将货物的包装和标记严格按照合同中有关条款、国际货协和议定书中条、项办理。

（1）货物包装应能充分防止货物在运输中灭失和腐坏，保证货物多次装卸不致毁坏。

（2）货物标记，表示牌及运输标记、货签，内容主要包括商品的记号和号码、件数、站名、收货人名称等。字迹均应清晰、不易擦掉，保证多次换装中不致脱落。

（二）托运与承运

货物托运是发货人向铁路提出委托运输的行为。国际铁路联运出口货物同国内运输货物的托运一样，发货人应向车站提出货物运单和运单副本，以此作为货物托运的书面申请，车站接到运单后，应进行认真审核。

对整车货物应检查是否有批准的月度、旬度货物运输计划和日要车计划，检查货物运单各项内容是否正确，如确认可以承运，车站即在运单上签证时写明货物应进入车站的日期和装车日期，即表示接受托运。发货人按签证指定的日期将货物搬入车站或指定的货位，并经铁路根据货物运单的记载查对实货，认为符合国际货协和有关规章制度的规定，车站方可予以承运。整车货物一般在装车完毕，发站在货物运单上加盖承运日期戳，即为承运。

发运零担货物，发货人在托运时，不需要编制月度、旬度要车计划，即可凭运单向车站申请托运，车站受理托运后，发货人应按签证指定的日期将货物搬进货场，送到指定的货位上，经查验过磅后，即交由铁路保管。从车站将发货人托运的货物，连同货物运单一同接受完毕，在货物运单上加盖承运日期戳时，即表示货物已承运。铁路对承运后的货物负保管，装车发运责任。

总之，承运是铁路负责运送货物的开始，表示铁路开始对发货人托运的货物承担运送义务，并负运送上的一切责任。

（三）装车发运工作

货物办理完毕托运和承运手续后，接下来是装车发运。按我国铁路的规定，在车站公共装卸场所内的装卸工作，由铁路负责组织；其他场所如专用线装卸场，则由发货人或收货人负责组织。但某些性质特殊的货物，如易腐烂货物、未装容器的活动物等，即使在车站的货场内，也均由发货人组织装车或卸车。

（四）国境站的交接工作

联运出口的货物实际交接是在接收路国境站进行。出口国国境站货运调度根据国内前方站列车到达预报，通知交接所和海关做好接车准备工作；口岸外运公司接铁路交接所传递的运送票据后，依据联运运单审核其附带的各种单证份数是否齐全，内容是否正确，遇有矛盾不符等缺陷，则根据有关单证或函电通知订正、补充。运送单证经审核无误后，将出口货物明细单截留三份（易腐货物截留两份），然后将有关运送单证送各联检单位审核放行。出口货物列车进站后，铁路会同海关接车，并将列车随带的运送票据交接所处理，货物列车接受海关的监管和检查；交接所实行联合办公。单证手续齐备的列车出境后，交付路在邻国国境站的工作人员会同接收路工作人员共同进行票据和货物交接，依据交接单进行对照检查。交接分为一般货物铁路方交接和易腐货物贸易双方交接。

（五）到达取货工作

到站在货物到达后，应通知运单中所记载的收货人领取货物。在收货人付清运单中所载的一切应付运送费用后，铁路须将货物连同运单正本和货物到达通知单交付收货人。收货人须支付运送费用并领取货物。

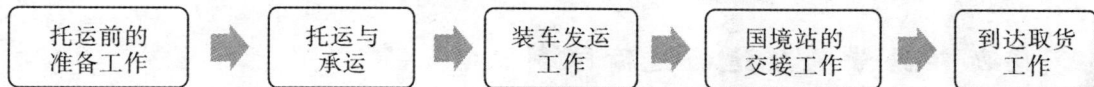

图 5-3 国际铁路联运出口货物运输流程图

二、国际铁路联运进口货物运输流程

联运进口货物运输与联运出口货物运输在货物与单据的流转程序上基本相同,只是在流向上正好相反,如图 5-4 所示。

图 5-4 国际铁路联运进口货物运输流程图

(一)确定货物到达站

国际铁路联运进口货物运输,第一步应确定货物的到达站。

(二)联运进口货物发运前的准备工作

发运前的准备工作,主要有以下几方面。

(1)运输标志的编制和使用。运输标志又称"唛头"(mark),一般印在货物外包装上。按照我国规定,联运进口货物在订货工作开始前,由经贸部统一编制向国外订货的代号,作为"收货人唛头",分别通知各订货部门使用,各进出口公司必须按照统一规定的收货人唛头对外签订合同。

(2)审核联运货物的运输条件。联运进口货物的运输条件是合同不可缺少的重要组成部分,因此必须认真审核,使之符合国际联运和国内有关规章制度所规定的条件。具体审核内容包括:收货人唛头是否正确;商品品名是否准确具体;货物的性质和数量是否符合到站的办理种别;包装是否符合有关规定等。

(3)向国境站寄送合同资料。合同资料是国境站核放货物的重要的依据,各进出口公司在对外合同签字后,要及时将一份合同中文抄本寄给货物进出口口岸的外运分支机构。对于由外运分支机构接受分拨的小额订货,必须在寄抄合同的同时,按合同内容添附货物分类表。合同资料包括:合同的中文抄本和它的附件、补充书、变更申请书、更改书和有关确认函电等。

(三)进口货物在国境的交接

进口国境站有关单位根据货车的预报和确报,通知交接所和海关做好检查准备工作,货车到达后铁路会同海关接车,然后两国站接站所根据交接单,办理货物和车辆的现场交接。我国进接所通过内部联合办公作好单据接放、货物报关报验工作,然后由铁路负责将货物调往换装线,进行换装作业,并按流向编组向国内发运。

(四)联运进口货物的分拨、分运

对于小额订货、合装货物或者混装货物,通常以口岸外运分公司作为收货人。因此,在双方国境站办完装货交接手续后,口岸外运分公司应及时向铁路提取货物,进行开箱分拨,并按合同缮制有关货物单据,向铁路重新办理托运手续。在分运货物时必须做到货物包装牢固,单与货相符,并办清海关申报手续。

三、国际铁路货物联运的运输限制

(一)不准运送的货物

在国际铁路直通货物联运中,下列货物不准运送:

(1)应当参加运送的铁路的任一国家禁止运送的物品;

(2)属于应当参加运送的铁路的任一国家邮政专运物品;

(3)炸弹、弹药和军火(但狩猎和体育用的除外);

(4)爆炸品、压缩气体、液化气体或在压力下溶解的气体、自燃品和放射性物质(指国际货协附件第2号之附件1中1、3、4、10表中没有列载的);

(5)一件重量不足10公斤,体积不超过0.1立方米的零担货物;

(6)在换装联运中使用不能揭盖的棚车运送一件重量超过1.5吨的货物;

(7)在换装联运中使用敞车类货车运送的一件重量不足100公斤的零担货物,但此项规定不适用附件第2号《危险货物运送规则》中规定的一件最大重量不足100公斤的货物。

图 5-5 军火

图 5-6 易爆品

(二)商定后才准运送的货物

下列货物,只有在参加运送的各铁路间预先商定后才准运送:

(1)一件重量超过60吨的;在换装运送中,对越南重量超过20吨的;

(2)长度超过18米的;运往越南长度超过12米的;

(3)超限的;

(4)在换装运送中用特种平车装运的;

(5)在换装运送中用专用罐车装运的化学货物;

(6)用罐车运往越南的一切罐装货物。

(三)按特殊规定办理的货物

下列货物的运送必须按特殊规定办理:

(1)危险货物;

(2)押运人押运的货物;

(3)易腐货物;

(4)集装箱货物;

(5)托盘货物;

(6)不属于铁路或铁路出租的空、重车;

(7)货捆货物。

图 5-7 危险货物

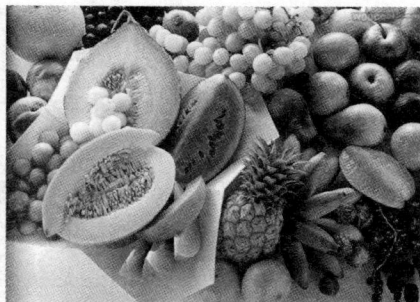
图 5-8 易腐货物

第七节 国际铁路联运货运代理操作程序

一、国际铁路联运出口代理业务流程

(一)接受委托并确定运输线路和托运类别

国际货运代理人接收委托书应仔细审核委托书内容,明确委托事项,判断整车、零担等托运类别,并确定运输线路,尤其是发送路、过境路和到达路。

托运类别即国际铁路运输方式,根据托运货物数量、性质、体积和状态等的不同划分为整车运输、零担运输和大吨位集装箱货物运输,整车适用于运输大宗货物;零担适于运输小批量的零星货物;集装箱适于运输精密、贵重、易损的货物。按运输速度划分为慢运、快运和整车货物随旅客列车挂运。

1.整车货物运输

整车货物是指一份运单托运的货物,按其体积、重量或是种类需要单独使用一辆及以上火车车辆装载的货物,还包括用 5 吨集装箱运送的货物。整车货物运费较低、速度较快,便于运力分配计划,且运量大,一般一辆火车车辆的装载量为 60 吨左右。

2.零担货物运输

零担货物是指一份运单托运的货物,其重量不超过 5000 千克,按其体积或种类不需要单独车辆运输的货物,还包括用铁路专用 1 吨集装箱运送的货物。一批货物重量超过 5000 千克或是单件重量不足 10 千克、体积不足 0.01 立方米的货物不能按零担办理。

3.大吨位集装箱货物运输

货主自备大吨位集装箱一般为符合国际标准的 20 尺、40 尺集装箱,每个重集装箱都按一张运单办理,空集装箱免费办理返回运输。目前我国铁路运输与俄罗斯、哈萨克斯坦铁路之间签订了大吨位集装箱相互使用的协议,出口货物可利用返还的集装箱办理运输。货主可向中铁集装箱运输中心申请提空箱。铁路运输同一车内不允许装载不同铁路到站的两个 20 尺集装箱,或一重一空两个 20 尺集装箱。

4.快运、慢运、随旅客列车挂运

国际铁路联运货物,按运送速度可分为慢运和快运,而整车货物可随旅客列车挂运。

(二)确定运费

随后,国际货运代理人应向铁路部门和国外代理分别询问国内运输段、过境段及国外运输

171

段的运价,与客户明确各项费用,必要时还要签订委托代理协议;国际铁路联运运费由发送路、到达路、过境路运送费用三部分构成。

(三)托运装箱

具体的托运事项应从制定集装和装车方案开始,国际铁路联运一般使用铁路部门统一提供的集装箱。中铁集装箱运输中心是我国铁路国际集装箱的管理者和经营者,托运人如需租用集装箱需在提箱前3天提出用箱申请,获得提箱单后,托运人可凭提箱单到指定铁路车站提空箱到站外货主处装箱,或安排货主送货至指定车站装箱,装箱后应及时将箱号通知中铁集装箱运输中心,以便装车出境。按规定,铁路部门给予一定的集装箱免费使用期限,如出口免费使用2天,超期按天计收延期使用费。一般而言,出口发货从提空箱日到返重箱日(出口),进口到货按车站保持天数计为集装箱使用时间。此外,托运人也可自备集装箱。

确定货物的集装及装车方案后,国际货运代理人应向铁路部门提报"铁路货物运输服务订单",铁路部门受理审定后下达铁路货运计划。订单的审定分为集中审定和非集中审定。集中审定指办理整车货或以整车形式运输集装箱时,应于每月19日前向铁路提报次月计划,一般21日计划即可下达;非集中审定指计划外的整车货及零担、集装箱、班列货物可随时提交订单,一般需7天等接运国同意后才能下达计划。

(四)填制国际货协运单

国际货运代理人在落实装车计划后要填写国际铁路联运运单,并交给客户确认。国际货协签约国使用的铁路联运运单是统一格式的国际货协运单,它是承运人与托运人之间的缔结的运输契约,是货物收据,但不具有物权凭证的功能,不能转让。

《国际货协》规定,国际货协运单分为快运和慢运两种,在运单左侧有标注,两种运单格式相同,均用白纸印制,快运运单带有红边以示区别。挂运旅客列车的货物用快运运单托运。国际货协运单一般使用发送国文字并附俄文、德文翻译,往越南民主共和国、中华人民共和国、朝鲜民主主义人民共和国、蒙古人民共和国及相反方向,以及过境中华人民共和国铁路发送货物时,运单和运单副本中所记载的事项只译成俄文。实践中,中朝、中越之间的运单可只用本国文字填写,我国经满洲里、绥芬河发往俄罗斯的运单可只用中文填写。

(五)代理报关

国际铁路联运的出口报关可以在发货地申报,通关后将报关单、发票、装箱单、合同、关封等单据与国际铁路联运运单一起随车到国境站;若时间紧急或不方便,也可将报关资料快递给国境站代理公司,在国境站口岸办理报关。

若在口岸报关,需办理主管地海关的注册证书编号在口岸海关进行海关异地备案核转注册手续,口岸报关所需文件需在发运前10个工作日准备好,包括:装箱单、发票、正本合同、出口退税核销单、出口货物明细单、检验检疫出境货物通关单或换证凭单、相关批文、原产地证等,必须单单一致,项项一致、单货一致。假设一批货物从北京站始发经满洲里过境运往俄罗斯,可以在北京或满洲里报关。以在满洲里报关为例,作业流程如下:

(1)首先必须将北京海关报关权办理异地备案到满洲里。

(2)缮制每一批货物的中俄文对照的装箱单、发票、合同。

(3)将合同、装箱单、发票、出口退税核销单及相应的检验检疫证一并寄给报关地(满洲里口岸)的代理。

(4)货物到达或发运前,凭所有寄到的报关单据向海关申报。

(5)报关完毕出境后,及时从报关地海关取出已报关后退给进出口经营商的黄色、白色报关单各一份和出口退税核销单用于核销退税。

(六)货交车站装车发运

国际货运代理人应将货物妥善装箱并交给起始站指定堆场,等待货物通关后,由铁路部门负责装车发运和货到过境站的换装事宜。传递信息给国境站及目的站代理或联系单位。

(七)发运后事项

国际货运代理人在发运后对此单业务进行归档登记,并将运输信息通知给客户、国境站代理和国外代理,与客户、国内外代理结算费用。最后将报关单的核销联、客户交来的核销单退还给客户,以便其办理核销退税。

二、国际铁路联运进口代理业务流程

(一)接受货主委托

国际货运代理人接受货主委托,与收货人沟通运输线路、方式、货物性质等细节,收货人应提出确切的到达站的车站名称和到达路局的名称,并注明货物经由的国境站。

(二)明确费用、编制唛头

国际货运代理人应及时向铁路部门和国外代理询问相关费用并与客户沟通,必要时还要与客户签订代理协议。按照我国联运进口货物的规定,应在订货工作开始前,由国家统一编制向国外订货的代号,作为收货人的唛头,进口商按照统一规定的收货人唛头对外签订合同。

(三)办理报关

国际货运代理人应及时将发票、装箱单、合同、核销单等报关单据寄送国境站代理,委托国境站代理办理报关、换装、运输等事宜。

(四)到货交接

货到目的站后安排提货并交付给客户,并与客户、国境站代理结算费用。

思考与练习

一、简答题

1. 简述公路运输的主要特点及功能。
2. 简述公路货物运输的基本流程。
3. 简述国际铁路联运的特征。
4. 简述国际铁路联运运单的作用。
5. 国际铁路联运进出口货物运输流程。

二、案例分析题

A是广州市的一家货代,B是深圳的一家进口公司,C是湖南一家工业公司。C于2009年6月25日持B给A的介绍信办理B吨化工原料进口的代理手续,并随函附有按CIF条件进口合同副本一份,在合同副本上有 B 公司业务员手书,注明了收货人的名称、地址、电话、联系人及用卡车运至湖南某市之字样。事隔 3 个月后,货从国外运抵广州,于是 A 向 C 发出"进口到货通知书",在通知书的注意事项第 5 条内注明:"货运内地加批加保由货代统一办理。"A 在办好进口报关、纳税等事项后,以自己的名义委托广州一家具有合法营运的汽运公司(以下称承运人)将货物运往湖南某市。不料货物在运输途中驾驶员违章操作,与另一卡车相撞,造成车货俱毁。事后 C 向 A 索赔。试分析此事 A 有无责任。

三、实训

某货主托运一批瓷砖,重 4538 kg,承运人公布的一级普货费率为 RMB1.2/t.km,吨次费为 RMB16/t,该批货物运输距离为 36 km,瓷砖为普货三级,计价加成 30%,途中通行收费 RMB35,请计算货主应支付多少运费。

第六章
国际航空货运代理

内容简介

当前的物流运输方式主要有五种形式：公路、铁路、航空、水运、管道，五种方式各有各的优点，其中航空货运以速度取胜，尤其是在当前的社会发展中时间就是效益，各个企业为了提高效益都在转向航空货运。但在航空市场一片繁华的情景下，货代起到了很大的作用，本章就是通过五节的内容对航空货代进行了详细的介绍：国际航空运输与航空货运代理概述，对航空运输与航空货运代理进行了总述；国际航空货运代理进出口业务流程，对航空货运代理的进口和出口业务作了深入的介绍，使同学们更加清楚进口、出口的流程状态；国际航空运价与运费，主要是对现行的运价体系进行说明；航空托运书与航空货运单，是对航空业务中的主要单据作的介绍；最后是对航空业务中的航空快递业务进行说明。

教学目标

1. 知识目标

(1) 了解国际货物运输和航空货运代理的概念；

(2) 掌握货运代理的进出口业务流程；

(3) 掌握航空的运价与运费；

(4) 掌握托运书与货运单的填制；

(5) 掌握航空快递业务。

2. 技能目标

(1) 能描述进出口业务流程；

(2) 掌握运价与运费组成；

(3) 掌握航空快递业务；

教学要求

1. 重点讲授航空货运代理的业务流程。

2. 实训航空运价的计算和货运单填制。

案例导入

进出口双方的贸易纠纷

1999 年 6 月，浙江某出口公司与印度某进口商达成一笔总金额为 6 万多美元的羊绒纱出口合同，合同中规定的贸易条件为 CFR NEW DELHI BY AIR，支付方式为 100% 不可撤销的即期信用证,装运期为 1999 年 8 月间自上海空运至新德里。合同订立后,进口方按时通过印度一家商业银行开来信用证,通知行和议付行均为国内某银行,信用证中的价格术语为"CNF NEW DELHI",出口方当时对此并未太在意。他们收到信用证后,按规定发运了货物,将信用证要求的各种单据备妥交单,并办理了议付手续。然而,国内议付行在将有关单据寄到印度开证行后不久即收到开证行的拒付通知书,拒付理由为单证不符:商业发票上的价格术语"CFR NEW DELHI"与信用证中的"CNF NEW DELHI"不一致。得知这一消息后,出口方立即与进口方联系要求对方付款赎单;同时通过国内议付行向开证行发出电传,申明该不符点不成立,要求对方按照 UCP500 的规定及时履行偿付义务。但进口方和开证行对此都置之不理,在此情况下,出口方立即与货物承运人联系,其在新德里的货运代理告知该批货物早已被收货人提走。在如此被动的局面下,后来出口方不得不同意对方降价 20% 的要求作为问题的最后解决办法。

引导思路

1. 试分析本案中造成出口方陷入被动局面的根本原因是什么。
2. 如何防范此类风险?

第一节　国际航空运输与航空货运代理概述

一、国际航空运输

(一)国际航空运输的概念

航空运输,使用飞机、直升机及其他航空器运送人员、货物、邮件的一种运输方式。具有快速、机动的特点,是现代旅客运输,尤其是远程旅客运输的重要方式;为国际贸易中的贵重物品、鲜活货物和精密仪器运输所不可缺。

(二)国际航空运输的经营方式

1. 班机运输

班机运输指在固定的航线上定期航行的航班,固定始发站,目的站和经停站。

2. 包机运输

当货物批量较大,而班机不能满足需要时,一般可采用包机运输,这种运输方式属于不定期运输,根据包机双方签订的运输合同执行飞行任务,不执行航班时刻表,不对公众承担责任。包机运输分为整机包机和部分包机两种方式。

(三)国际航空运输的组织方式

1. 集中托运方式

集中托运方式指航空货运代理公司把若干批单独发运的货物组成一整批,向航空公司办理托运,采用一份总运单集中发运到同一到达站,由航空货运代理公司到目的地指定的代理收货,然后再报关并分拨给各实际收货人的运输方式。

2.联合运输方式

联合运输方式指包括空运在内的两种以上运输方式的联合运输。例如:陆空运输,陆空陆联运。

3.送交业务

在国际贸易往来中,通常出口商为了推销商品,扩大贸易,往往向顾客赠送样品、目录,宣传资料,刊物,印刷品等。这些商品空运至到达国后,委托当地的航空代理办理报关、提取、转运的工作,最后送交给收货人。在到达站发生的手续费、税金、运费、劳务费等一切费用,均由航空货运代理先行垫付后向委托人收取。

二、国际航空货运代理概述

(一)国际航空货运代理当事人

国际航空货运代理的当事人主要有:发货人、收货人、航空公司和航空货运公司。

航空公司,又称承运人,拥有飞机办理客货运输业务。

航空货运公司,即航空货代,在航空货物运输中,航空公司通常只负责将货物从一个机场运到另一个机场。对于货物在始发机场交给航空公司之前的揽货、接货、报关、订舱,以及在目的地从航空公司手中接货、报关、交付货送货上门等方面的业务,全有航空货运公司办理。

航空货运公司可以是货主代理,也可以是航空公司的代理,也可身兼二职。它可以代替货主向航空公司办理托运或提取货物,当货物在航空公司责任范围内丢失、损坏,它可代表货主向航空公司索赔;同时某些空代经航空公司授权还可以代表航空公司接受货主的货物并出具航空公司的总运单。

(二)航空货运代理存在的必要性

随着航空货运业务的发展,航空货运代理业便应运而生。航空货运代理之所以能得以存在并发展,是因为它所提供的服务为货主及航空公司双方均带来方便和好处。

(1)从航空公司的角度来看,空代的存在,使航空公司能更好致力于自身主业,无须负责处理航运前和航运后繁杂的服务项目。

航空公司主要业务为飞行保障,它们受人力、物力等诸因素影响,难以直接面对众多的客户,处理航运前和航运后繁杂的服务项目,这就需要航空货运代理公司为航空公司出口揽货、组织货源、出具运单、收取运费、进口疏港、报关报验、送货、中转,使航空公司可集中精力,做好其自身业务,进一步开拓航空运输。

(2)从货主的角度来看,可使货主不必花费大量的精力去熟悉繁复的空运操作流程。

采用航空货运形式进出口货物,需要办理一定的手续,如出口货物在始发地交航空公司承运前的出舱、储存、制单、报关、交运等;进口货物在目的地机场的航空公司或机场接货、监管储存、制单、报关、送货及转运等。航空公司一般不负责上述业务,由此,收发货人必须通过航空货运代理公司办理航空货运业务,或自行向航空公司办理航空货运业务。

(3)空代在办理航空托运方面具有无可比拟的优势。

空代大多对航空运输环节和有关规章制度十分熟悉,并与各航空公司、机场、海关、商检、卫检、动植检及其他运输部门有着广泛而密切的联系;具有代办航空货运的各种设施和必备条件;同时各航空货运代理公司在世界各地或有分支机构,或有代理网络,能够及时联络,掌握货物运输的全过程。因此,货主委托航空货运代理公司办理进出口货物运输比自行安排货物出运来得更为便利。

(三)航空货运代理的种类

根据业务范围和法律地位,航空货运代理可分为以下几类。

1. 国际航空货运代理

这类代理,是指我国国际货运代理业管理规定中所称的空运代理,即受进出口发货人、收货人的委托,在约定的授权范围内,作为他们的代理人,代为处理国际航空货物运输过程中的各项业务。这类代理严禁从航空公司处收取佣金。

2. 国际航空运输销售代理

这类代理,是指受航空公司的委托,在约定的授权范围内,作为他们的代理人,代为处理国际航空客货运输销售及其相关业务。

根据我国《民用航空运输销售代理业管理规定》,空运销售代理分为:

(1)一类销售代理:经营国际航线或者香港、澳门、台湾地区航线的民用航空销售代理业务。

(2)二类销售代理:经营国内航线的民用航空运输销售代理业务。

注重点:在我国,申请设立国际航空货物销售代理的前提之一是必须首先成为国际货运代理。

(四)航空货运代理的业务范围

航空货运代理除了提供订舱、租机、制单、代理包装、代刷标记、报关报验、业务咨询等传统代理业务之外,还提供以下服务。

1. 集中托运业务

航空货运代理公司将若干批单独发运的货物集中成一批向航空公司办理托运,填写一份总运单送至同一目的地,然后由其委托当地的代理人负责分发给各个实际收货人。这种托运方式,可降低运费,是航空货运代理的主要业务之一。在这种业务下,航空货运代理实际上已成为契约承运人。

2. 地面运输

它是指提供机场至机场之外的地面运输服务。在这种业务下,有些航空货运代理是以代理人身份提供地面运输服务,有些则利用自身拥有或租赁的地面运输工具以承运人身份提供地面运输服务。

3. 多式联运服务

有些大型航空货运代理可以提供航空运输为主的多式联运服务。

第二节 国际航空货运代理进出口业务流程

一、货运出口业务流程

1. 揽货

航空货运代理公司开发货源,提供服务,与出口单位(发货人)就出口货物运输事宜达成意向。

2.委托运输

发货人发货时需要填写委托书,并加盖公章,作为货主委托代理承办航空货运出口货物的依据。

航空货运代理根据委托书要求办理出口手续,并据以结算用度。因此,"国际货物托运书"是航空货运代理和发货人之间的重要法律文件。

在接受托运人的委托后,单证操纵前,需要对托运书的价格、航班日期进行合同评审。审核职员需在托运书上签名,并对日期表示确认。

一般航空货运单上的价格显示的是 TACT 上公布的适用运价和费率,但托运书上显示的价格,是根据航空公司和空运代理签的优惠价格和服务费,或是航空货运代理与发货量大的公司签署的长期代理协议上的协议价格。

3.审核单证

所需要审核的单证根据贸易方式、信用证要求等有所不同,主要包括以下几种:

(1)发票、装箱单;

(2)托运书;

(3)报关单;

(4)外汇核销单;

(5)许可证;

(6)商检证;

(7)进料/来料加工核销本;

(8)索赔/返修协议;

(9)到付保函;

(10)关封;

4.预配舱

代理汇总接受的委托和客户的预告,输进电脑,并计算各航线的件数、重量、体积,按照客户要求和货物的重、泡情况,根据不同航空公司不同箱板的重量和高度要求,制定预配舱方案,并对每票货配上运单号。

5.预定舱

代理根据所指定的预配舱方案,按航班、日期打印出总的运单号、件数、重量、体积等,向航空公司预定舱。由于此时货物还未进仓库,预告和实际的件数、重量、体积都会有差别,留待配舱时再做调整。

6.接受单证

接受托运人送交的已经审核确认的托运书及报关单证、收货凭证,并将电脑中的收货记录与收货凭证核对,制作操纵交接单,填上所收到的各种报关单证份数,给每份交接单配一份主运单或分运单。将制作好的交接单,配好的主运单或分运单、报关单证移交下一环节制单。

此时假如货未到或未全到,则先按照托运书上数据填进交接单,并注明。等货全到齐后再进行修改。

7.填制航空货运单

接收货物填制航空货运单包括主运单(AWB)和分运单(HWB)。航空货运单是发货人收结汇的主要有价证券。

8. **接收货物**

接收货物指航空货运代理把即将发运的货物从发货人手中运到自己的仓库。

一般接收货物和接收单证同时进行。对于通过空运或铁路从内地运往出境的出口货物,货代按照发货人提上海到呼和浩特专线供的运单号、航班号及接货地点接货日期,代其提取货物。假如货物已经在始发地办理了出口海关手续,发货人应该同时提供始发地海关的关封。

9. **标记与标签**

(1)标记:托运人、收货人联系方式,合同号,操纵留意事项,单件超过150 kg的货物。

(2)标签:识别标签,特种货物标签,操纵标签或者按种别分为航空公司标签和分标签。

10. **配舱**

配舱时,要求所有运出的货物都已经进库。此时核对货物的实际件数、重量、体积和托运书上预告数目的差别。对预定舱位、箱板的有效领用,公道搭配,按照各航班的机型、箱板型号、高度、数目再进行配载。对于货物晚到、未到或者未能顺利通关放行的货物做调整。

实际上这一过程一直延续到交接给航空公司才完毕。

11. **订舱**

订舱指将所接收空运货物向航空公司申请并预定舱位。

收到发货人的预告后,向航空公司申请订舱,提供相应信息:货物的名称、体积(必要时提供单件体积)、重量、件数、目的地、要求出运的时间,其他运输要求(温度、装卸要求、货物到目的地时限等)。

一般航空公司舱位保障的原则是:

(1)应有固定舱位配额;

(2)先保障邮件快件;

(3)优先保障运价较高的货物舱位;

(4)未订舱的货物,按交运时间和前几条原则按顺序安排舱位。

订舱后,航空公司签发舱位确认书,同时给予装货集装器领取凭证,以表示舱位订妥。

预订的舱位有时会因货物原因、单证原因、海关原因使得终极舱位不够或者空舱,此类情况需通过经验在一定程度的预见并调整补救,综合考虑。

12. **出口报关**

出口报关是指发货人或其代理人在货物发运前,向出境地的海关办理货物出口手续的过程。

出口报关的基本程序如下:

(1)首先将发货人提供的出口货物报关单的各项内容输进电脑。

(2)在通过电脑填制的报关单上,加盖报关单位的报关专用章。

(3)然后将报关单与有关的发票、装箱单和航空货运单综合在一起,并根据需要随附有关的证实文件。

(4)以上报关单证齐全后,由持有报关证的报关员正式向海关申报。

(5)海关审核无误后,海关官员即在用于发运的运单正本上加盖放行章,同时在出口收汇核销单和出口报关单上加盖放行章,在发货人用于产品退税的单证上加盖验讫章,粘上防伪标志。

（6）完成出口报关手续。出运修理件、更换件时,需留取海关报关单,以备以后进口报关用。

出口货物根据动、卫检部分的规定和货物种类,填制相应的动、卫签章。非动植物及制品类,要求填制《卫检申报单》,加盖卫检放行章。

动植物类货物需填制《卫检申报单》外,还需填制《动植物检报验单》,并加盖放行章。

化工类产品须到指定地点检验证实是否适合空运,对不同的出口货物亦有各种规定和限制。

13. 出仓单

配舱方案制订后,就可着手编制出仓单,内容包括:

出仓单的日期、承运航班的日期、装箱板形式及数目、货物进仓顺序编号、主运单号、件数、重量、体积、目的地三字代码和备注。

出仓单用于出口仓库环节,作为出库计划、出口时点数并向装箱板环节交接。

出仓单用于装箱板环节,作为向出口仓库提货的依据。

出仓单用于货物交接环节,作为从装箱板环节收货凭证和制作《国际货物交接清单》的依据,该清单用于向航空公司交接货物。

出仓单还可用于外拼箱。

出仓单用于报关环节,当报关有题目时,可有针对性地反馈采取措施。

14. 提板箱

根据订舱计划向航空公司申请领板、箱并办理相应的手续。提板、箱时,应领取相应的塑料薄膜和网。对所使用的板、箱要登记、销号。

15. 装板箱

大宗货物、集中托运货物可以在货代自己的仓库、场地、货棚装板、装箱,亦可在航空公司指定的场地装板、装箱。装板、装箱时需留意:

（1）不要用错不同航空公司的集装箱、集装板,不要用错板型、箱型,否则装不上飞机。

（2）不要超装箱、板尺寸,各种集装板都有具体的尺寸规定,超装箱、板尺寸,就无法装上飞机。

（3）要垫衬、封盖好塑料纸,防潮、防雨淋。

（4）集装箱、板内货物尽可能配装整洁,结构稳定,并接紧网索,防止运输途中倒塌。

（5）对于大宗货物、集中托运货物,尽可能将整票货物装在一个或几个板、箱内运输。假如装箱后还有剩余货物,尽可能拼在同一箱、板上,防止散乱、遗失。

16. 签单

货运单在盖好海关放行章后,还需到航空公司签单。这主要是审核运价使用是否正确,货物性质是否适合空运,危险品等是否办妥了相应的证实和手续。航空公司的地面代理规定,只有签单确认后才答应将单、货交给航空公司。

17. 交接发运

交接是指向航空公司交单、交货,由航空公司安排运输

交单是指将随机单据和承运人保存的单据交给航空公司。随机单据包括第二联航空运单正本、发票、装箱单、产地证实、品质鉴定书等。

交货即把与单据相符的货物交给航空公司。交货之前必须粘贴或拴挂货物标签,盘点和

核对货物,填制货物交接清单。

大宗货、集中托运货,以整箱板称重交接。零散小货按票称重,计件交接。

航空公司审单验货后,在交接签单上验收,将货物存进出口仓库,单据交给吨控部分,以备航空公司配舱。

18. 航班跟踪

单、货交给航空公司后,航空公司可能会因各种原因,比如航班取消、延误、故障、改机型、错运、倒垛或装板不符合规定等,未能按预定时间运出,所以货运代理从单、货交给航空公司后,就需要对航班、货物进行跟踪。

需要联程中转的货物,在货物出运后,需要求航空公司提供二、三程航班中转信息。即使已经事先预定了二、三程,也需要确认中转情况,有时需直接发传真或电话与航空公司的海外办事处联系中转情况,及时将上述信息反馈给客户。碰到不正常情况及时想办法处理。

19. 信息服务

航空货代公司需给客户提供以下几个方面的信息:

(1)订舱信息;

(2)审单及报关信息;

(3)仓库收货信息;

(4)交运称重信息;

(5)一程及二程航班信息;

(6)集中托运信息;

(7)单证信息。

20. 用度结算

与发货人结算:预付运费、地面运输费、各种服务费、手续费。

与承运人结算:航空运费、代理费、代理佣金。

与国外代理人结算:到付运费、利润分成。

二、货运进口业务流程

(一)代理预报

在国外发货之前,国外代理公司会将运单、航班、件数、重量、品名、实际收货人及其他地址、联系电话等内容通过传真或 E-mail 发给目的地代理公司,这一过程被称为预报。

注意事项:

(1)注意中转航班,中转点航班的延误会使实际到达时间和预报时间出现差异;

(2)注意分批货物。从国外一次性运来的货物在国内中转时,由于国内载量的限制,往往采用分批的方式运输。

(二)交接单和提货

(1)抽单;

(2)提货:货代凭到货通知向货站办理提货事宜。

交接时要做到:①单、单核对,即交接清单与总运单核对;②单、货核对,即交接清单与货物核对。

核对后,出现问题的处理方式见表6-1:

表6-1　核对出现问题的处理方式

总运单	清单	货物	处理方式
有	无	有	清单上加总运单号
有	无	有	总运单退回
无	有	无	总运单后补
无	有	无	清单上划去
有	有	无	总运单退回
无	无	有	货物退回

另外,还需注意分批货物,做好空运进口分批货物登记表。

总之,货代在与航空货站办理交接手续时,应根据运单及交接清单核对实际货物,若存在有单无货或有货无单的情况,应在交接清单上注明,以便航空公司组织查询并通知入境地海关。

发现货物短缺,破损或其他异常情况,应向民航索要商务事故记录,作为实际收货人交涉索赔事宜的依据。也可以接受收货人的委托,由航空货运代理公司代表收货人向航空公司办理索赔。

(三)理货与仓储

航空货运公司自航空公司接货后,即短途驳运进自己的监管仓库,组织理货及仓储,货物保管根据不同货种的实际需要进行保管。

必须注意:上述货物的仓储,不论是在航空公司货站、机场货站,还是在航空货运代理的仓库,都是海关的监管仓库。

(四)理单与到货通知

1.理单

(1)集中托运,总运单项下拆单。

(2)分类理单、编号。

(3)编配各类单证。

2.到货通知

(1)发出到货通知及时性要求。

(2)填写到货通知的内容。

(五)制单与报验报关

1.进口报验

需要做商检的货物需向商检局申报,查验合格后商检局将出具证明文件,由报关行或者货主/货代交入海关,再进行进口报关海关程序。

2.进口报关

(1)制单、报关、运输的形式。

(2)进口制单。

制单指按海关要求,依据运单、发票、装箱单及证明货物合法进口的有关批准文件,制作"进口货物报关单"。

货物代理公司制单时一般程序为:

①长期协作的货主单位,有进口批文、证明手册等存放于货运代理处的,货物到达;发出到货通知后,即可制单、报关,通知货主运输或代办运输。

②部分进口货,因货主单位(或经营单位)缺少有关批文、证明的,可于理单、审单后,列明内容,向货主单位催寄有关批文、证明,亦可将运单及随机寄来单证、提货单以快递形式寄货主单位,由其备齐有关批文,证明后再决定制单,报关事宜。

③无须批文和证明的,可即行制单、报关,通知货主提货或代办运输。

④部分货主要求异地清关时,在符合海关规定的情况下,制作《转关运输申报单》办理转关手续。报关单上需由报关人填报的项目有:进口口岸、收货单位、经营单位、合同号、批准机关及文号、外汇来源、进口日期、提单或运单号、运杂费、件数、毛重、海关统计商品编号、货品规格及货号、数量、成交价格、价格条件、货币名称、申报单位、申报日期等,转关运输申报单内容少于报关单,亦需按要求详细填列。

(3)进口报关程序。

进口报关主要有以下程序:①初审;②审单;③征税;④验放。

由海关在正本航空公司运单上或货运代理经海关认可的分运单上加盖放行章。

(六)收费与发货

办完报关、报验等进口手续后,货主须凭盖有海关放行章、检验检疫章(进口药品须有药品检验合格章)的进口提货单到所属监管仓库付费提货。

(1)收费。

(2)发货。

货物交接不当将会导致纠纷及索赔,应予以特别注意:

①分批到达货,收回原提货单,出具分批到达提货单,待后续货物到达后即通知货主再次提取;

②航空公司责任的破损、短缺,应由航空公司签发商务记录;

③货运代理公司责任的破损、短缺,应由代理公司签发商务记录;

④遇有货代公司责任的破损事项,应尽可能商同货主、商检单位立即在仓库作商品检验,确定货损程度,要避免后面运输中加剧货损的发展。

(七)送货与转运

(1)送货上门业务。

(2)转运业务。

(3)进口货物转关及监管运输。

①转关条件。

②转关手续。

第三节　国际航空运价与运费

一、航空运费及费收

(一)航空运费

航空运费是指将一票货物自始发地机场运输到目的地机场所应收取的航空运输费用。一般地说,货物的航空运费主要由两个因素组成,即货物适用的运价与货物的计费重量。航空运费的计算公式如下:

$$航空运费＝计费重量×适用的运价$$

1. 运价

运价又称费率,是指承运人为运输货物对规定的重量单位(或体积)所收取的费用,它只包括机场与机场之间的航空运输费用。由于航空运输货物的种类繁多,以及货物运输的起讫地点所在航空区域不同,每种货物所适用的运价亦不同。换言之,运输的货物种类和运输起讫地点的 IATA 区域使航空货物运价乃至运费计算分门别类。

(1)航空货物运价所使用的货币。用以公布航空货物运价的货币称为运输始发地货币。货物的航空运价一般以运输始发地的本国货币公布,有的国家以美元代替其本国币公布。以美元公布货物运价的国家视美元为当地货币。运输始发地销售的航空货运单的任何运价、运费值均应为运输始发地货币,即当地货币。以美元公布货物运价的国家的当地货币为美元。

(2)航空货物运价的有效期。销售航空货运单所使用的运价应为填制货运单之日的有效运价,即在航空货物运价有效期内适用的运价。

(3)航空货物运价的方向性。使用运价时要注意运输路线的方向性,不得反方向使用运价。

2. 计费重量

计费重量是指用以计算货物航空运费的重量。货物的计费重量或者是货物的实际毛重,或者是货物的体积重量,或者是较高重量分界点的重量。

由于飞机业务载运能力受飞机最大起飞全重和货舱本身体积的限制,货物的计费重量需要同时考虑其体积重量和实际毛重两个因素。同时,根据航空货物运价"递远递减"的原则,产生了一系列重量等级运价,而重量等级运价的起码重量也影响着货物运费的计算。

(1)实际毛重,是指包括货物包装在内的货物重量。由于飞机最大起飞全重及货舱可用运载的限制,一般情况下,对于高密度货物(high density cargo,是指每公斤体积不足 6000 立方厘米或 366 立方英寸,或每磅不足 166 立方英寸的货物,又称"重货"),应考虑其实际毛重可能会成为计费重量。

(2)体积重量,按照国际航协规则,将货物的体积按一定的比例折合成的重量,称为体积重量。由于货舱空间体积的限制,一般对于低密度的货物(low density cargo,是指每公斤体积超过 6000 立方厘米或 366 立方英寸,或每磅超过 166 立方英寸的货物,又称"轻泡货"),应考虑其体积重量可能会成为计费重量。

不论货物的形状是否为规则的长方体或正方体,计算货物体积时,均应以最长、最宽、最高的三边的长度(以厘米为单位)计算。长、宽、高的小数部分按四舍五入法取整。体积重量的折算,换算标准为每 6000 折合 1 kg,公式如下。

$$体积重量(kg) = 货物体积(cm^3)/6000(cm^3/kg)$$

(3)等级重量。如果托运人托运的货物,其重量接近于较高重量分界点,用较高重量分界点的较低运价计算出来的运费低于按适用的运价计算出来的运费,那么此时可以按较低运价收费。

例:计算一箱 40 kg 普通货物从上海至东京的航空运费。

上海至东京的运价为   M   230.00

     N   30.22

     45   22.71

按 45 kg 以下运价计算

$$40 \times 30.22 = 1208.80$$

因 40 kg 接近于 45 kg 这个重量分界点,故将计费重量提高到 45 kg,即

$$45 \times 22.71 = 1021.95 < 1208.80$$

故按较低的运费收取,这时 45 kg 就是计费重量。

(4)计费重量的选取。一般地,采用货物的实际毛重与货物的体积重量两者比较取高者;但当货物按较高重量分界点的较低运价计算的航空运费较低时,则此较高重量分界点的货物起始重量作为货物的计费重量。

综上所述,货物的计费重量可以是实际毛重、体积重量和等级重量(较高重量分界点起始重量),见图 6-1。

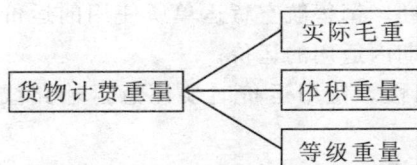

图 6-1 货物的计费重量

(5)计费重量的单位进整。国际航协规定,国际货物的计费重量以 0.50 kg 为最小单位,重量位数不足 0.50 kg 的,按 0.50 kg 计算;0.50 kg 以上不足 1 kg 的,按 1 kg 计算。若计算单位是磅,则小数点均往前进一位。例如:

Gross Weight 105.2 kgs   =Chargeable Weight 105.5 kgs

Gross Weight 105.8 kgs   =Chargeable Weight 106.0 kgs

Gross Weight 112 lbs 8ounces   =Chargeable Weight 113 lbs

Gross Weight 112 lbs 2ounces   =Chargeable Weight 113 lbs

(二)声明价值附加费

根据《华沙公约》的规定,在国际航空运输中,承运人必须保证货物的安全正常运输,货物在承运人保管期间,发生货物毁灭、遗失或损坏而产生的损失,或因延误所产生的损失,承运人应负责任。赔偿的最高限额为每公斤 20 美元或每磅 9.07 美元(或等值的其他货币)。如果货物的价值超过这个规定的限额,货主可以向承运人交纳声明价值附加费。

发货人可以在货运单上向承运人申报所托运货物的价值,即托运申报价,它表明承运人的

赔偿责任和义务。托运申报价可以是具体的数额,也可以是未声明价值。实际工作中,托运申报价值可以用来计算声明价值附加费,还可用来判断是否为贵重货。声明价值附加费的计算公式如下:

$$声明价值附加费=(货物的声明价值-实际毛重×每公斤最高赔偿额)×0.5\%$$

这里要注意两次进位,特别是托运申报价值以当地货币表示时,应先将美元换算成当地货币,即20乘兑换率,再乘重量、进位。

有些国家承运人的责任限额是以当地货币表示,在计算时应以此为依据。在办理声明价值时应注意以下事项:

(1)承运人的赔偿责任是按货物毛重计算的,与体积重量、计费重量无关;

(2)在计算声明价值附加费时,货物的毛重不包括各种集装箱设备;

(3)在申报货物价值时,应填写整票货物的声明价值,不可分部分填写;

(4)托运申报价值应由发货人或其授权的代理填写,当飞机起飞后不得修改;

(5)承运人的赔偿责任及声明价值计算与运输的点有关;

(6)声明价值的多少不能替代保险,货运代理应建议客户自己买保险;

(7)有些国家有最低声明价值附加费的限定;

(8)英国发出的货物声明价值附加费有特例;

(9)托运声明价值和声明价值附加费在运单的相应栏目分别填写。

(三)其他费用

其他费用是指运输一票货物时,在航空运费之外由承运人、代理人或其他部门收取的与航空货物运输有关的费用。在组织一票货物自始发地至目的地运输的全过程中,除了航空运输外,还包括地面运输、仓储、制单、国际货物的清关等环节,提供这些服务的部门所收取的费用即为其他费用。

1. 货运单费

货运单费又称为航空货运单工本费,此项费用为填制航空货运单之费用。航空公司或其代理人销售或填制货运单时,该费用包括逐项逐笔填制货运单的成本。对于航空货运单工本费,各国的收费水平不尽相同,可依 TACT Rules 4.4 及各航空公司的具体规定来操作。货运单费应填制在货运单的"OTHER CHARGES"一栏中,用二字代码"AW"表示。按国际航协规定:

(1)航空货运单若由航空公司来销售或填制,则填写代码"AWC",表示此项费用归出票航空公司所有;

(2)如果货运单由航空公司的代理人销售或填制,则填写代码"AWA",表示此项费用归销售代理人所有。

IATA 各分区制单费不相同:从加拿大、美国出口货物,没有制单费;有些国家在 TACT Rules Section 7 的各国咨询中,单独列示制单费,则优先使用这里列出的制单费,如 Malawi。中国民航各航空公司一般规定,无论货运单是航空公司销售还是由代理人销售,填制航空货运单时,货运单中"OTHER CHARGES"一栏中用"AWC"表示,意为此项费用归出票航空公司所有。

2. 垫付款和垫付费

(1)垫付款,是指发生在始发站与货物运输有关的服务,需向目的站托收的有关费用,它仅限于飞机起飞前必须完成的相关工作的费用。垫付款由最终承运人收取,再交给签发运单的承运人,由其付给代理或另一承运人。这部分费用仅限于货物地面运输费、清关处理费和货运单工本费,并按不同其他费用的种类代号、费用归属代号(A 或 C)及费用金额一并填入货运单的"OTHER CHARGES"一栏。例如:

"AWA"表示代理人填制的货运单;

"CHA"表示代理人代替办理始发地清关业务;

"SUA"表示代理人将货物运输到始发地机场的地面运输费。

(2)限制条件。垫付款仅适用于货物费用及其他费用到付"Charges Collect",且按 TACT Rules 7.2 规定,目的地国家可接收的货物;垫付款业务在有些国家不办理,操作时应严格按照 TACT Rules 4.2 规定;垫付款由最后一个承运人向提货人收取。按国际货物运费到付结算规则,通过出票航空公司开账结算,付给支付垫付款的代理人或出票航空公司。

(3)垫付款数额。在任何情况下,垫付款数额不能超过货运单上全部航空运费总额。但当货运单的航空运费总额低于 100 美元时,垫付款金额可允许达到 100 美元标准。

(4)垫付费,是指对于垫付款的数额而确定的费用。垫付费的费用代码为"DB",按 TACT Rules 的规定,该费用归出票航空公司所有。在货运单的其他费用栏中,此项费用应表示为"DBC"。每一票货物的垫付费不得低于 20 美元或等值货币。垫付费的计算公式如下:

$$垫付费 = 垫付款 \times 10\%$$

TACT 规则中规定,对于一些固定美元值的货币换算,某些国家公布有固定的货币换算值。如在瑞士,USD20=CHF45.00。对于 TACT Rules 中没有公布货币固定换算值的国家,其货币换算采用"Construction Exchange Rate"。

3. 危险品处理费

国际航空货物运输中,对于收运的危险品货物,除按危险品规则收运并收取航空运费外,还应收取危险货物收运手续费。该费用必须填制在货运单"OTHER CHARGES"栏内,用"RA"表示费用种类。TACT Rules 的规定,危险品处理费归出票航空公司所有。在货运单中,危险品处理费表示为"RAC"。从中国至 IATA 业务一区、二区、三区,每票货物的该费用最低收费标准为 400 元人民币。

4. 到付货物手续费

国际货物运输中,当货物的航空运费及其他费用到付时,在目的地的收货人,除支付货物的航空运费和其他费用外,还应支付到付货物手续费。

在国际航空货运中,有些货物不可做到付,它们是:

(1)收货人与发货人是同一个人;

(2)收货人是政府机构;

(3)收货人没有人身自由;

(4)所寄物品包含尸体、活动物、易腐食品、死人物品等;

(5)目的国不接受到付;

(6)承运人不接受到付;

(7)货物自身的价值低于运费。

如果运单上标识航空运费和声明价值附加费为到付,按照规定需要收取到付运费手续费。到付运费手续费是根据运费及声明价值附加费计算的。此项费用由最后一个承运航空公司收取,并归其所有。一般到付货物手续费的收取,采用目的站开具专门发票,但也可以使用货运单(此种情况在交付航空公司无专门发票,并将 AWB 作为发票使用时使用)。对于运至中国的运费到付货物,到付运费手续费的计算公式及标准如下:

到付运费手续费＝(货物的航空运费＋声明价值附加费)×2%

各个国家到付货物手续费的收费标准不同。在中国,到付货物手续费最低收费标准为 100 元人民币。

(四)最低运费

最低运费是指一票货物自始发地机场至目的地机场航空运费的最低限额。它是不论货物重量的多少和体积的大小,在两地点之间运输一批货物应收取的最低费用金额。货物运价按其适用的航空运价与其计费重量相乘计算出的航空运费,应与货物最低运费相比,取高者。

(五)计算航空货物运价、运费所使用的货币

1.货币代号

自 1990 年 1 月 1 日起,国际标准化组织(ISO)公布了统一的货币代号,每一 ISO 货币代号由两位字母表示的国家代号和一位字母表示的货币代号组成,如表 6-2 所示。

表 6-2　各国货币代号表

Country	Two-Letter Country Code	Currency	Initial	ISO Currency
Australia	AU	Dollar	D	AUD
Brazil	BR	Cruzado	C	BRC
Chile	CL	Peso	P	CLP
China,P.R.	CN	Yuan Renminbi	Y	CNY
Dubai	AE	UAE Dirham	D	AED
European. Union	EU	Euro		EUR
Japan	JP	Yen	Y	JPY
Kenya	KE	Shilling	S	KES
Kuwait	KW	Dinar	D	KWD
Mauritius	MU	Rupee	R	MUR
Zambia	ZM	Kwacha	K	ZMK

2.货币进整

货物航空运价、运费的货币进整,因货币的币种不同而不同。IATA 将各国货币的进整单位的规则公布在 TACT Rules Section 5.7 中。详细规则可参考 TACT Rules Section 5.7.1 中"Currency Table"的"Rounding off units"或 TACT Rates Books Section 5.3.1 中"Construction Exchange Rates"。货币的进位规则分为"最低运费"和"除最低运费以外"两种,查阅时要注意分清规则。

运费进整时,需将航空运价或运费计算到进整单位的下一位,然后按半数进位法进位。计算所得的航空运价或运费,达到进位单位一半则入,否则舍去。对于以"0.1"、"0.01"、"1"、"10"等为进位单位的货币,其货币进位就是我们常说的四舍五入法。我国货币人民币的进位规定为:最低航空运费进位单位为"5",除此之外的运价及航空运费等的进位单位均为"0.01"。

对于以"0.05"、"0.5"、"5"等为进整单位的货币,计算中应特别注意其进整问题。由于世界上很多国家采用此类进位单位,在实际运输工作中,在处理境外运至我国的到付货物时,对航空货运单的审核及费用的收取,需注意此项规则。

采用进整单位的规定,主要用于填制 AWB 时对于所使用的运输始发地货币,按照进整单位的规定计算航空运价及运费,如表 6-3 所示。

表 6-3　货币进整一

Country	Currency			Rounding off Units	
	Name	Unit	Code	Except min. charges	Minimum charges
China, People's Rep.	Yuan Renminbi	100 Fen	CNY	0.01	5
Dubai	UAE Dirham	100 Fils	AED	0.05	1
Japan	Yen	—	JPY	1	100
Kuwait	Kuwaiti Dinar	1000 Fils	KWD	0.005	0.1
United States	US Dollar	100 Cents	USD	0.01	1

按上述规定,对于 CNY 3368.385、JPY 4386.80、FRF 489.37、CHF 3957.227、USD 247.264 应按表 6-4 所示的进整规定进位。

表 6-4　货币进整二

Country of Origin	Total Weight Charge	Rounded Off Amount to Show on the AWB
China	CNY 3368.385	CNY 3368.39
Japan	JPY 4386.80	JPY 4387.00
Switzerland	CHF 3957.227	CHF 3957.25
United States	USD 247.264	USD 247.26

二、航空货物运价

(一)国际航空货物运价体系

按运价制定的途径划分,国际货物运价可以分为协议运价和国际航协运价。国际航协在 TACT 中所公布的运价又具有自己独立的运价体系,如表 6-5 所示。

1. 协议运价

协议运价是指航空公司为了揽取更多的货源、鼓励托运人托运大批量货物,通过与托运人或代理人签订运价协议而给予的一种优惠运价。这种运价协议根据所订协议的时间长短分为长期协议和短期协议两种。长期协议,通常是指航空公司与托运人或代理人签订的一年期限的协议;短期协议,通常是指航空公司与托运人或代理人签订的半年或半年以下期限的协议。目前航空公司使用的运价大多是协议运价,但在协议运价中根据协议约定的定价方式的不同可分为协议定价和自由销售,其中协议定价又可细分为死包板(舱)和软包板(舱)、销售量返还

表 6-5　国际航空货物运价体系

国际航空货物运价	协议运价	协议定价	包板（舱）	死包板（舱）
				软包板（舱）
			返还	销售量返还
				销售额返还
		自由销售		
	IATA运价	公布直达运价 Published Through Rates		普通货物运价 General Cargo Rate
				指定商品运价 Specific Commodity Rate
				等级货物运价 Commodity Classification Rate
				集装货物运价 Unitized Consignments Rate
		非公布直达运价 Un-published Through Rates		比例运价 Construction Rate
				分段相加运价 Combination of Rates and Charges

和销售额返还。

（1）协议定价。

包板（舱），是指托运人在一定航线上包用承运人的全部或部分舱位或集装器从而根据双方协议的运价来运送货物。根据包板（舱）方式的不同，具体又细分为：①死包板（舱），是指托运人在承运人的航线上通过包板（舱）的方式运输货物时，托运人无论向承运人是否交付货物，都必须支付双方协议规定的运费；②软包板（舱），是指托运人在承运人的航线上通过包板（舱）的方式运输货物时，托运人在航班起飞前 72 小时如果没有明确定舱位，承运人则可以自由销售舱位，但承运人对代理人的包板（舱）的总量有一个限制。

协议定价根据运费返还方式的不同，可细分为：①销售量返还，是指如果代理人在规定期限内完成了一定的货运销售量，航空公司则可以按一定的比例返还运费；②销售额返还，是指如果代理人在规定期限内完成了一定的销售额，航空公司则可以按一定的比例返还运费。

（2）自由销售。

自由销售也称议价货物或一票一价，是指除了订过协议的货物，其余都是一票货物一个定价。

2. 国际航协运价

国际航协运价是指 IATA 在 TACT 运价资料上公布的运价。国际航空货物运价的查询和计算主要是通过 IATA 的运价手册，结合并遵守国际货物运输规则来进行的。按照 IATA 货物运价公布的形式划分，国际货物运价可分为公布直达运价和非公布直达运价。

（1）公布直达运价。

公布直达运价是指承运人直接使用在运价资料中公布的从运输始发地至运输目的地的航空运价。运价的公布形式主要有 N、Q 运价结构和 B、K 运价结构两种。N 运价，即 Normal General Gargo Rate，指的是标准普通货物运价；Q 运价则为 Quantity Rate，指的是重量等级运价。B、K 运价结构,为欧洲内部特有的运价结构:B 为基础运费,K 为每公斤费率。

指定商品运价与普通货物运价同时公布在 TACT Rates Books 中。等级货物运价计算规则在 TACT Rules 中公布,需结合 TACT Rates Books 一起使用。

公布直达运价的运价结构如表 6-6 所示。

表 6-6 公布直达运价的运价结构

DATE/TYPE	NOTE	ITEM	MIN. WEIGHT	LOCAL CURR.
BEIJING			CN	BJS
Y. RENMINBI		CNY		KGS
TOKYO		JP	M	200.00
			N	38.67
			45	29.04
		0300	100	12.41
		0300	500	11.53
	S091	0850	100	14.89
E01076		1093	100	11.09
X25076		2195	100	11.32

表 6-6 说明:

第一列 DATE/TYPE,DATE 表示运价的生效或失效日期,用“日、月、年”的顺序来表示,TYPE 表示运价、运费适用的集装器种类代号;

第二列 NOTE,指的是相对应运价的注释;

第三列 ITEM,指的是指定商品运价的品名编号;

第四列 MIN. WEIGHT,指的是使用相对应运价的最低重量限额;

第五列 LOCAL CURR. ,是指用运输始发地货币表示的运价或最低运费。

IATA 公布直达运价主要有普通货物运价、指定商品运价、等级货物运价和集装货物运价四种。

①普通货物运价,是指运输除等级运价或指定商品运价以外的货物所使用的运价。它分为 45kg 以下货物运价(如无 45kg 运价,则为 100kg 以下运价)和 45kg 以上各个重量分界点的运价。

②指定商品运价,是指自指定的始发地至指定的目的地而公布的低于普通货物运价的某些商品运价。这类运价的每一不同的运价都有一个不同的最低重量的规定,使用时应遵守规定。

③等级货物运价,是指在指定的地区内或地区之间实行的高于或低于一般货物运价的少数几种商品的运价。这类运价以普通货物运价作为基数,附加或附减一个百分比。

④集装货物运价,是指适用于货物装入集装器交运而不另加包装的特别运价。

(2)非公布直达运价。

如果货物运输的始发地至目的地没有公布直达运价,则可以采用比例运价和分段相加运价的方法构成全程直达运价,计算全程运费。非公布直达运价主要有比例运价和分段相加运价两种。

①比例运价。采用运价手册中公布的一种不能单独使用的运价附加数,当货物运输始发地至目的地无公布直达运价时,采用此附加数与已知的公布运价相加构成非公布直达运价,此运价即为比例运价。

②分段相加运价。对于相同运价种类,当货物运输的始发地至目的地无公布直达运价和比例运价时,只能采用分段相加的方法,组成运输起讫地点间的运价,一般采用最低组合运价,称为分段相加运价。

(二)现有定价遵照的原则

1. 重量分段对应运价

这是指在每一个重量范围内设置一个运价,如表 6-7 所示的北京到纽约的运价标准。

表 6-7　北京到纽约的运价

BEIJING	CN		BJS
Y. RENMINBI	CNY		KGS
NEW YORK	US	M	630.00
		N	66.86
		45	48.35
		100	45.19
		300	41.80

在这个运价表中,"N"表示"标准普通货物运价",是指重量在 45 kg 以下的运价为 66.86元人民币/kg。也就是说,运价 66.86 元人民币/kg 适用的重量范围是 0~45 kg,在这个重量范围内使用的是同一个运价。

用字母"Q"和 45、100、300 几位重量等级运价进行组合,其表示的是指重量大于等于某个重量等级时的运价。例如,"Q45"表示重量大于等于 45 kg 时的运价为 48.35 元人民币/kg。

2. 数量折扣原则

从表 6-7 所示的运价表中,我们不难发现,从北京到纽约运输货物 45 kg 以下的运价是66.86 元,45 kg 以上的运价是 48.35 元,100 kg 以上的运价是 45.19 元,300 kg 以上的运价是41.80 元。随着所托运的货物重量的增大,运价是递减的。这就是定价原则中的数量折扣原则。这个原则,旨在鼓励托运大批量货物,从而保证飞机舱位得到充分的利用。

3. 递远递减原则

远距是制订运价要考虑的一个基本因素,远距越长,总成本越大,因此运价也越高。将表6-8 所示的北京到新加坡的运价和表 6-7 所示的北京到纽约的运价进行对比就不难发现这一点。

表 6-8　北京到新加坡的运价

BEIJING	CN		BJS
Y. RENMINBI	CNY		KGS
SINGAPORE	SG	M	360.00
		N	36.66
		45	27.50
		100	22.05
		300	15.38

但是,就运价与远距的对比数值,也就是单位距离货物的运价来说,随着远距的增长,单位运价越便宜,这就是递远递减的原则。

4. 根据货物性质分类的原则

国际航协根据货物的性质制订了一系列在普通货物运价基础上附加或附减一定百分比形式构成的等级货物运价。例如,对活动物、尸体骨灰、贵重货物、急件等货物采取附加的形式,而对书报杂志、作为货物运输的行李等货物采取附减的形式。

(三)国际航空货物运价的使用原则

使用国际航空货物运价时,应遵守以下原则:

(1)使用的运价应为填开运单之日的有效运价,而不考虑实际运输的日期(运价的时效性);

(2)使用运价时要注意运输路线的方向性,不得反方向使用运价(运价的方向性);

(3)原则上讲,运价的使用不考虑路径,但承运人对路径的选择可能对运价有影响;

(4)运价是以始发站国家货币或美元公布,运单的货币单位应与运价表的货币单位一致;

(5)航空货物运价的基本原则是给客户提供最优惠的运价。

(四)国际航空货物运价的使用顺序

(1)如果有协议运价,则优先使用协议运价。

(2)在相同运价种类、相同航程、相同承运人条件下,公布直达运价应按下列顺序使用:

①优先使用指定商品运价,如果指定商品运价条件不完全满足,则可以使用等级货物运价和普通货物运价;

②使用等级货物运价,等级货物运价优先于普通货物运价使用;

③使用普通货物运价。

(3)当运输两点间无公布直达运价,则应使用非公布直达运价,非公布直达运价应按下列顺序使用:

①优先使用比例运价构成全程直达运价;

②当两点间无比例运价时,使用分段相加办法组成全程最低运价。

(4)在使用运价时,还需要考虑以下例外的情况:

①如果货物可以按指定商品运价计费并同时属于等级货物,但如果因其重量没满足指定商品运价的最低重量要求,则用等级货物运价计费,可以与指定商品运价计费结果相比较,取低者;

②如果货物可以按指定商品运价计费,但如果因其重量没满足指定商品运价的最低重量要求,则用普通货物运价计费,可以与指定商品运价计费结果相比较,取低者;

③如果货物属于附减的等级货物,即书包杂志类、作为货物运输的行李等,则用普通货物运价计费,可以与等级货物运价计费结果相比较,取低者;

④如果货物属于附加的等级货物,即活动物、贵重货物、尸体骨灰等,则用普通货物计费,可以与等级货物运价计费结果相比较,取低者。

(五)我国国内航空货物运价体系

1. 国内航空货物运价类别

(1)普通货物运价。

①基础运价(代号 N)。民航总局统一规定各航段货物基础运价,基础运价为45kg以下普

通货物运价,金额以角为单位。费率按照民航总局规定的统一费率执行。同时,为适应航空货物的流向差异,统一航线不同方向保留差价。

②重量分界点运价(代号 Q)。国内航空货物运输建立 45 kg 以上、100 kg 以上、300 kg 以上三级重量分界点及运价。45 kg 以上运价由民航总局统一规定,按标准运价的 80% 执行。此外,航空公司可根据运营航线的特点,建立其他重量分界点运价。共飞航线由运营航空公司协商协定,报民航总局批准执行。

(2)等级货物运价(代号 S)。

急件、生物制品、珍贵植物和植物制品、活体动物、骨灰、灵柩、鲜活易腐食品、贵重物品、机械、弹药、押运货物等特种货物实行等级货物运价,按照基础运价的 150% 计收。

(3)指定商品运价(代号 C)。

对于一些批量大、季节性强、单位价值小的货物,航空公司可申请建立指定商品运价,运价优惠幅度不限,报民航总局批准执行。指定商品种类及代号见表 6-9 所示。

表 6-9 中国国内航空货物指定商品种类及代号

代号	种类
0007	水果
0300	鱼(可食用的)、海鲜、海味
0600	肉、肉制品,包括家禽、野味和猎物
1201	皮革和皮制品
1401	花木、幼苗、根茎、种子、植物和鲜花
2195	成包、成卷、成块,为进行进一步加工或制造的纱、线、纤维、布、服装和纺织品
6001	化学制品、药品、药材

(4)最低运费(代号 M)。

每票国内航空货物最低运费为人民币 30 元。

(5)集装货物运价。

以集装箱、集装板作为一个运输单元运输货物可申请建立集装货物运价。

2.国内航空货物运价使用规则

国内航空货物运价使用时,应遵循以下规则:①直达货物运价优先于分段相加组成的运价;②指定商品运价优先于等级货物运价和普通货物运价;③等级货物运价优先于普通货物运价。

3.国内航空货物运费计费规则

国内航空货物运费依据以下规则计费:①货物运费计费以"元"为单位,元以下四舍五入;②最低运费,按重量计得的运费与最低运费相比取其高者;③按实际重量计得的运费与按较高重量分界点运价计得的运费比较取其低者;④分段相加组成运价时,不考虑实际运输路线,不同运价组成点组成的运价相比取低者。

4.国内航空邮件运费

普通邮件运费按照普通货物基础货物基础运价计收;特快专递邮件运费按照普通货物基础运价的 150% 计收。

第四节　航空货物托运书与航空货运单

一、国际货物托运书

(一)基本概念

托运书是托运人用于委托承运人或其代理人填开航空货运单的一种表单,表单上列有填制货运单所需的各项内容,并印有授权于承运人或其代理人代其在货运单上签字的文字说明,如图 6-2 所示。国际《华沙公约》第五条第一款和第五款规定,货运单应由托运人填写,也可由承运人或其代理人代为填写。实际上,目前货运单均由承运人或其代理人代为填制。为此,作为填开货运单的依据——托运书,应由托运人自己填写,而且托运人必须在上面签字或盖章。

(二)托运书的主要内容

1.托运人

本栏用于填列托运人的全称、街名、城市名称、国家名称,以及便于联系的电话、电传或传真号码。

2.收货人

本栏用于填列收货人的全称、街名、城市名称、国家名称(特别是在不同国家内有相同城市名称时,更应注意填上国名),以及电话号、电传号或传真号。本栏内不得填写"to order"或"to order of the shipper"等字样,因为航空货运单不能转让。

3.始发站机场

本栏用于填写始发站机场的全称。

4.目的地机场

本栏用于填写目的地机场(机场名称不明确时,可填城市名称),如果某一城市名称用于一个以上国家时,应加上国名,如 LONDON UK,LONDON KY US,LONDON CA。

5.要求的路线/申请订舱

本栏用于航空公司安排运输路线时使用,但如果托运人有特别要求时,也可填入本栏。为保证制单承运人收运的货物可以被所有续运承运人接受,可签订双边联运协议,可查阅 TACT Rules 8.1。

6.供运输用的声明价值

本栏用于填列供运输用的声明价值金额,该价值金额即为承运人赔偿责任的限额。承运人按有关规定向托运人收取声明价值费。但如果所交运货物的价值毛重每公斤不超过20美元(或等值货币),无须填写声明价值金额,可在本栏内填入"NVD"(No Value Declared,未声明价值)。如本栏空着未填写,承运人或其代理人可视为货物未声明价值。

7.供海关用的声明价值

国际货物通常要接受目的站海关的检查,海关根据此栏所填数额征税。

8.保险金额

中国民航各空运企业暂未开展国际航空运输代保险业务,本栏可空着不填。

国际货物托运书(SHIPPERS LETTER OF INSTRUTION)

托运人姓名及地址 SHIPPER NAME AND ADDRESS CHINA INDUSTRY CORP.,BEUING. P.R.CHINA TEL:86(10)64596666 FAX:86(10)64598888	托运人账号 SHIPPERS ACCOUNT NUMDER	供承运人用 FOR CARRIAGE USE ONLY	
		班期/日期 FLIGHT/DAY	航班/日期 FLIGHT/DAY
		CA921/30 JUL, 2002	
收货人姓名及地址 Consignee's NAME AND ADDRESS NEWYORK SPORT IMPORTERS,NEWYORK,U.S.A TEL:78789999	收货人账号 CONSIGNEE ACCOUNT NUMBER	己预留吨位 BOOKED	
		运费 CHARGES CHARGES PREPAID	
代理人的名称和城市 Issuing Camiers Agent Name and City KUNDA AIR FRIGHT CO.LTD 始发站 AIRPORT OF DEPARTURE CAPTIAL INTERNATIONAL AIRPORT 到达站 AIRPORT OF DESTINATION JOHN KENNEDY AIRPORT（JFK）		ALSO notify	

托运人声明价值 SHIPPERS DECLARED VALUE		保险金额 AMOUNT OF INSURANCE	所附文件 DOCUMENT TO ACCOMPANY AIR WAYBILL
供运输用 FOR CARRIAGE NVD	供海关用 FOR COSTOMS NCV	× × ×	1 COMMERCIAL INVOICE

处理情况（包括包装方式、货物标志及号码）
HANDING INFORMATION(INCL. METHOD OF PACKING IDENTFYING AND NUMBERS)

KEEP UPSIDE

件数 NO.OF PACKAGES	实际毛重 ACTUAL GROSS WEIGHT(KG.)	运价种类 RATE CLASS	收费重量 CHARGEABLE WEIGHT	费率 RATE/ CHARGE	货物品名及数量（包括体积或尺寸） NATURE AND QUANTITY OF GOODS (INCL. DIMENSION OF VOLUME)
4	53.8				MECHINERY DIMS: 70×47×35 CM ×4

图 6-2 国际货物托运书

9. 货运单所附文件

本栏用于填列随附在货运单上运往目的地的文件,应填上所附文件的名称,如托运人所托运的动物证明书。

10. 处理事项

本栏用于填列附加的处理要求,具体如:另请通知,是指除填收货人之外,如托运人还希望在货物到达的同时通知他人,应另填写通知人的全名和地址;外包装上的标记;操作要求,如易碎、向上等等。

11. 件数和包装方式

本栏用于填列该批货物的总件数,并注明其包装方法,如包装、纸板盒、盒、板条箱、袋、卷等。如果货物没有包装,就注明为散装。

12. 实际毛重

本栏内的重量应由承运人或其代理人在称重后填入。如托运人已填上重量,承运人或其代理人必须进行复核。

13. 运价类别

本栏用于填列所适用的运价、协议价、杂费和服务费等。

14. 计费重量

本栏内的计费重量应由承运人或其代理人在量过货物的尺寸(以厘米为单位)后,由承运人或其代理人算出计费重量后填入。如托运人已经填上,承运人或其代理人必须进行复核。

15. 费率

本栏可空着不填。

16. 货物的品名及数量

本栏用于填列货物的品名和数量(包括尺寸或体积)。若一票货物包括多种物品,托运人应分别申报货物的品名。填写品名时不能使用"样品"、"部件"等比较笼统的名称。货物中的每一项均须分开填写,并尽量填写详细,如"9 筒 35 毫米的曝光动画胶片"、"新闻短片(美国制)"等。本栏所填写内容应与出口报关发票、进出口许可证上列明的货物相符。

运输下列货物,按国际航协有关规定办理(可参阅 TACT Rules 2.3.3/7.3/8.3):活体动物,个人物品,枪械、弹药、战争物资,贵重物品,危险物品,汽车,尸体,具有强烈气味的货物,裸露的机器、铸件、钢材,湿货,鲜活易腐物品。其中,危险品应填写适用的准确名称及标贴的级别。

17. 托运人签名

托运人必须在本栏内签名。

18. 日期

本栏用于填写托运人或其代理人交货的日期。

(三)托运书的审核

从接受托运人委托至单证操作期间,货运代理公司的指定人员会对托运书进行审核,或称之为合同评审。审核的主要内容包括价格和航班日期等。目前,航空公司大部分采取自由销售方式。每家航空公司、每条航线、每个航班,甚至每个目的港均有优惠运价。这种运价会因货源、淡旺季等因素经常调整,而且各航空公司之间的优惠运价也不尽相同,有时候由于更换航班,运价也随之变换。

需要指出的是,货运单上显示的运价虽然与托运书上的运价有联系,但相互之间有很多区别。货运单上显示的是 TACT 上公布的适用运价和费率,托运书上显示的是航空公司优惠运价加上杂费和服务费或是协议价格。托运书的价格审核就是判断其价格是否能被接受、预定航班是否可行。审核人员必须在货运单上签名并写上日期以示确认。

二、航空货运单

(一)航空货运单的概念

一般来说,航空货运单是由托运人或者以托运人的名义填制的,托运人和承运人之间在承运人的航线上运输货物所订立的运输合同的证明。《华沙公约》第十一条第一款规定:"在没有相反的证据时,航空货运单是订立契约、接收货物和承运条件的证明。"我国《民航法》第一百一十八条规定:"航空货运单是航空货物运输合同订立和运输条件以及承运人接收货物的初步证据。"航空货运单由承运人制订,托运人在托运货物时要按照承运人的要求进行填制,经承运人确认后,航空货物运输合同即告成立。

航空货运单既可用于一种类的货物运输,也可用于不同种类货物的集合运输;既可用于单程货物运输,也可用于联程货物运输。

(二)航空货运单的构成

目前国际上使用的航空货运单少的有 9 联,多的有 14 联。我国国际航空货运单一般由一式 12 联组成,包括 3 联正本、6 联副本和 3 联额外副本。正本单证具有同等的法律效力,副本单证仅是为了运输使用方便。航空货运单的 3 份正本,第一份注明"承运人",由托运人签字、盖章;第二份注明"交货人",由托运人和承运人签字、盖章;第三份由承运人在接收货物后签字、盖章,交给托运人,作为托运货物及货物预付运费的收据,同时也是托运人与承运人之间签订的具有法律效力的运输文件。航空货运单各联的分发见表 6-10 所示。

表 6-10 航空货运单的构成

序号	名称及分发对象	颜色
A	Original 3(正本 3,给托运人)	浅蓝色
B	Copy 9(副本 9,给代理人)	白色
C	Original 1(正本 1,交出票航空公司)	浅绿色
D	Original 2(正本 2,给收货人)	粉红色
E	Copy 4(副本 4,提取货物收据)	浅黄色
F	Copy 5(副本 5,给目的地机场)	白色
G	Copy 6(副本 6,给第三承运人)	白色
H	Copy 7(副本 7,给第二承运人)	白色
I	Copy 8(副本 8,给第一承运人)	白色
J	Extra copy(额外副本,供承运人使用)	白色
K	Extra copy(额外副本,供承运人使用)	白色
L	Extra copy(额外副本,供承运人使用)	白色

(三)航空货运单的种类

1. 航空公司货运单和中性货运单

这是根据是否印有承运人标志来划分的。航空公司货运单是指印有出票航空公司标志（如航徽、代码等）的航空货运单。中性货运单是指无承运人任何标志、供代理人使用的航空货运单。

2. 分运单和主运单

这是根据航空货运单的签发人的不同来划分的。代理人在进行集中托运货物时，首先从各个托运人处收取货物，在收取货物时，需要给托运人一个凭证，这个凭证就是分运单。它表明托运人把货物交给了代理人，代理人收到了托运人的货物，所以分运单就是代理人与发货人交接货物的凭证。代理人可自己颁布分运单，不受航空公司的限制，但通常的格式还是按照航空公司的主运单来制作。在分运单中，托运人栏和收货人栏都是真正的托运人和收货人。

代理人在收取货物之后，进行集中托运，需要把来自不同托运人的货物集中到一起，交给航空公司。代理人和航空公司之间就需要一个凭证，这个凭证就是主运单。航空主运单对于代理人和航空公司都非常重要，因为它承载了货物最主要的信息。货物运输的过程就是信息流动的过程，信息流动保证了货物运送的安全性和准确性。主运单表明代理人是航空公司的销售代理人，已获得航空公司的授权，在市场上可以销售航空公司的舱位。通常，航空公司根据代理人的实际情况和结算周期，按一定时间间隔发放给代理人一定数量的货运单；代理人销售完一定数量的货运单后，与航空公司进行结算。因此，主运单是代理人与承运人交接货物的凭证，同时又是承运人运输货物的正式文件。在主运单中，托运人栏和收货人栏都是代理人。在我国，只有航空公司才能颁布主运单，任何代理人不得自己印制、颁布主运单。

(四)航空货运单的填开、签发和限制

我国相关法律明确指出，托运人应自行填制航空货运单，也可以要求承运人或承运人授权的代理人代为填制。托运人对货运单所填各项内容的正确性、完备性负责。由于货运单所填内容不准确、不完全，致使承运人或其他人遭受损失，托运人应负相应责任。托运人在航空货运单上的签字，证明其接受航空货运单正本背面的运输条件和契约。

《中华人民共和国民用航空法》第一百一十三条规定："承运人有权要求托运人填写航空货运单，托运人有权要求承运人接受该航空货运单。托运人未能出示航空货运单、航空货运单不符合规定或者航空货运单遗失，不影响运输合同的存在或者有效。"《中华人民共和国民用航空法》第一百一十四条规定："托运人应当填写航空货运单正本一式三份，连同货物交给承运人。航空货运单第一份注明'交承运人'，由托运人签字、盖章；第二份注明'交收货人'，由托运人和承运人签字、盖章；第三份由承运人在接收货物后签字、盖章，交给托运人。承运人根据托运人的请求填写航空货运单的，在没有相反证据的情况下，应当视为代托运人填写。"

一张货运单只能用于一个托运人在同一时间和地点托运的、由承运人承运的、运往同一目的站由同一收货人收货的一件或多件货物。

(五)航空货运单的性质和作用

航空货运单是航空货物运输合同订立和所列运输条件以及承运人接收货物的初步证据。航空货运单上关于货物的重量、尺寸、包装和包装件数的说明具有初步证据的效力。除经过承运人和托运人当面查对，并在航空货运单上注明经过查对或者书写关于货物的外表情况的说

明外,航空货运单上关于货物的数量、体积和情况的说明不能构成不利于承运人的证据。

虽然《海牙议定书》明确规定不限制填发可以流通的航空货运单,但目前使用的航空货运单在右上端都普遍印有"Not Negotiable"(不可转让)字样。其目的是仅将航空货运单作为货物航空运输的凭证,并限制签发可以转让的航空货运单。在这一点上,航空货运单与可以转让的指示提单恰恰相反。目前,任何IATA成员都不允许印制可以转让的航空货运单,航空货运单上的:"Not Negotiable"字样不可被删去或篡改。

航空货运单是航空货物运输合同当事人所使用的最主要的货运文件,能够起到以下重要作用:

(1)运输合同的证明,是承运人与托运人之间缔结的运输合同的证明。航空货运单一经签发,便成为签署承托双方运输合同的证据,货运单上的记载事项及背面条款构成了双方航空货物运输合同的重要组成部分。

(2)货物收据,是承运人收运货物的证明文件。当发货人将其货物发运后,承运人或其代理将一份航空货运单正本交给发货人,作为已接收其货物的证明。

(3)运费账单,是运费结算凭证及运费收据。航空货运单上分别记载着属于收货人应负担的费用和属于代理的费用,因此可以作为运费账单和发票。承运人可将一份货运单正本作为记账凭证。

(4)报关单据,是国际进出口货物办理清关的证明文件。当航空货物运达目的地后,应向当地海关报关,在报关所需的各种单证中,航空货运单通常是海关放行查验时的基本单据。

(5)保险证书,若承运人承办保险或者发货人要求承运人代办保险,则航空货运单即可作为保险证书。载有保险条款的航空货运单又称为红色航空货运单。

(6)承运人内部业务的依据,是承运人在货物运输组织的全过程中运输货物的依据。航空货运单是承运人在办理该运单项下货物的发货、转运、交付的依据。承运人根据货运单上所记载的有关内容办理有关事项。

(六)航空货运单的有效期

航空货运单填制完毕,托运人(或其代理人)和承运人(或者其代理)双方签字后开始生效。货物运到目的地,收货人提取货物并在货运单交付联(或提货通知单)上签收认可后,货运单作为运输凭证,其有效期即告终止。但作为运输合同的法律依据,航空货运单应自民用航空器到达目的地点、应当到达目的地点或者运输终止之日起两年内有效。

第五节　国际航空快递业务

一、航空快递的定义

航空快递是指具有独立法人资格的企业将进出境货物或物品从发件人所在地通过自身或代理的网络运达收件人的一种快速运输方式。采用上述运输方式的进出境货物、物品叫快件。

快件业务从所发运快件的内容看主要分成快件文件和快件包裹两大类。快件文件以商务文件、资料等无商业价值的印刷品为主。其中也包括银行单证、合同、照片、机票等等。快件包裹又叫小包裹服务,是指一些贸易成交的小型样品、零配件返修及采用快件运送方式送输的进出口货物和物品。

　　航空快递的业务性质和运输方式与普通航空货运有较多相近之处,可以视为航空货运的延续或发展。因而,国内许多航空货运代理公司都兼营快件业务,同时也有专门的快件公司从事国际航空快件业务。

　　快件货物除了航空公司飞行承运之外,其全程运行必须置于快件公司的操作和控制之下。这样才能提高运送速率,减少差错,方便跟踪查询,使快件运输较之于普通空运在服务水准上有质的提高。

二、航空快递的特点

　　航空快件运输(尤其是包裹运输)与普通航空货物运输相比,其基本程序和需要办理的手续相同,所需的运输单据和报关单证也基本一样:都要向航空公司办理托运,都要与收、发货人及承运人办理单货交接手续,都要提供相应的报关单证向海关办理进、出口报关手续。但是,航空快递作为一项专门业务而独立存在,亦具有其他运输方式所不能取代的特点。以下将对航空快递业务与普通航空货运业务、国际邮政业务作简单的比较,从中可以看出航空快递业务具有的特点和作用。

(一)快递公司有完善的快递网络

　　快递是以时间、递送质量区别其他运输方式的,它的高效运转只有建立在完善的网络上才能进行。这种网络要求无论始发地、中转地、到达地都能以服务于网络这个目的运作,同时这个网络具有相当强的整合能力。

(二)以收运文件和小包裹为主

　　从收运范围来看,航空快递以收运文件和小包裹为主。文件包括银行票据、贸易合同、商务信函、装船单据、小件资料等;包裹包括机器上的小零件、小件样品、急用备件等。快运公司对收件有最大重量和最大体积的限制。

　　普通航空货运则以收运进出口贸易货物为主,并且规定每件货物的最小体积不得小于5 cm×10 cm×20 cm,每票货物的最小重量不得小于 0.5 kg。

　　邮政业务则以运送私人信函为主要业务,要求货物的体积、重量较航空快件又要小和少。

　　航空快件、普通航空货运、邮政国际业务三者业务范围之间有一定的交叉,但又有各自相对独立的经营领域和服务范围,其主导业务是有明显区分的。

(三)使用特殊单据 POD

　　从运输和报关单来看,航空快递业务中有一种其他运输形式所没有的单据即"交付凭证"——POD(proof of delivery)。POD 是航空快递中重要的单据,由多联组成(各快运公司的POD 不尽相同),包括发货人联、随货同行联、财务结算联、收货人签收联等,其上印有编号及条形码。POD 类似于航空货运单中的分运单,但比航空分运单的用途更为广泛。它具有:商务合同作用,分运单作用,服务时效、服务水平记录作用,配合电脑检测、分类、分拨作用,结算作用等。

(四)流程环节全程控制

从服务层次来看,航空快递因设有专人负责,减少了内部交接环节,缩短了衔接时间,因而运送速度快于普通航空货运业务和邮递业务。这是快递业务有别于其他运输形式的最本质、最根本的一点。

(五)高度信息化控制

从服务质量来看,航空快件在整个运输过程中都处于电脑的监控之下,快件每经过一个中转港或目的港,电脑都得输入其动态信息(提货、转运、报关等)。派送员将货送交收货人时,收货人在 POD 上签收(日期、姓名)后,电脑操作员再将送货信息输入电脑。这样,有关信息很快就能反馈到发货方。一旦收、发货方查询,立刻就能得到准确的信息。这种运输方式使收、发货人都感到安全、可靠。

普通的航空货物虽然在送交收货人时也让其在底单上签字,但这种底单主要是作为货物已交付货主的存档凭证,而不是作为回执反馈发货方。虽然有些航空货运代理公司也开始向发货方(国外代理)反馈货物处理信息,但反馈信息的速度和准确度远不如航空快递业务。

邮政业务没有运送信息反馈,邮件丢失查找困难;被动查询时,需按顺序一个邮局接一个邮局查询,一个邮局接一个邮局回复,信息返回缓慢。

三、航空快递的分类

航空快递是国与国之间的以商业文件和包裹为运送对象的一种快速运送方式。其依据所提供的服务不同又分为以下三类方式。

(一)门到门服务

发件人需要发货时打电话给快递公司,快递公司接到电话后,立即派人到发件人处取件。快递公司将取到的所需发运的快件根据不同的目的地进行分拣、整理、核对、制单、报关。利用最近的航班,通过航空公司(或快件公司自己的班机)将快件运往世界各地。发件地的快递公司用电传、发 E-mail 或传真等形式将所发快件的有关信息(航空运单及分运单号、件数、重量等内容)传给中转站或目的站的快递公司。快件到达中转站或目的地机场后,由中转站或目的地快递公司负责办理清关手续和提货手续,并将快件及时送交到收货人手中,随后将快件派送的有关信息及时反馈到发件地快递公司。

(二)门到机场服务

这种运输服务只能到达收件人所在城市或附近的机场。快件到达目的地机场后,当地快递公司及时将到货信息通知收件人,收件人可自己办理清关手续,也可委托原快递公司或其他代理公司办理清关手续,但需额外缴纳清关代理费用。采用这种运输方式的快件多是价值较高,或是目的地海关对货物或物品有特殊规定。

(三)转让派送服务

这种方式是指发件地快递公司指派专人携带快件在最短的时间内,采用最便捷的交通方式,将快件送到收件人手里。这种方式一般是在一些比较特殊的情况下,为了确保货物安全和交货时间而采用的。

比较起来"门到门"方式最普遍、最简便。在日常业务中,如果有什么重要的文件或其他物品要尽快交到客户手中时,你只需拨通电话,很快地快件公司的专业派送人员就会上门取货,随之其他一切发运手续大多数也由快件公司办理了。这对于发运一般的文件、成交样品等比较适合。"门到机场"方式在时间上优于普通货运形式,同时又简化了发件人的手续,但需要收货人自己到机场办理清关、提货手续。"专人派送"方式是一种特殊服务,一般很少采用,但用这种方式可以免去普通快件的出关、入关手续。

四、航空快递业的发展

目前,在全世界形成规模的,即在 200 个国家和地区以上有网络并能作业的快递公司共有六家:即 FedEx、UPS、DHL、TNT、OCS,以及以万国邮政联盟为基础的各国邮局,即 EMS。

FedEx(联邦快递公司)是典型的美国公司,靠国内快递起家。美国的国内快件 80%以上由 FedEx 运作。现在它兼营国际快件,双管齐下,现有员工约 143500 人,有 640 架飞机和 45000 辆货车。其业务重点在亚洲和美洲之间。2002 年 3 月,FedEx 荣获了由 Cargonews Asia发起的在新加坡举行的第 16 届亚洲货运业颁发的四项大奖:北美洲最佳航空货运公司、最佳全货运公司、亚洲最佳公路运输公司和最佳物流管理公司。

UPS(联合包裹公司)1907 年 8 月 28 日在美国西雅图市成立。在第二次世界大战前后,它主要是帮助商店做购物递送和宅急送,目前已成为美国国内最大的包裹投递商和全球最著名的包裹运送快递公司。2001 年它在全球的营业额就达 306 亿美元。它拥有 700 多架飞机和 88000 辆货车。论实力,它在六大快递公司中占第一位,同时它还为自己的客户提供金融贷款。

DHL(敦豪),起源于美国,以前公司的构成分为三部分,即美洲、亚洲和欧洲。现在公司被德国邮局收购,成为德国邮局控股的国际快递公司,总部设在布鲁塞尔。公司业务从一开始就是国际业务。目前在世界国际业务中仍占有领先地位,其重点已逐渐转向亚洲与欧洲之间。

TNT(天地快运公司)1946 年由澳大利亚人托马斯成立于悉尼,开始只限于国内业务,1997 年被荷兰邮局兼并,总部的名称叫 TPG,其快递业务仍叫 TNT。TPG 的业务分三部分,即国际快递、邮件和物流。TNT 现有 36 架飞机、17200 辆车,以欧洲业务为主。TNT 的物流很发达,特别是有关汽车、轮胎、高科技的产品和易消耗品的物流。它现在是世界上最大的汽车物流供应商。

OCS(日本新闻普及株式会社)1957 年由日本东京的几家主要报纸出版人组建而成,其业务是为这些报社的国外订户发送报纸。到了 20 世纪 70 年代以后才开始做文件、包裹的国际快递业务。其总部设在日本东京,业务以亚洲为中心,是和我国在快递方面合作最早的公司。

EMS(邮政速递)依托于万国邮政联盟。按照合约,各个邮局互为代理、互相投递来自不同国家和地区的快件,同时将自己收到的快件交到收件人手中。

五、特快专递业务

特快专递业务,是指从事快件运输的专业速递公司与航空公司合作,以最快速度在发件人、机场、收件人之间递送急件的业务。由此可见,特快专递业务的性质和运输方式与普通航空货运基本上是一致的,可以视为航空货运的延续。实际上,大多数航空货运代理公司都经营快递业务,即所谓的"空运普货门到门服务"。许多专门从事快递业务的公司也是从航空货运代理公司派生出来的,以前从事航空货运机场自提,现在委托当地同行代理互为派送。

特快专递或航空快递的主要运作形式是"门到门"或称"桌到桌"服务,即由速递公司派人上门取件,送至机场委托航空公司空运,货到目的港机场后,由当地速递公司(或代理)提货,派送到收件人手中。

特快专递与航空快递的区别是:特快专递的时效性高于航空快递,运价大于航空快递,货量小于航空快递。特快专递的运输方式是立体式的,可以是航空、铁路、公路、水路运输,货物派送流通区域广泛,通过二级、三级站中转和分拨,货物派送可以抵达乡村。虽然特快专递运作成本低,货物也能及时派送完毕,但是由于货物流通中间环节增多,安全系数低于航空快递。航空快递的运输方式只能是航空,货物流通派送以两点之间的城市区域为主,需二级、三级中转、分拨的派送区域,一般以汽车运输直达派送为主,不进行中转。二程运输成本相对较高,适合大宗货物、易碎品等运作。

特快专递的特点与作用是:特快专递与空运普货"门到门"服务,基本程序和需要办理的手续是一样的,所需的运输单证也基本相同:都要向航空公司办理托运手续,都要与收、发件人及承运人办理交接手续。国际快件要向海关办理进出口报关手续,并提供相应的报关单证,都需要给目的地速递公司或代理发 Fax/E-mail 以预告,及附随货清单。特快专递作为一项业务而独立存在,必然有其合理性,必然有其他运输形式所不能取代的业务范围和运输特点。

思考与练习

一、简答题

1. 国际航空货物运价体系的构成?

2. 计费重量是如何确定的?

3. 货运代理的出口业务流程是什么?

4. 货运代理的进口业务流程是什么?

二、案例分析题

一票从北京运往伦敦的机器配件,在巴黎中转,货运单号 66633783442,4 件,每件 25 公斤,当在巴黎中转时,由于临时出现问题,发货人向航空公司提出停止运输,且返回北京。

1. 发货人的请求是否可以得到航空公司的许可?

2. 返回的机器配件的运费由谁来付?

三、实训

1. 实训项目名称:航空出口货运代理流程。

2. 实训目的:通过实训,使学生熟悉航空出口货运代理流程,并能熟练填制各种单证。

3. 实训要求:按流程进行操作,并提交操作结果。

第七章
国际多式联运代理

▶ **内容简介**

随着各种运输方式的连接性加强和国际通信技术和管理技术的发展,国际利用多种运输方式通过联运的方式对货物进行运输越来越普遍。本章介绍了国际多式联运的概念;国际多式联运经营人及组织形式;国际多式联运代理主要业务与程序;多级多式联运提单以及国际多式联运的费用等。

▶ **教学目标**

1.知识目标

(1)了解国际多式联运的优缺点;

(2)了解国际多式联运经营人应具备的条件和法律地位;

(3)熟悉国际多式联运出口业务及流程;

(4)掌握国际多式联运单证的特点;

(5)理解国际多式联运收费的一些主要项目。

2.技能目标

(1)能进行国际集装箱多式联运的流程操作;

(2)能正确准备多式联运单证。

▶ **教学要求**

1.重点讲授国际多式联运的出口业务及流程。

2.强调国际多式联运的单证与其他运输方式单证的区别。

▶ **案例导入**

大通公司将数台设备交由茂盛公司代理运输,从张家港由公路运输经上海至汉堡港,由张家港仓储公司负责装箱。货物上海至汉堡段交由实际承运人 A 承运。茂盛公司则向大通公司出具了全程清洁提单,A 则向茂盛公司出具了清洁提单。货物投保了一切险。货物到达汉堡港后发现箱损,已经公证机构检验,确认由于箱内设备加固、捆绑不牢,致使箱损和部分货损。

▶ **引导思路**

1.多式联运各主体相关责任如何划分?

2.谁承担责任?

第一节 国际多式联运概述

随着运输技术和管理的发展,国际多式联运是将各种运输方式连接起来的一种新型运输方式。国际多式联运一般以集装箱为媒介,把海上运输、铁路运输、公路运输、航空运输和内河运输等传统的单一方式运输有机地结合起来,化为一体加以有效地综合利用,构成一种连贯的过程来完成国际运输。

一、国际多式联运的构成条件

20世纪60年代末,多式联运开始在美国出现,受到贸易界的欢迎。随后,国际多式联运在北美、欧洲和远东地区开始采用;20世纪80年代,国际多式联运已逐步在发展中国家实行。目前,国际多式联运已成为一种新型的重要的国际集装箱运输方式,受到国际航运界的普遍重视。

联合国为了适应并促进国际贸易和运输的顺利发展,于1980年5月8日至10日在日内瓦召开的国际多式联运公约会议上,经与会84个贸发会议成员国一致讨论通过,并产生了当今世界上第一个国际多式联运公约,其全称为《联合国国际货物多式联运公约》(以下简称《公约》)。《公约》的总则部分第一条对国际多式联运作了如下的定义,即"国际多式联运是按照多式联运合同,以至少两种不同的运输方式,由多式联运经营人将货物从一国境内接收货物的地点运至另一国境内指定交付货物的地点"。根据这个定义,构成国际多式联运需要具备以下几个条件:

第一,必须要有一个多式联运合同,明确规定多式联运经营人(承运人)和托运人之间的权利、义务、责任、豁免的合同关系和多式联运的性质。多式联运经营人根据合同规定,负责完成或组织完成货物的全程运输并一次收取全程运费。所以,多式联运合同是确定多式联运性质的根本依据,也是区别多式联运和一般传统联运的主要依据。

第二,必须使用一份全程多式联运单证。全程多式联运单证是指证明多式联运合同以及证明多式联运经营人已接收货物并负责按照合同条款交付货物所签发的单证。它与传统的提单具有相同的作用,也是一种物权证书和有价证券。国际商会为了促进多式联运的发展,于1975年颁布了《联合运输单证统一规则》,对多式联运单证作了认可的规定,如信用证无特殊规定,银行可接受多式联运经营人所签发的多式联运单证,这就为多式联运的发展提供了有利条件。

第三,必须是至少两种不同运输方式的连贯运输。多式联运不仅需要通过两种运输方式而且是两种不同运输方式的组合。例如海—海,铁—铁或空—空等,虽经两种运输工具,由于是同一种运输方式,所以不属于多式联运范畴之内,但海—陆、海—空、陆—空或铁—公等,尽管也是简单的组合形态,却都符合多式联运的基本组合形态的要求。所以,确定一票货运是否属于多式联运方式,至少两种不同运输方式的组合是重要因素之一。为了履行单一方式运输合同而进行的该合同所规定的货物接送业务,则不应视为多式联运,如航空运输长期以来普遍盛行汽车接送货物运输业务,从形式上看已构成航空—汽车组合形态,但这种汽车接送习惯上视同航空业务的一个组成部分,作为航空运输的延伸,故《公约》规定,把这种接送业务排除在多式联运之外。这样进一步明确了两种不同运输方式组合的内容,以避免多式联运法规同单一方式法规在这个问题上的矛盾。

第四,必须是国际的货物运输,这是区别于国内运输和是否适合国际法规的限制条件。也就是说,在国际多式联运方式下,货物运输必须是跨越国境的一种国际运输。

第五,必须由一个多式联营经营人对全程运输负总的责任。这是多式联运的一个重要特征。多式联运经营人也就是与托运人签订多式联运合同的当事人,也是签发联运单证的人,它在联运业务中作为总承运人对货主负有履行合同的责任,并承担自接管货物起至交付货物时止的全程运输责任,以及对货物在运输途中因灭失损坏或延迟交付所造成的损失负赔偿责任。多式联运经营人为了履行多式联运合同规定的运输责任,可以自己办理全程中的一部分实际运输,把其他部分运输以自己的名义委托给有关区段的运输承运人(俗称分承运人)办理,也可以自己不办理任何部分的实际运输,而把全程各段运输分别委托有关区段分承运人办理,分承运人与原发货人不发生任何关系。分承运人只与多式联运经营人发生联系,它们之间的关系是承托关系。

第六,必须是全程单一运费费率。多式联运经营人在对货主负全程运输责任的基础上,制订一个货物发运地至目的地全程单一费率并以包干形式一次向货主收取。这种全程单一费率一般包括运输成本(全程各段运输费用的总和)、经营管理费用(如通讯、制单以及劳务手续费等)和合理利润。

二、国际多式联运的优势

多式联运是货物运输的一种较高组织形式,它集中了各种运输方式的特点,扬长避短融会一体,组成连贯运输,达到简化货运环节、加速货运周转、减少货损货差、降低运输成本、实现合理运输的目的,它比传统单一运输方式具有无可比拟的优越性,主要表现在以下几方面。

1. 责任统一,手续简便

在多式联运方式下,不论全程运输距离多么遥远,也不论需要使用多少种不同运输工具,更不论途中要经过多少次转换,一切运输事宜统一由多式联运经营人负责办理,而货主只要办理一次托运、签订一个合同、支付一笔全程单一运费,取得一份联运单证,就履行全部责任。由于责任统一,一旦发生问题,也只要找多式联运经营人便可解决问题。与单一运输方式的分段托运,多头负责相比,不仅手续简便,而且责任更加明确。

2. 减少中间环节,缩短货运时间,降低货损货差,提高货运质量

多式联运通常是以集装箱为媒介的直达连贯运输,货物从发货人仓库装箱验关铅封后直接运至收货人仓库交货,中途无须拆箱倒载,减少很多中间环节,即使经多次换装,也都是使用机械装卸,丝毫不触及箱内货物,货损货差和偷窃丢失事故就大为减少,从而较好地保证货物安全和货物质量。此外,由于是连贯运输,各个运输环节和各种运输工具之间,配合密切,衔接紧凑,货物所到之处,中转迅速及时,减少在途停留时间,故能较好地保证货物安全、迅速、准确、及时地运抵目的地。

3. 降低运输成本,节省运杂费用,有利贸易开展

多式联运是实现"门到门"运输的有效方法。对货方来说,货物装箱或装上第一程运输工具后就可取得联运单证进行结汇,结汇时间提早,有利于加速货物资金周转,减少利息支出。

采用集装箱运输,还可以节省货物包装费用和保险费用。此外,多式联运全程使用的是一份联运单证和单一运费,这就大大简化了制单和结算手续,节省大量人力物力,尤其是便于货方事先核算运输成本,选择合理运输路线,为开展贸易提供了有利条件。

4.实现"门到门"运输的有效途径

多式联运综合了各种运输方式,扬长避短,组成直达连贯运输,不仅缩短运输里程,降低运输成本,而且加速货运周转,提高货运质量,是组织合理运输、取得最佳经济效果的有效途径。尤其是采用多式联运,可以把货物从发货人内地仓库直运至收货人内地仓库,为实现"门到门"的直达连贯运输奠定了有利基础,工业上自动化大生产是通过自动化生产线,那么多式联运可以说是运输大生产的多式联运生产线。

5.提高运输管理水平,实现运输合理化

对于区段运输而言,由于各种运输方式的经营人各自为政,自成体系,因而其经营业务范围受到限制,货运量相应也有限。而一旦由不同的运经营人共同参与多式联运,经营的范围可以大大扩展,同时可以最大限度地发挥其现有设备作用,选择最佳运输线路组织合理化运输。

6.有利于政府宏观调控

有利于加强政府对整个货物运输链的监督和管理,保证本国在整个货物运输过程中获得较大的运费收入分配比例;有助于改善本国基础设施的利用状况,通过国家的宏观调控与指导职能保证使用对环境破坏最小的运输方式达到保护本国生态环境的目的。

三、国际多式联运组织形式

国际多式联运是采用两种或两种以上不同运输方式进行联运的运输组织形式。这里所指的至少两种运输方式可以是:海陆、陆空、海空等。这与一般的海海、陆陆、空空等形式的联运有着本质的区别。后者虽也是联运,但仍是同一种运输工具之间的运输方式。众所周知,各种运输方式均有自身的优点与不足。一般来说,水路运输具有运量大、成本低的优点;公路运输则具有机动灵活、便于实现货物门到门运输的特点;铁路运输的主要优点是不受气候影响,可深入内陆和横贯内陆实现货物长距离的准时运输;而航空运输的主要优点是可实现货物的快速运输。由于国际多式联运严格规定必须采用两种和两种以上的运输方式进行联运,因此这种运输组织形式可综合利用各种运输方式的优点,充分体现社会化大生产大交通的特点。

由于国际多式联运具有其他运输组织形式无可比拟的优越性,因而这种国际运输新技术已在世界各主要国家和地区得到广泛的推广和应用。目前,有代表性的国家多式联运主要有远东/欧洲,远东/北美等海陆空联运,其组织形式包括以下几方面。

(一)海陆联运

海陆联运是国际多式联运的主要组织形式,也是远东/欧洲多式联运的主要组织形式之一。目前组织和经营远东/欧洲海陆联运业务的主要有班轮公会的三联集团、北荷、冠航和丹麦的马士基等国际航运公司,以及非班轮公会的中国远洋运输公司、中国台湾长荣航运公司和德国那亚航运公司等。这种组织形式以航运公司为主体,签发联运提单,与航线两端的内陆运输部门开展联运业务,与大陆桥运输展开竞争。

(二)陆桥运输

在国际多式联运中,陆桥运输(land bridge service)起着非常重要的作用。它也是远东/欧洲国际多式联运的主要形式。所谓陆桥运输是指采用集装箱专用列车或卡车,把横贯大陆的铁路或公路作为中间"桥梁",使大陆两端的集装箱海运航线与专用列车或卡车连接起来的一种连贯运输方式。严格地讲,陆桥运输也是一种海陆联运形式。只是因为其在国际多式联运中的独特地位,故在此将其单独作为一种运输组织形式。目前,远东/欧洲的陆桥运输线路有西伯利亚大陆桥和北美大陆桥。

1. 西伯利亚大陆桥(Siberian Land Bridge)

西伯利亚大陆桥(SLB)是指使用国际标准集装箱,将货物由远东海运到俄罗斯东部港口,再经跨越欧亚大陆的西伯利亚铁路运至波罗的海沿岸如爱沙尼亚的塔林或拉脱维亚的里加等港口,然后再采用铁路、公路或海运到欧洲各地的国际多式联运的运输线路。西伯利亚大陆桥于1971年由原全苏对外贸易运输公司正式确立。现在全年货运量高达10万标准箱(TEU),最多时达15万标准箱。使用这条陆桥运输线的经营者主要是日本、中国和欧洲各国的货运代理公司。其中,日本出口欧洲杂货的V3,欧洲出口亚洲杂货的1/5是经这条陆桥运输的。由此可见,它在沟通亚欧大陆,促进国际贸易中所处的重要地位。西伯利亚大陆桥运输包括"海铁铁"、"海铁海"、"海铁公"和"海公空"等四种运输方式。由俄罗斯的过境运输总公司(SOJUZTRANSIT)担当总经营人,它拥有签发货物过境许可证的权利,并签发统一的全程联运提单,承担全程运输责任。至于参加联运的各运输区段,则采用"互为托、承运"的接力方式完成全程联运任务。可以说,西伯利亚大陆桥是较为典型的一条过境多式联运线路。

西伯利亚大陆桥是目前世界上最长的一条陆桥运输线。它大大缩短了从日本、远东、东南亚及大洋洲到欧洲的运输距离,并因此而节省了运输时间。从远东经俄罗斯太平洋沿岸港口去欧洲的陆桥运输线全长13000km。而相应的全程水路运输距离(经苏伊士运河)约为20000km。从日本横滨到欧洲鹿特丹,采用陆桥运输不仅可使运距缩短1/3,运输时间也可节省1/2。此外,在一般情况下,运输费用还可节省20%~30%,因而对货主有很大的吸引力。由于西伯利亚大陆桥所具有的优势,因而随着它的声望与日俱增,也吸引了不少远东、东南亚以及大洋洲地区到欧洲的运输,使西伯利亚大陆桥在短短的几年时间中就有了迅速发展。但是,西伯利亚大陆桥运输在经营管理上存在的问题,如港口装卸能力不足、铁路集装箱车辆的不足、箱流的严重不平衡以及严寒气候的影响等在一定程度上阻碍了它的发展。尤其是随着我国兰新铁路与中哈边境的土西铁路的接轨,一条新的"欧亚大陆桥"形成,为远东至欧洲的国际集装箱多式联运提供了又一条便捷路线,使西伯利亚大陆桥面临严峻的竞争形势。

2. 北美大陆桥(North American Land Bridge)

北美大陆桥是指利用北美的大铁路从远东到欧洲的"海陆海"联运。该陆桥运输包括美国大陆桥运输和加拿大大陆桥运输。美国大陆桥有两条运输线路:一条是从西部太平洋沿岸至东部大西洋沿岸的铁路和公路运输线;另一条是从西部太平洋沿岸至东南部墨西哥湾沿岸的铁路和公路运输线。美国大陆桥于1971年底由经营远东/欧洲航线的船公司和铁路承运人联合开办"海陆海"多式联运线,后来美国几家班轮公司也投入营运。目前,主要有四个集团经营远东经美国大陆桥至欧洲的国际多式联运业务。这些集团均以经营人的身份,签发多式联运单证,对全程运输负责。加拿大大陆桥与美国大陆桥相似,由船公司把货物海运至温哥华,经铁路运到蒙特利尔或哈利法克斯,再与大西洋海运相接。

北美大陆桥是世界上历史最悠久、影响最大、服务范围最广的陆桥运输线。据统计,从远东到北美东海岸的货物有大约50%以上是采用双层列车进行运输的,因为采用这种陆桥运输方式比采用全程水运方式通常要快 1～2 周。例如,集装箱货从日本东京到欧洲鹿特丹港,采用全程水运(经巴拿马运河或苏伊士运河)通常约需 5～6 周时间,而采用北美陆桥运输仅需 3 周左右的时间。

随着美国和加拿大大陆桥运输的成功营运,北美其他地区也开展了大陆桥运输。墨西哥大陆桥(Mexican Land bridge)就是其中之一。该大陆桥横跨特万特佩克地峡(Isthmus Tehuantepec),连接太平洋沿岸的萨利纳克鲁斯港和墨西哥湾沿岸的夸察夸尔科斯港。墨西哥大陆桥于 1982 年开始营运,目前其服务范围还很有限,对其他港口和大陆桥运输的影响还很小。

在北美大陆桥强大的竞争面前,巴拿马运河可以说是最大的输家之一。随着北美西海岸陆桥运输服务的开展,众多承运人开始建造不受巴拿马运河尺寸限制的超巴拿马型船(Post-Panamax Ship),从而放弃使用巴拿马运河。可以预见,随着陆桥运输的效率与经济性的不断提高,巴拿马运河将处于更为不利的地位。

3. 其他陆桥运输形式

北美地区的陆桥运输不仅包括上述大陆桥运输,而且还包括小陆桥运输(mini-bridge)和微桥运输(microbridge)等运输组织形式。

小陆桥运输从运输组织方式上看与大陆桥运输并无大的区别,只是其运送的货物的目的地为沿海港口。目前,北美小陆桥运送的主要是日本经北美太平洋沿岸到大西洋沿岸和墨西哥湾地区港口的集装箱货物。当然也承运从欧洲到美西及海湾地区各港的大西洋航线的转运货物。北美小陆桥在缩短运输距离、节省运输时间上效果是显著的。以日本/美东航线为例,从大阪至纽约全程水运(经巴拿马运河)航线距离 9700n mile,运输时间 21～24 天。而采用小陆桥运输,运输距离仅 7400 n mile,运输时间 16 天,可节省 1 周左右的时间。

微桥运输与小陆桥运输基本相似,只是其交货地点在内陆地区。北美微桥运输是指经北美东、西海岸及墨西哥湾沿岸港口到美国、加拿大内陆地区的联运服务。随着北美小陆桥运输的发展,出现了新的矛盾,主要反映在:如货物由靠近东海岸的内地城市运往远东地区(或反向),首先要通过国内运输,以国内提单运至东海岸交船公司,然后由船公司另外签发由东海岸出口的国际货运单证,再通过国内运输运至西海岸港口,然后海运至远东。货主认为,这种运输不能从内地直接以国际货运单证运至西海岸港口转运,不仅增加费用,而且耽误运输时间。为解决这一问题,微桥运输应运而生。进出美、加内陆城市的货物采用微桥运输既可节省运输时间,也可避免双重港口收费,从而节省费用。例如,往来于日本和美东内陆城市匹兹堡的集装箱货,可从日本海运至美国西海岸港口,如奥克兰,然后通过铁路直接联运至匹兹堡,这样可完全避免进入美东的费城港,从而节省了在该港的港口费支出。

(三)海空联运

所谓海空联运就是把空运货物先经由船舶运至拟中转的国际机场所在港口,然后安排拖车将货物拖至拟中转的国际机场进行分拨、装板、配载后,再空运至目的地的国际多式联运形式。海空联运又称为空桥运输(air-bridge transport)。与陆桥运输在整过货运过程中使用同一个集装箱不同,空桥运输的货物通常要在航空港换入航空集装箱,这是由航空运输使用其独自集装箱的缘故引起的。

海空联运方式始于 20 世纪 60 年代,但到 80 年代才得以较大的发展。采用这种海空联运方式,运输时间比全程海运少,运输费用比全程空运便宜,20 世纪 60 年代,将货物由远东用船舶运至美国西海岸,再通过航空运至美国内陆地区或美国东海岸,从而出现了海空联运。1960年年底,苏联航空公司开辟了经由西伯利亚至欧洲航空线;1968年,加拿大航空公司参加了国际多式联运;80年代,出现了经由香港、新加坡、泰国等至欧洲航空线。目前,国际海空联运线主要有:

(1)远东—欧洲:远东与欧洲间的航线有以温哥华、西雅图、洛杉矶为中转地;也有以香港、仁川、曼谷、海参崴为中转地;还有以旧金山、新加坡为中转地。

(2)远东—中南美:近年来,远东至中南美的海空联运发展较快,因为此处港口和内陆运输不稳定,所以对海空运输的需求很大。该联运线以迈阿密、洛杉矶、温哥华为中转地。

(3)远东—中近东、非洲、澳洲:这是以香港、曼谷、仁川为中转地至中近东、非洲的运输服务。

在特殊情况下,还有经马赛至非洲、经曼谷至印度、经香港至澳洲等联运线,但这些线路货运量较小。

(四)我国的国际多式联运

近年来,为适用和配合我国对外贸易运输的发展需要,我国对某些国家和地区已开始采用国际多式联运方式。目前,我国已开展的国际多式联运路线主要包括我国内地经海运往返日本内地、美国内地、非洲内地、西欧内地、澳洲内地等联运线以及经蒙古或苏联至伊朗和往返西、北欧各国的西伯利亚大陆桥运输线。其中西伯利亚大陆桥集装箱运输业务发展较快,目前每年维持在10000标准箱左右,我国办理西伯利亚大陆桥运输主要采用铁/铁(transrail)。铁/海(transea)、铁/卡(tracons)三种方式,除上述已开展的运输路线外,新的联运线路正不断发展,其中包括举世瞩目的新亚欧大陆桥(Eurasia Bridge)。

1990年9月12日,随着中国兰新铁路与哈萨克斯坦土西铁路接轨,连接亚欧的第二座大陆桥正式贯通。新亚欧大陆桥东起中国连云港,西至荷兰鹿特丹,途经哈萨克斯坦、乌孜别克斯坦、吉尔吉斯斯坦、塔吉克斯坦、俄罗斯、白俄罗斯、波兰、德国和荷兰等国,全长10900 km。该陆桥为亚欧开展国际多式联运提供了一条便捷的国际通道。远东至西欧,经新亚欧大陆桥比经苏伊士运河的全程海运航线,缩短运距8000 km,比通过巴拿马运河缩短运距11000 km。远东至中亚、中近东,经新亚欧大陆桥比经西伯利亚大陆桥,缩短运距2700~3300 km。该陆桥运输线的开通将有助于缓解西伯利亚大陆桥运力紧张的状况。

新亚欧大陆桥在中国境内经过陇海、兰新两大铁路干线,全长4131 km。它在徐州、郑州、洛阳、宝鸡、兰州分别与我国京沪、京广、焦柳、宝成、包兰等重要铁路干线相连,具有广阔的腹地,新亚欧大陆桥于1993年正式运营。至此,亚大地区运往欧洲、中近东地区的货物可经海运至中国连云港上桥,出中国西部边境站阿拉山口后,进入哈萨克斯坦国境内边境站德鲁日巴换装,经独联体铁路运至其边境站、港,再通过铁路、公路、海运继运至西欧、东欧、北欧和中近东各国。而欧洲、中近东各国运往亚大地区的货物,则可经独联体铁路进入中国西部边境站阿拉山口换装,经中国铁路运至连云港后,再转船继运至日本、韩国、中国香港、中国台湾和菲律宾、新加坡、泰国、马来西亚等国和地区。

第二节　国际多式联运经营人

国际多式联运的特殊性决定了对其经营人也有其特殊要求和相应地的法律地位和责任。

一、国际多式联运经营人概念和特征

(一)国际多式联运经营人概念

国际多式联运经营人比单纯运输方式经营人的要求更为复杂,国际多式联运经营人既不是发货人的代理或代表,也不是承运人的代理或代表,它是一个独立的法律实体,这具有双重身份,对货主来说它是承运人,对实际承运人来说,它又是托运人,它一方面与货主签订多式联运合同,另一方面又与实际承运人签订运输合同。它是总承运人,对全程运输负责,对货物灭失、损坏、延迟交付等均承担责任。

多式联运经营人(MTO)是指本人或通过其代表订立多式联运合同的人,他是事主,而不是发货人的代理人或代表或参加多式联运的承运人的代理人或代表,并且负有履行合同的责任。

(二)国际多式联运经营人的特征

(1)国际多式联运经营人是多式联运合同的主体。国际多式联运经营人是"本人"而非代理人。他既对全程运输享有承运人的权利,又负有履行多式运输合同的义务,并对责任期间所发生的货物的灭失、损害或迟延交付承担责任。

(2)国际多式联运经营人的职能在于负责完成多式运输合同或组织完成多式运输合同。国际多式联运经营人既可以拥有运输工具从事一个或几个区段的实际运输,也可以不拥有任何运输工具,仅负责全程运输组织工作。当国际多式联运经营人以拥有的运输工具从事某一区段运输时,他既是契约承运人,又是该区段的实际承运人。

(3)国际多式联运经营人是"中间人"。国际多式联运经营人具有双重身份,他既以契约承运人的身份与货主(托运人或收货人)签订国际多式联运合同,又以货主的身份与负责实际运输的各区段运输的承运人(通常称为实际承运人)签订分运运输合同。

(三)国际多式联运经营人为其受雇人、代理人和其他人所负的赔偿责任

多式联运公约规定:多式联运经营人应对他的受雇人或代理人在其受雇范围内行事时的行为或不行为负赔偿责任,或对他为履行多式联运合同而使用其服务的任何其他人在履行合同的范围内行事时的行为或不行为负赔偿责任,一如他本人的行为或不行为。

二、国际多式联运经营人应具备的条件

国际货运公约或货物运输合同一般都规定,承运人应是与发货人订有运输合同的人,或完成货物运输的人。然而,现行的国际货运公约对承运人的概念理解不一,在认识上没有统一。如《海牙规则》中的承运人是指参加运输的人,或是与发货人订立合同的人,或两者兼而有之。同样,因对《华沙公约》中所规定的承运人认识不一,由此制定了《瓜达拉哈拉公约》。多式联运作为不同运输方式间的组合,系由众多关系人组成,其法律关系十分复杂,其中主要关系有多式联运经营人与发货人之间的关系,以及与其受雇人、代理人之间的代理关系、承揽关系、侵权行为关系等。多式联运首先应调整上述关系人的法律关系,确定多式联运经营人的法律地位,从而平衡相互间的权利、义务和赔偿责任。已通过的《多式联运公约》和现行的多式联运业务

对多式联运经营人概念理解为："多式联运经营人是指本人或通过其代表与发货人订立多式联运合同的任何人，他是事主，而不是发货人的代理人或代表或参加多式联运的承运人的代理人或代表，并且负有履行合同的责任。"

可见，当多式联运经营人从发货人那里接管货物时起，即表明责任业已开始，货物在运输过程中的任何区段发生灭失或损害，多式联运经营人均以本人的身份直接承担赔偿责任，即使该货物的灭失或损害并非由多式联运经营人本人的过失所致。因为作为多式联运经营人的基本条件是：

(1)多式联运经营人本人或其代表就多式联运的货物必须与发货人本人或其代表订立多式联运合同，而且合同至少使用两种运输方式完成货物全程运输，合同中的货物系国际的货物。

(2)从发货人或其代表那里接管货物时起即签发多式联运单证，并对接管的货物开始负有责任。

(3)承担多式联运合同规定的与运输和其他服务有关的责任，并保证将货物交给多式联运单证的持有人或单证中指定的收货人。

(4)对运输全过程中所发生的货物灭失或损害，多式联运经营人首先对货物受损人负责，并应具有足够的赔偿能力。当然，这种规定或做法并不会影响多式联运经营人向造成实际货损的承运人行使的追偿权利。

(5)多式联运经营人应具备与多式联运所需要的、相适应的技术能力，对自己签发的多式联运单证确保其流通性，并作为有价证券在经济上有令人信服的担保程度。

三、国际多式联运经营人的法律地位

国际多式联运经营人在各种关联关系中处于核心地位。因此，确定国际多式联运经营人这一主体及其法律地位尤为关键，有利于理清国际多式联运中错综复杂的各种法律关系。

(一)国际货物多式联运经营人的责任期间

多式联运经营人的责任期间是指多式联运经营人履行义务和承担责任的期间。《联合国国际货物多式联运公约》以及我国的《合同法》都规定，国际多式联运经营人的责任期间为从接收货物时起至交付货物时止，承运人掌管货物的全部期间。

(二)国际货物多式联运经营人的赔偿责任基础

国际多式联运经营人对于货物运输所采取的赔偿责任原则，在确定国际多式联运经营人责任方面起着重要作用。目前，各单一运输公约关于赔偿责任基础的规定不一，但大致上可分为严格责任制和过失责任制两大种。《联合国国际货物多式联运公约》和1991年国际商会规则采取的都是类似于《汉堡规则》采用的推定过失责任制，其规定为：如果货物的灭失、损坏或延迟交付造成的损失发生在承运人的责任期间内，承运人应负赔偿责任。除非承运人证明他本人、其雇佣人或代理人为避免该项事故的发生及其后果已采取了一切合理有效的措施。推定过失责任制实际上加重了承运人的责任。中国《海商法》主要采用的是《海牙/维斯比规则》确立的不完全过失责任制，即承运人的赔偿责任基础以过失责任为总原则，但承运人对其雇佣人员主观过失造成的损害免责。特别的，对于货物延误交付，《联合国国际货物多式联运公约》

规定,如果货物未在议定的时间内交付,或者无此种情况下,未在按照具体情况对一个勤奋的多式联运经营人所能合理要求的时间内交付,即为延误交货。又规定如果货物在规定的交货日期届满后连续 90 日内未交付,索赔人即可认为这批货物业已灭失。可见,《联合国国际货物多式联运公约》下承运人既要对迟延交货负责,又对货物延迟交付所造成的损失承担赔偿责任。我国《海商法》规定,对于明确议定交付期限下所造成的延迟损失予以赔偿,其责任限额为延迟交付货物的运费数额。

(三)国际货物多式联运经营人的赔偿责任形式

国际货物多式联运经营人的赔偿责任可以分为以下四种形式:

第一,责任分担制,即多式联运经营人对货主并不承担全程运输责任,仅对自己完成的区段货物运输负责,各区段的责任原则按照该地区使用的法律予以确定。这种责任形式与多式联运的基本特征相矛盾,因此在实际运用中也常被判约定无效。

第二,统一责任制,是指多式联运经营人对货主的赔偿不考虑各区段运输方式的种类及其所适用的法律,而是对全程运输按统一的原则并一律按一个约定的责任限额进行赔偿。由于现阶段各种运输方式采用不同的责任基础和责任限额,因而此种责任形式未被适用。

第三,网状责任制,是指多式联运经营人尽管对全程负责,但对货运事故的赔偿原则仍按不同区段所适用的法律规定,当无法确定货运事故发生区段时则按海运法规或双方约定原则予以赔偿。目前,几乎所有的国际多式联运提单均采取这种赔偿责任形式。

第四,统一修正责任制,是一种介于统一责任制和网状责任制之间的责任制,也称混合责任制。它是在责任基础方面与统一责任制相同,而在赔偿限额方面则与网状责任制相同。目前,《联合国国际货物多式联运公约》采取这种责任形式。但是由于目前各个单一运输方式国际公约和国内法对承运人的责任基础和赔偿责任限额规定并不统一,相互之间有很大差别,即使采取修正统一责任制也将对现有的运输法律体系产生一定的冲击,因此在实际操作中无法应用。

(四)多式联运经营人的赔偿责任限制

有关货损货差、延迟交付的责任限额的规定,各个国际公约以及国内法都有不同的规定,实践中依据相应赔偿责任形式而确定。

(五)其他规定

《联合国国际货物多式联运公约》中对国际多式联运经营人责任的其他规定主要有:

第一,有意谎报或漏报的赔偿责任。公约第 11 条规定,如果国际多式联运经营人意图诈骗,在国际多式联运单证上列入有关货物的不实资料,或漏列本公约规定的应载明的任何资料,则该联运经营人不得享有本公约规定的赔偿责任限制,而须赔偿包括收货人在内的第三方因信赖该多式联运单证所载明的货物状况行事而遭受的任何损失、损坏或费用。

第二,国际多式联运经营人为其受雇人、代理人和其他人所负的赔偿责任。公约第 15 条规定,除第 21 条规定的赔偿责任限制权利的丧失和另有规定外,国际多式联运经营人应对其受雇人或代理人在其受雇范围内行事时的行为或不行为负赔偿责任,或对他为履行国际多式联运合同而使用其服务的任何其他人在履行合同的范围内行事时的行为或不行为负赔偿责任,如同他本人的行为或不行为一样。

第三节　国际多式联运的主要业务与流程

国际多式联运业务主要包括与发货人订立多式联运合同、组织全程运输、完成从接货到交货过程的合同事项等基本内容。其主要分为多式联运出口业务流程和进口业务流程。

一、国际多式联运的出口业务与流程

国际多式联运的出口业务流程大致有以下几个环节：接受托运申请—订立多式联运合同，编制作业计划—订车、租船订舱，接货—空箱发放—提取—装箱—运送，出口报关报检，办理货物保险，签发多式联运提单—组织完成货物的全程运输，单证寄送，办理运输过程中的海关业务，货物交付，货物事故处理等。

国际多式联运业务的操作步骤与国内多式联运业务的操作类似，两者的主要差别是：国际多式联运业务的操作必须有出口报关环节。还有的是使用单证也不同。国际多式联运业务是在多式联运经营人的组织下完成的，其业务流程如下。

(一)接受托运申请，订立多式联运合同

多式联运经营人根据货主提出的托运申请和自己的运输路线等情况，判断是否接受该托运申请。如果能够接受，则双方议定有关事项后，在交给发货人或其代理人的场站收据（货物情况可暂时空白）副本上签章（必须是海关能接收的），证明接受托运申请，多式联运合同已经订立并开始执行。发货人或其代理人根据双方就货物交接方式、时间、地点、付费方式等达成协议填写场站收据（货物情况可暂空），并把其送至联运经营人处编号，多式联运经营人编号后留下货物托运联，将其他联交还给发货人或其代理人。

(二)编制作业计划，订车、租船订舱

多式联运经营人接受货主委托后应及时安排相关作业，包括：总承运人与分承运人及运输的各连接点之间签订合同，与船公司、航空公司、铁路部门、公路部门以及主题作业部门、仓库、港口、商检、理货等签订合同。收集托运人出口所需的各种单证编制作业计划，填制作业安排书。作业计划包括货物的运输线路、区段的划分、个区段实际承运人的选择确定及格区段衔接地点的到达、起运时间等内容。

根据具体情况向合适的实际区段承运人租船、订舱或者要求列车车皮和货车进行货物运输。多式联运经营人向分承运人租船订舱或订车是经营人独立的业务活动，与货主无关。

(三)集装箱的发放、提取及运送

多式联运大多数使用集装箱运输。多式联运中使用的集装箱一般应由经营人提供。这些集装箱来源可能有三个：一是经营人自己购置使用的集装箱；二是由公司租用的集装箱，这类箱一般在货物的起运地附近提箱而在交付货物地点附近还箱；三是由全程运输中的某一分运人提供，这类箱一般需要在多式联运经营人为完成合同运输与该分运人（一般是海上区段承运人）订立分运合同后获得使用权。如果双方协议由发货人自行装箱，则多式联运经营人应签发提箱单或者租箱公司或分运人签发的提箱单交给发货人或其代理人，由他们在规定日期到指定的堆场提箱并自行将空箱拖运到货物装箱地点，准备装货。如发货人委托亦可由经营人办

理从堆场装箱地点的空箱拖运(这种情况需加收空箱拖运费)。如是拼箱货(或是整箱货但发货人无装箱条件不能自装)时,则由多式联运经营人将所用空箱调运至接收货物集装箱货运站,做好装箱准备。

(四)出口报关

若联运从港口开始,则在港口报关;若从内陆地区开始,应在附近的海关办理报关。一般由托运人办理,也可委托多式联运经营人代办。报关时应提供场站收据、装箱单、出口许可证等有关单证和文件。

(五)货物装箱

1. 自行装箱

若是发货人自行装箱,发货人或其代理人提取空箱后在自己的工厂和仓库组织装箱,装箱工作一般要在报关后进行,并请海关派员到装箱地点监装和办理加封事宜。如需理货,还应请理货人员现场理货并与之共同制作装箱单。

2. 委托多式联运经营人或货运站装箱

若是发货人不具备装箱条件,可委托多式联运经营或货运站装箱(指整箱货情况),发货人应将货物以原来形态运至指定的货运站由其代为装箱。如是拼箱货物,发货人应负责将货物运至指定的集装箱货运站,由货运站按多式联运经营人的指示装箱。无论装箱工作由谁负责,装箱人均需制作装箱单,并办理海关监装与加封事宜。

(六)接收货物

对于由货主自装箱的整箱货物,发货人应负责将货物运至双方协议规定的地点,多式联运经营人或其代理人(包括委托的堆场业务员)在指定地点接收货物。如是拼箱货,经营人在指定的货运站接收货物。验收货物后,代表联运经营人接收货物的人应在场站收据正本上签章并将其交给发货人或其代理人。

(七)办理保险

在发货人方面,应投保货物运输险。该保险由发货人自行办理,或由发货人承担费用由经营人代为办理。货物运输保险可以是全程,也可分段投保。在多式联运经营人方面,应投保货物责任险和集装箱保险,由经营人或其代理人向保险公司或以其他形式办理。

(八)签发多式联运提单

组织完成货物的全程运输多式联运经营人的代表收取货物后,经营人应向发货人签发多式联运提单。在把提单交给发货人前,应注意按双方议定的付费方式及内容、数量向发货人收取全部应付费用。

多式联运经营人有完成和组织完成全程运输的责任和义务。在接收货物后,要组织各区段实际承运人、各派出机构及代表人共同协调工作,完成全程中各区段的运输以及各区段之间的衔接工作,运输过程中所涉及的各种服务性工作和运输单证、文件及有关信息等组织和协调工作。

(九)货物交付

当货物运至目的地后,由目的地代理通知收货人提货。收货人需凭多式联运提单提货,经营人或其代理人需按合同规定,收取收货人应付的全部费用。收回提单后签发提货单(交货记录),提货人凭提货单到指定堆场(整箱货)和集装箱货运站(拼箱货)提取货物。如果整箱提货,则收货人要负责至掏箱地点的运输,并在货物掏出后将集装箱运回指定的堆场,运输合同终止。

(十)货运事故处理

如果全程运输中发生了货物灭失、损害和运输延误,无论是否能确定发生的区段,发(收)货人均可向多式联运经营人提出索赔。多式联运经营人根据提单条款及双方协议确定责任并做出赔偿。如能确知事故发生的区段和实际责任者时,可向其进一步进行索赔。如不能确定事故发生的区段时,一般按在海运段发生处理。如果已对货物及责任投保,则存在要求保险公司赔偿和向保险公司进一步追索问题。如果受损人和责任人之间不能取得一致,则需通过诉讼时效内提起诉讼和仲裁来解决。国内多式联运与国际多式联运业务流程的不同,主要是在于是否需要报关和办理保险的迫切性。国际多式联运必须报关,办理货物运输保险的迫切性更大。

二、国际多式联运的进口业务与流程

国际多式联运进口业务流程与出口一样,也有以下一些流程:接受托运申请,订立多式联运合同,向船公司、铁路部门和航空公司申请订车、租船订舱,收货人通知托运人准备集装箱装船等事宜,签发全程多式联运提单和收取海运提单,传递货运信息和寄送相关单证,办理货物在中转港的海关转关手续及制作货运单证,办理海关手续,提取货物及交付货物。

第四节　国际多式联运单证

一、国际多式联运单证的概念及其基本内容

《联合国国际货物多式联运公约》对多式联运单证所下的定义是:"国际多式联运单证(multimodal transport document,MTD),是指证明多式联运合同以及证明多式联运经营人接管货物并负责按照合同条款交付货物的单证。"

1991年贸发会议/国际商会《多式联运单证规则》所下的定义是:"'多式联运单证'是指证明多式联运合同的单证,该单证可以在适用法律的允许下,以电子数据交换信息取代,而且可以以可转让方式签发,或者表明记名收货人,以不可转让方式签发。"

基于国际多式联运而签发的国际多式联运单证本质上借鉴和吸收了海运提单和运单各自独特的功能,集两者所长以适应国际货物多式联运的实际需要。

(一)可转让的多式联运单证

可转让的多式联运单证类似提单,可转让的多式联运单证具有三种功能:多式联运合同的证明、货物收据与物权凭证功能。不可转让的多式联运单据,通称为国际多式联运提单(multimodel transport bill of lading or combined transport bill of lading)。目前,国际货运代理协会联合会(FIATA),波罗的海航运公会(BIMCO)等行业组织已制定了标准格式的多式联运

提单,供会员使用。

(二)不可转让的多式联运单证

不可转让的多式联运单证类似于运单(如海运单,空运单),即不可转让的多式联运单证具有两种功能:多式联运合同的证明和货物收据。但它不具有物权凭证功能,如果多式联运单证以不可转让方式签发,多式联运经营人交付货物时,应凭单证上记名的收货人的身份证明向其交付货物。因此,收货人一栏必须是记名的。

多式联运单证依托运人的要求,可以是可转让的单证,也可以是不可转让的单证。在实践中,只有单证的签发人(即多式联运经营人)承担全程责任时,多式联运单证才有可能作成为可转让的单证。此时,多式联运单证具有物权凭证的性质和作用。在作成可转让的多式联运单证时,应当列明按指示或者向持票人交付。如果是凭指示交付货物的单证,则该单证经背书才可转让;向持票人交付货物时,则该单证无须背书即可以转让。当签发一份以上可转让多式联运单证正本时,应当注明正本份数,收货人只有提交可转让多式联运单证时才能提取货物,多式联运经营人按其中一份正本交货后,即履行了交货人的义务;如果签发副本,则应当注明"不可转让副本"字样。如果多式联运经营人按托运人的要求签发了不可转让多式联运单证,则应当指明记名的收货人,多式联运承运人将货物交给不可转让单证所指明的记名收货人才算履行了交货的义务。

多式联运单证一般包括以下15项内容:①货物品类、标志、危险特征的声明、包数或者件数、重量;②货物的外表状况;③多式联运经营人的名称与主要营业地;④托运人名称;⑤收货人的名称;⑥多式联运经营人接管货物的时间、地点;⑦交货地点;⑧交货日期或者期间;⑨多式联运单证可转让或者不可转让的声明;⑩多式联运单证签发的时间、地点;⑪多式联运经营人或其授权人的签字;⑫每种运输方式的运费、用于支付的货币、运费由收货人支付的声明等;⑬航线、运输方式和转运地点;⑭关于多式联运遵守本公约的规定的声明;⑮双方商定的其他事项。

但是以上一项或者多项内容的缺乏,不影响单据作为多式联运单证的性质。如果多式联运经营人知道或者有合理的根据怀疑多式联运单证所列的货物品类、标志、包数或者数量、重量等没有准确地表明实际接管货物的状况,或者无适当方法进行核对的,多式联运经营人应在多式联运单证上做出保留,注明不符合之处及怀疑根据或无适当核对方法。如果不加批注,则应视为已在多式联运单证上注明货物外表状况的良好。

二、多式联运提单

根据不同运输方式,提单可分为直达提单(DIRECT B/L),转船提单(TRANSHIPMENT B/L),联运提单(THROUGH B//L)和联合运输提单(COMBINEDTRANSPORT B/L)等。直达提单是承运人签发的由起运港以船舶直接运达目的港的提单。如起运港的载货船舶不直接驶往目的港,须在转船港换装另一船舶运达目的港时所签发的提单,称为转船提单。如果货物需经两段或两段以上运输运达目的港,而其中有一段是海运时,如海陆,海空联运或海海联运所签发的提单称为联运提单。所以转船提单实际上也是联运提单的一种。而联合运输则必须是两种或两种以上不同的运输方式的连贯运输时,承运人所签发的货物提单。因此,联合运输提单也叫多式联运提单。目前在实际业务中,不少船公司把联运提单与联合运输提单使用同一格式,只是在作为联合运输提单使用时,必须在提单上列明起运港和目的港外,还要列明收货地,交货地及前段运输工具名称等。

(一)集装箱提单

集装箱提单是指为集装箱运输所签发的提单。它既可能是港到港的直达提单,也可能是海船转海船的转船提单或联运提单,还可能是海上运输与其他运输方式接续完成全程运输的多式联运提单。虽然习惯上常将这三种提单统称为集装箱提单,甚至认为集装箱提单就是多式联运提单。然而,应该明确的是,由于集装箱运输并不一定都是多式联运,因而为集装箱运输所签发的提单也不一定都是多式联运提单。不过,在实务中,集装箱提单大都以"港到港或多式联运(port to port or multimodal transport)"为提单的"标题",以表明本集装箱提单兼具直达提单和多式联运提单性质,而且都在提单中设置专门条款按"港到港"运输和多式联运分别为承运人规定了不同的责任。

(二)多式联运提单

关于多式联运单证的表现形式,目前并没有统一的格式。实践中,多式联运单证可以有各种不同的格式、名称出现,其记载的内容和特点可能也有差别。常见的有 FIATA 联运提单(FBL,1992)和波罗的海航运公会(BIMCO)多式联运提单(multimodal transport B/L 95,MT B/L95)。另外,FIATA 和 BIMC0 等组织还制定了相应的多式联运运单,如 FIATA 的 FWB。

MT B/L95 多式联运提单是由波罗的海航运公会(BIMCO)的单证委员会于 1995 年 5 月正式命名的单证名称。由于不同国家和船公司对该提单的认识不同,至今仍有相当部分的人将多式联运提单理解为集装箱联运提单(COMBINED TRANSPORT B/L)。但业已通过的《联合国国际货物多式联运公约》第一次将两者不同以条款规定为:多式联运是指全程运输至少使用两种或两种以上运输工具完成货物运输,而联运则使用同一种运输工具完成货物的全程运输。无疑,多式联运可满足集装箱综合一体化的门到门运输,而联运则不能满足这一要求,B/L95 多式联运提单的制订不仅再次强调了货物全程运输应使用的运输工具,更为重要的是统一并明确了集装箱多式联运下所允许使用的提单的概念。

三、多式联运提单的作用与签发

(一)多式联运提单的作用

多式联运提单与海运提单的性质与作用是一致的,主要包括以下几方面。

1. 多式联运提单是多式联运经营人与发货人之间订立的国际多式联运合同的证明,是双方在合同中确定的货物运输关系中权利、义务和责任的准则

在多式联运合同订立过程中,发货人提出托运申请,经营人根据自己的情况表示可以接受后,双方即达成了协议,多式联运合同即告成立。签发多式联运提单只是经营人履行合同的一个环节。因此,多式联运提单与各单一方式运输中使用的运单是不同的,不是运输合同而只能是合同的证明。

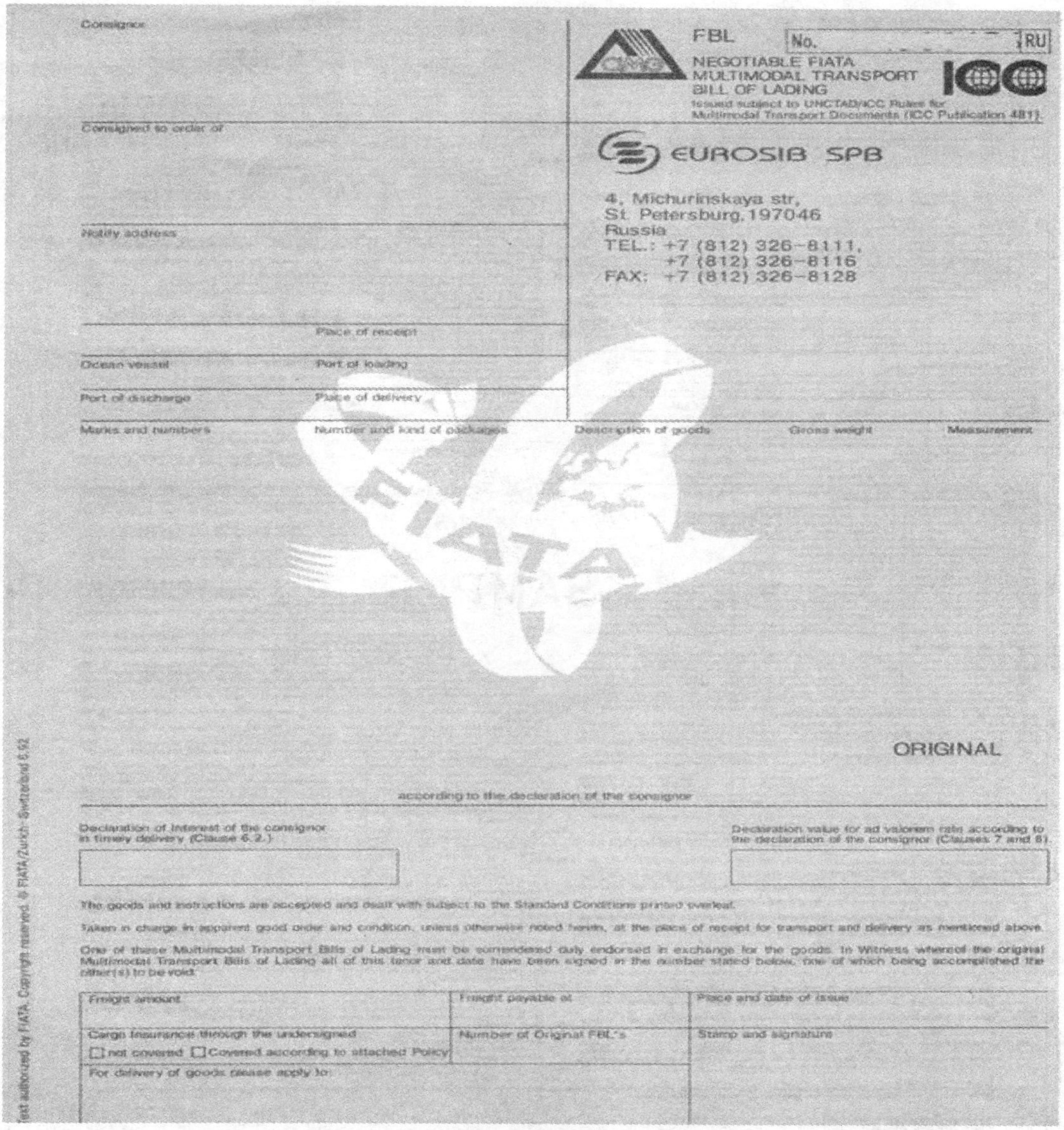
Consignor

FBL No. RU
NEGOTIABLE FIATA MULTIMODAL TRANSPORT BILL OF LADING
Issued subject to UNCTAD/ICC Rules for Multimodal Transport Documents (ICC Publication 481)

Consigned to order of

EUROSIB SPB
4, Michurinskaya str,
St. Petersburg,197046
Russia
TEL.: +7 (812) 326-8111,
+7 (812) 326-8116
FAX: +7 (812) 326-8128

Notify address

Place of receipt
Ocean vessel | Port of loading
Port of discharge | Place of delivery

Marks and numbers | Number and kind of packages | Description of goods | Gross weight | Measurement

ORIGINAL

according to the declaration of the consignor

Declaration of Interest of the consignor in timely delivery (Clause 6.2.)

Declaration value for ad valorem rate according to the declaration of the consignor (Clauses 7 and 8).

The goods and instructions are accepted and dealt with subject to the Standard Conditions printed overleaf.

Taken in charge in apparent good order and condition, unless otherwise noted herein, at the place of receipt for transport and delivery as mentioned above.

One of these Multimodal Transport Bills of Lading must be surrendered duly endorsed in exchange for the goods. In Witness whereof the original Multimodal Transport Bills of Lading all of this tenor and date have been signed in the number stated below, one of which being accomplished the other(s) to be void.

Freight amount | Freight payable at | Place and date of issue
Cargo Insurance through the undersigned ☐ not covered ☐ Covered according to attached Policy | Number of Original FBL's | Stamp and signature
For delivery of goods please apply to:

Text authorized by FIATA. Copyright reserved © FIATA/Zurich-Switzerland 6.92

图 7-1　FIATA 制作的多式联运提单样本

提单正面的内容和背面的条款是经营人与发货人订立合同的条款与实体内容，由于各经营人都提前印好并公开其内容，发货人在订立合同前应了解提单上所有条款，除非有另外的协议，应把这些内容和条款当作双方合同的内容以及权利、义务、责任的准则。即使在发货人用提单按信用证结汇后发生向第三者的转让，多式联运经营人与新的提单持有人之间的责任、权利和义务关系仍然依提单的规定确定。提单发生转移后，发货人根据提单或经营人另外达成的协议而承担的责任也并不因此而解除。收货人或提单受让人仍要承担运输开始后及提单背书(转让)后所产生的各种义务。

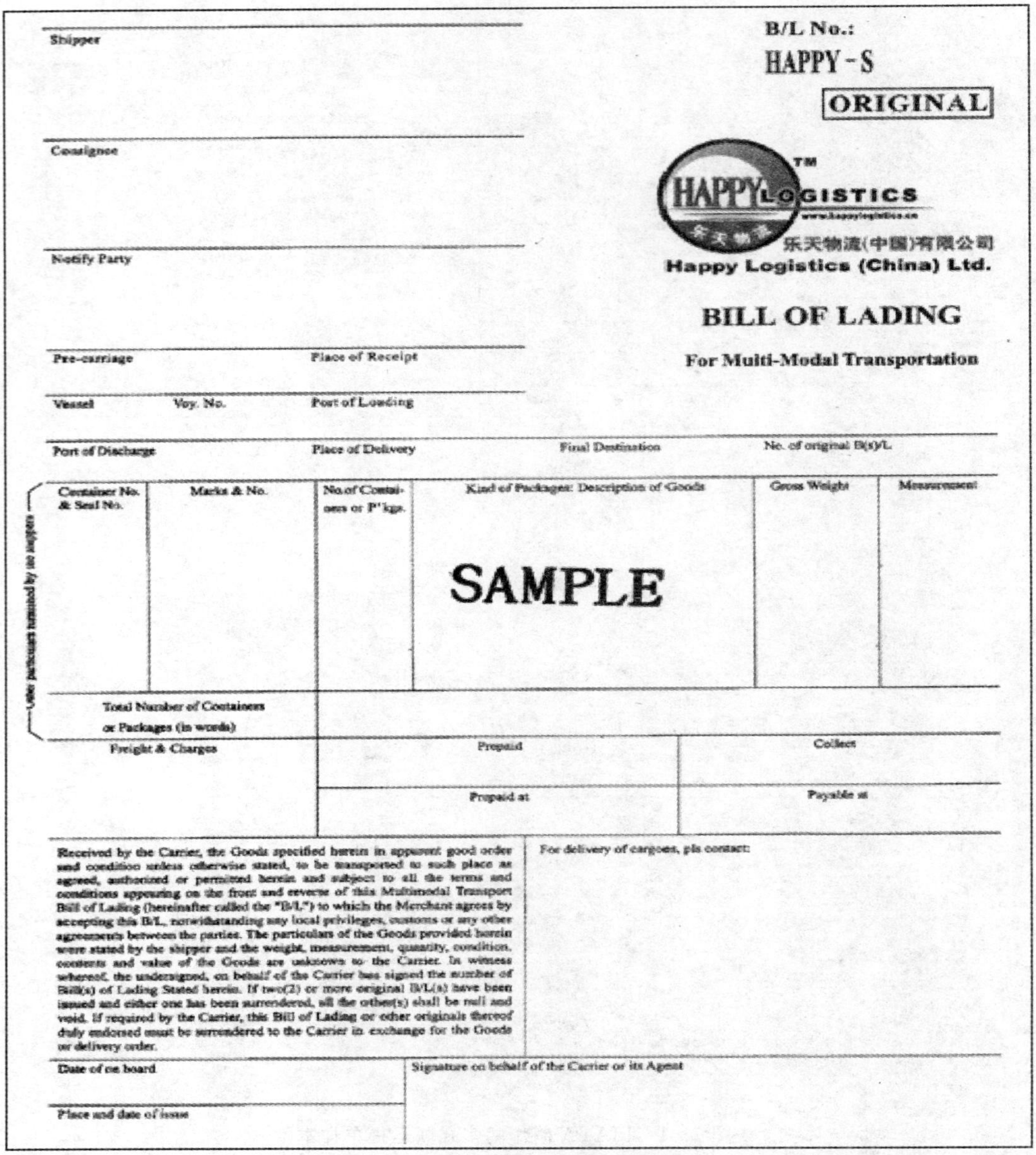

Shipper

Consignee

Notify Party

B/L No.:

HAPPY－S

ORIGINAL

乐天物流(中国)有限公司

Happy Logistics (China) Ltd.

BILL OF LADING

For Multi-Modal Transportation

Pre-carriage		Place of Receipt	
Vessel	Voy. No.	Port of Loading	
Port of Discharge	Place of Delivery	Final Destination	No. of original B(s)/L

Container No. & Seal No.	Marks & No.	No.of Containers or P'kgs.	Kind of Packages: Description of Goods	Gross Weight	Measurement
			SAMPLE		

Above particulars furnished by the shipper

Total Number of Containers or Packages (in words)		
Freight & Charges	Prepaid	Collect
	Prepaid at	Payable at

Received by the Carrier, the Goods specified herein in apparent good order and condition unless otherwise stated, to be transported to such place as agreed, authorized or permitted herein and subject to all the terms and conditions appearing on the front and reverse of this Multimodal Transport Bill of Lading (hereinafter called the "B/L") to which the Merchant agrees by accepting this B/L, notwithstanding any local privileges, customs or any other agreements between the parties. The particulars of the Goods provided herein were stated by the shipper and the weight, measurement, quantity, condition, contents and value of the Goods are unknown to the Carrier. In witness whereof, the undersigned, on behalf of the Carrier has signed the number of Bill(s) of Lading Stated herein. If two(2) or more original B/L(s) have been issued and either one has been surrendered, all the other(s) shall be null and void. If required by the Carrier, this Bill of Lading or other originals thereof duly endorsed must be surrendered to the Carrier in exchange for the Goods or delivery order.

For delivery of cargoes, pls contact:

Date of on board

Place and date of issue

Signature on behalf of the Carrier or its Agent

图 7－2　一般的多式联运提单样本

2. 多式联运提单是多式联运经营人接管货物的证明和收据

多式联运经营人向发货人签发提单表明为运送提单上记载的货物，已经从发货人手中接管并占有了该货物。因此提单具有接收货物收据和证明经营人开始对货物负责的作用。与海运提单一样，当提单在发货人手中时，它是承运人已按其记载情况收到货物的初步证据，如经营人实际收到的货物与提单内容不符，经营人可以提出反证。

3. 多式联运提单是收货人提取货物和多式联运经营人交付货物的凭证

无论经营人签发的是哪一类的提单，也不论是否发生了转让，收货人或受让人在目的地提货时，必须凭借多式联运提单才能换取提货单(或收货记录)，反过来，多式联运经营人或其代表也只能把货物交付给提单持有人。提单是在目的地双方货物交接的凭证。如果提单上注明该提单正本有多份时,经营人或其代表已按其中一份正本交货后,其余正本即告作废。提单是交付货物的凭证,对经营人来讲是十分重要的。无提单放货将使经营人承担巨大的风险。

4. **多式联运提单是货物所有权的证明,可以用来结汇、流通、抵押等**

谁拥有提单,在法律上就表明其拥有提单上记载的货物。提单持有人虽然未直接占有货物,但可以用它来结汇、流通买卖和抵押等,如发货人可用它来结汇,收货人可在目的港要求经营人交付货物,或用背书或交付提单方式处理货物(转让),可以作为有价证券办理抵押等。一般来讲,提单的转让可产生货物所有权转移的法律效力。

(二)多式联运提单的签发及注意事项

多式联运经营人在收到货物后,凭发货人提交的收货收据(在集装箱运输时一般是场站收据正本)签发多式联运提单,根据发货人的要求,可签发可转让或不可转让提单中的任何一种。签发提单前应向发货人收取合同规定和应由其负责的全部费用。

多式联运经营人在签发多式联运提单时,应注意以下事项:

(1)如签发可转让多式联运提单,应在收货人栏列明按指示交付或向持票人交付。如签发不可转让提单,应列明收货人的名称。

(2)提单上的通知人一般是在目的港或最终交货地点,由收货人指定代理人。

(3)对签发正本提单的数量一般没有规定,但如应发货人要求签发一份以上的正本时,在每份正本提单上应注明正本份数。

(4)如签发任何副本(应要求),每份副本均应注明"不可转让副本"字样,副本提单不具有提单的法律效力。

(5)签发一套一份以上的正本可转让提单时,各正本提单具有同样的法律效力,多式联运经营人或其代理人如已按其中的一份正本交货,便已履行交货责任,其他提单自动失效。

(6)多式联运提单应由多式联运经营人或经他授权的人签字。如不违背所在国法律,签字可以是手签,手签笔迹的印、盖章、符号或用任何其他机械或电子仪器打出。

(7)如果多式联运经营人或其代表在接收货物时,对货物的实际情况和提单中所注明的货物的种类、标志、数量或重量、包件数等有怀疑,但又无适当方法进行核对。检查时,可以在提单中做出保留,注明不符之处和怀疑根据。但为了保证提单的清洁,也可按习惯做法处理。

(8)经发货人同意,可以用任何机械或其他方式保存《公约》规定的多式联运提单应列明的事项,签发不可转让提单。在这种情况下多式联运经营人在接管货物后,应交给发货人一份可以阅读的单据,该单据应载有此种方式记录的所有事项。根据《公约》规定这份单据应视为多式联运单据,《公约》中的这项规定主要是为适应电子单证的使用而设置的。

多式联运提单一般在经营人收到货物后签发。由于联运的货物主要是集装箱货物,因而经营人接收货物的地点可能是集装箱码头或内陆堆场、集装箱货运站和发货人的工厂或仓库。由于接收货物地点不同,提单签发的时间、地点及联运经营人承担的责任也有较大区别。在各处签发提单的日期,一般应是提单签发时的日期。如果应发货人要求填写其他日期(如提前则称为倒签提单),多式联运经营人要承担较大风险。

第五节 国际多式联运费用

一、国际多式联运费用构成

多式联运费用主要包括运费、杂费、中转费和服务费。

1. 运费

货物联运运费包括铁路运费、水路运费、公路运费、航空运费、管道运费等五个类别。货物在联运过程中,通过哪种运输工具运输,即按照国家或各省、市物价部门规定的运价计算运算。联运服务公司向货主核收的运输费用包括:①发运地区(城市)内的短途运输运费(接取费);②由发运联运服务公司至到达联运服务公司之间的全程运费;③到达地区(城市)内的短途运输运费(送达费)。

2. 杂费

多式联运杂费的种类:

(1)装卸费:分铁路装卸费(分 9 个费率号)、水路装卸费、公路装卸费,各种运输工具有不同的费率规定。

(2)换装包干费:是联运货物在港、站发生的运杂费用。换装包干费按不同货物、不同港、站,分一次性计费和分段计费。

(3)货物港务费:进口和出口分别征收一次港务费。

(4)货物保管费:分港口货物保管费、铁路车站货物保管费和中转货物在流转性库场保管费,并有各自不同的计费规定。

3. 中转费

中转费的构成主要包括装卸费、仓储费、接驳费(或市内汽车短途转运费)、包装整理费等。

4. 服务费

服务费是指联运企业在集中办理运输业务时支付的劳务费用。一般采取定额包干的形式。按不同运输方式和不同的取送货方式,规定不同费率。服务费的组成一般包括业务费和管理费。业务费是指用于铁路、水路、公路各个流转环节所发生的劳务费用。管理费是指从事联运业务人员的工资、固定资产折旧和行政管理费等方面的支出。

二、国际集装箱多式联运费用的计费方式

目前,多式联运的计收方式主要有单一运费制和分段运费制两种。

1. 按单一运费制计算运费

单一运费制是指集装箱从托运到交付,所有运输区段均按照一个相同的运费率计算全程运费。在西伯利亚大陆桥运输中采用的就是这种计费方式。

2. 按分段运费制计算运费

分段运费制是按照组成多式联运的各运输区段,分别计算海运、陆运、空运及港站等各项

费用,然后合计为多式联运的全程运费,由多式联运经营人向货主一次计收。各运输区段的费用,再由多事联运经营人与各区段的实际承运人分别结算。目前大部分多式联运的全程运费均采用这种计费方式。

3. 混合计算运费

理论上讲,国际多式联运企业应制定全程运价表,且采用单一运费率制。然而由于制定单一运费率是一件较为复杂的问题,因此,作为过渡方法,目前有的多式联运经营人采取混合计收方法:从国内接收货物地点至到达国口岸采取单一费率,向发货人收取(预付运费);从到达国口岸到内陆目的地的费用按实际成本确定,另向收货人收取(到付运费)。

三、国际集装箱多式联运运价的制定

(一)国际集装箱多式联运运价表的结构

国际集装箱多式联运运价表根据结构不同,可分为两种形式,一种是门到门费率,这种费率结构可以是以整箱货或拼装货为计费单位的货物等级费率,是一种真正意义上的多式联运运价。另一种形式与海运运价表相似,是港到港间费率加上内陆运费率,这种费率结构形式较为灵活。

(二)制定国际集装箱多式联运运价表时应注意的事项

多式联运运价分为海运运价和内陆运价两部分。国际多式联运运价应该比分段运输的运价对货主更具吸引力,而绝对不能是各单一运输方式运费率的简单相加,因为这将使得多式联运经营人毫无竞争力可言。因此,如何降低运输成本,是多式联运运价表竞争力所在。

(1)降低内路段成本。内陆运价应真实反映各种运输方式的成本状况及因采用集装箱运输而增加的成本项目,同时在确定内陆运价时,既要考虑集装箱的装载能力,也要考虑运输工具的承载能力。

(2)降低海运段成本。多式联运经营人,主要是无船承运人大多采用所谓的"集拼运输"方式来减少运输成本。作为多式联运经营人/无船承运人将起运地几个发货人运往同一目的地几个收货人的小批量、不足一箱的货物汇集起来,拼装成整箱货物运输。货物运往目的地后,由当地集拼货物的分拨人将它们分别交付各个收货人。其主要目的是从海上承运人较低的整箱货运费率中获益,从而降低海上运输成本。另一个降低海上运输成本的途径是采用运量折扣费率形式,通过与海上承运人签订合同,获得较低的海运运费率。

四、多式联运费用核收方式

多式联运费用核收主要有以下三种方式:

(1)发付:即由发货人在发货地向发运联运服务公司支付一切运输费用。

(2)到付:即由收货人在收货地向到达联运服务公司支付一切运输费用。

(3)分付:即由发货人在发货地向发运联运服务公司支付发货地发生的杂费和运费,由收货人在收货地向到达联运服务公司支付到达地发生的费用。

由发运联运服务公司至到达联运服务公司之间的全程运费是联运货物运输费用的主要组

成部分,联运服务公司向货主核收这部分运费的计算办法主要有两种:①按运输合同规定的运输线路及有关运输工具的运费标准,分别计算单项运输阶段运费,全程运费等于各单项运费之和。②按联运服务公司自行规定的运费标准计算全程运费。采用第一种方法计算运费时,联运服务公司是以货主运输代理人的身份,为货主代办联运货物的全程运输;而采用第二种计算运费方法时,联运服务公司是以货物联运经营人的身份,向货主承包联运货物的全程运输。联运服务公司可根据具体情况分别采用不同的运费计算方法。

思考与练习

一、简答题

1. 多式联运有哪些特征和优越性?
2. 联运的形式有哪些?
3. 简述国际多式联运组织下的货物运输过程。
4. 国际多式联运的特征有哪些?
5. 国际多式联运经营人应具备的条件有哪些?
6. 简述多式联运主要业务及程序。
7. 无船承运人的主要特征有哪些?
8. 无船承运人经营的业务范围有哪些?
9. 简述多式联运的业务流程。
10. 国际多式联运的单一运费构成有哪些?
11. 多式联运提单与一般海运提单、运单有什么不同?
12. 简述多式联运经营人的责任形式。
13. 简述多式联运经营人的责任期限。
14. 比较国际多式联运与一般国际货物运输的主要不同点。

二、案例分析题

根据委托,2012年10月8日,四通运输公司负责将托运人天津金华贸易公司托运的货物由天津经海运运至大连后,经大连转公路运至丹东,然后由四通运输公司的丹东代理人安排货物经丹东出境由铁路运抵朝鲜新义州。在托运人金华贸易公司向天华运输公司出具"指定朝鲜伟和公司为唯一收货人,提单只作议付单据"的声明后,四通运输公司向托运人签发了国际多式联运提单,提单载明:托运人为金华贸易公司,收货人为朝鲜伟和公司,同时批注有"仅作议付用(for negotiable only)"。在铁路签发的运单载明装货地为丹东,卸货地为朝鲜新义州,收货人为朝鲜伟和公司。

根据前述回答如下问题:本案所签发的多式联运单证是否为不可转让的多式联运单证,为什么?

三、实训

1. 实训技能:熟悉国际多式联运业务的流转过程。
2. 实训内容:国际多式联运企业调研。
3. 实训目的:通过实训调查,使学生了解国际多式联运的组织过程、多式联运适用的各种单证,培养学生调查、收集与整理相关信息的能力,了解多式联运过程中货损案例的处理方法。

　　4.实训准备:了解该企业选择运输方式考虑的主要因素、货损案件的处理方法及法律依据、多式联运组织方法和使用的各种单证。

第八章
国际货运货损事故处理

内容简介

国际货物运输中风险经常发生,货损难以避免。因此,对于货运事故的种类、原因、索赔的一般程序与单证以及各种运输方式下货运事故的处理是国际货运代理应该掌握的。货运事故是指运输中发生的货损货差事故、运输单证差错、延迟交付货物等情况。不同运输方式下的货运事故原因既有相同、也有差异,需要加以了解。货运事故的责任可分别从承运人、托运人和第三者进行分析,货物运输中发生了货损、货差后,受到损害的一方向责任方索赔和责任方理赔是非常重要的内容,掌握索赔的原则和依据是索赔的前提,索赔方必须提供相应的索赔单证,及时发出索赔通知,必要时可采取索赔保全措施以获取损害方的理赔。

教学目标

1.知识目标

(1)理解海运货损事故的确定;

(2)理解空运货损索赔的地点和时限;

(3)了解铁路货损事故的处理;

(4)了解公路货损事故的处理;

(5)了解多式联运货损事故的处理。

2.技能目标

(1)能按正常程序办理各种运输方式下货损事故的索赔;

(2)能正确准备各种运输方式索赔单证;

(3)能进行各种运输方式的理赔。

教学要求

1.了解货运事故的含义和各种运输方式下货运事故的原因。

2.掌握货运事故的责任划分和各种运输方式下货损事故的处理。

3.了解索赔的原则和条件。

4.掌握索赔的一般程序。

案例导入

装船延误造成的风险事故

北京某货主的一批冷冻食品要经由天津港运往国外,委托某货运代理公司订舱并在货主仓库装箱。货运代理公司操作部订舱后与集装箱车队联系安排了装箱计划,正赶上运输旺季,船公司冷柜供不应求,提箱和装箱后没能赶在截港时间前集港,造成甩货,产生了重新订舱的费用和一周的堆场存放费用,货主拒绝承担。

引导思路

1. 事故产生的原因是什么?
2. 事故产生后如何处理呢?

第一节 海运货损事故处理

国际贸易下的货物运输、仓储保管、交付货物等工作所涉及的时间长、空间跨度大、作业环节多、单证文件复杂、环境条件多变。因此,在整个货物的运输、保管、接收和交付的过程中,经常会产生货物质量上的问题、货物数量上的问题、货物不及时提货的问题、承运人错误交付货物和延迟交付货物等问题。

一、海上运输中产生货运事故的主要原因

由于从事国际海上运输的船舶经常远离海岸在海洋上航行,同时海洋环境气象多变,船舶随时可能遭遇到狂风巨浪、暴雨、雷电等袭击,因此船舶在海上运输中的环境相对比较恶劣。另外,工作上的差错也会造成货运事故的发生。

(一)造成全部货物受损的主要原因

由于载货船舶的沉没、触礁、火灾、抛货、政府法令禁运和没收、盗窃、海盗行为、船舶被拘留、扣留和货物被扣留、战争行为等原因可能造成货物的全部损失。

(二)造成部分货物受损的主要原因和受损的结果

(1)盗窃、抛货、遗失、落海等原因会造成这部分货物的灭失;

(2)包装不良或破损、盗窃、泄露、蒸发等原因会造成货物的内容短缺;

(3)积载不当(超高或积载地点不当等)导致船舶航行时发生货物移动、倒垛,包装脆弱、装卸操作不当造成货物碰撞及坠毁,使用手钩等原因都会造成货物的破损;

(4)雨、雪中装卸,驳运过程中的浸湿,消防救火过程中的水湿,船内管系故障导致淡水浸湿等原因会造成货物的水湿;

(5)海上风暴、驳载过程中船内海水管系故障、船体破损等导致海水浸入,消防救火过程中海水水湿等原因会造成货物的海水湿;

(6)通风不良,衬垫、隔离不当,积载不当等原因会造成货物的汗湿;

(7)不适当的混载,衬垫、隔离不充分等原因会造成货物的污染;

(8)驱虫、灭鼠不充分,船内清扫、消毒不充分,对货物检查不严致使虫、鼠被带入船内等原因会造成货物被虫蛀、鼠咬;

(9)潮湿,海水溅湿,不适当的混载等原因会造成货物的锈蚀;

(10)易腐货物未按要求位置装载,未按要求控制船内的温度,温、湿度过高,换气通风不充

分,冷藏装置故障等原因会造成货物的腐烂、变质;

(11)标志不清,隔票不充分,倒垛,积载不当等原因会造成货物的混票;

(12)自燃、火灾、漏电等原因会造成货物的焦损;

(13)温度过高,换气通风过度,货物本身的性质等原因会造成货物的烧损;

(14)集装箱运输中,在集装箱的装箱过程中存在货物包装不良、积载不当、箱内不清洁等各种情况,都同样会造成货物受损。

二、提出索赔的条件

货物的索赔和理赔是一项政策性较强、涉及面较广、情况复杂,并具有一定法律原则的涉外工作。因此,在实际工作中,应该坚持实事求是,有根有据,合情合理,区别对待,讲究实效的原则。

国际贸易、运输中货物索赔的提出一般有这样几种情况:货物数量或件数的缺少或货物残损、灭失;货物的质变或货物实际状况与合同规定的要求不符;承运人在货物运输途中没有适当地保管和照料货物;货物的灭失、损害属保险人承担的责任范围内等。因此,根据货物发生灭失或损害的不同原因,受损方提出索赔的对象也是不同的。

(1)如果货物是由于原装货物数量不足、货物的品质与合同规定不符、包装不牢致使货物受损、未在合同的装运期内交货、唛头不清等原因造成灭失或损坏,收货人应凭有关部门、机构出具的鉴定证书向发货人(卖方)提出索赔。

(2)如果在卸货港交付时货物数量少于提单中所记载的货物数量、收货人持有正本清洁提单提取货物时,货物发生残损、缺少,是承运人的过失,由承运人免责范围以外的责任造成货物的灭失或损坏,则由收货人或其他有权索赔的人凭有关部门、机构出具的鉴定证书向承运人提出索赔。

(3)货物在承保责任范围内,保险人应予赔偿的损失。承保责任范围内,由于自然灾害或意外原因等事故使货物遭受损害,在保险人责任期内,则由受损方凭有关证书、文件向保险公司提出索赔。

三、索赔的原则

(一)提赔人要有正当提赔权

提出货物索赔的人原则上是货物所有人、提单记载的收货人或合法的提单持有人。此外,还可能是货运代理人或其他有关当事人。

(二)责任方必须负有实际赔偿责任

事实上,索赔方提出索赔并非都能得到赔偿,如属于承运人责任范围外的,或属于保险人承保责任外的货损,在很大程度上是不能得到赔偿的。

确定或证明责任方负有实际赔偿责任的文件有:卸货记录、检验报告、交货记录、残损记录、合同责任条款等。

(三)索赔时应具备的单证

(1)索赔申请书。索赔申请书是表明受损方提出的要求,主要内容包括:①索赔人的姓名和地址；②船名、抵港日期、装船港及接货地点名称；③货物有关情况；④短缺或残损情况；⑤索赔日期、索赔金额、索赔理由。

（2）提单。提单是划分责任方与受损方责任的主要依据，在提出索赔时，索赔人应出具提单正本或其影印本。

（3）货物残损检验证书。该证书是受损方针对所发生的货损原因不明或不易区别时，向检验机构申请对货物进行检验的证书。

（4）货物残损单。该单是对货物运输、装卸过程中货物残损所做的实际记录，受损方依据经责任方签署的货物残损单提出索赔。

（5）索赔清单。索赔清单主要列明货损事故所涉及的金额，通常按货物的到岸价计算。

另外，提出索赔时应出具的单证还有商业发票、短损单、修理单等。

(四)索赔的金额必须是合理的

合理的赔偿金额是以货损实际程度为基础的。但是，在实际中责任方则往往受赔偿责任限额的保护，如：承运人的赔偿可享受提单中的赔偿责任限额，保险人的赔偿以保险金额为基础。

(五)必须在规定的期限内提出索赔

一项有效的索赔必须在规定的期限内提出，这就是通常所说的"索赔时效"。否则，货物的损害即使确由责任方的过失所致，索赔人提出的索赔在时效过后也很难得到赔偿。

四、海运货损事故的确定

由于海上风险的存在和货物运输过程中涉及很多环节的作业的特点，海上货物运输事故的发生实属难免。虽然可根据有关合同条款、法律、公约等规定，对所发生的货损事故进行处理。但是，在实际处理过程中，受损方与责任方之间往往会发生争议。一般而言，海运货损事故虽有可能发生于各个环节，但很大程度上是在最终目的地收货人收货时或收货后才被发现。

当收货人提货时，如果发现所提取的货物数量不足，外表状况或货物的品质与提单上记载的情况不符，则应根据提单条款的规定，将货物短缺后损坏的事实，以书面的形式通知承运人或承运人在卸货港的代理人，以此表明提出索赔的要求。如果货物的短缺或残损不明显，也必须是在提取货物后规定时间内，向承运人或其代理人发出索赔通知。

在海运货损事故索赔或理赔中，提单、收货单、过驳清单、卸货报告、货物溢短单、货物残损单、装箱单、积载图等货运单证均可作为货损事故处理和明确责任方的依据，对海上承运人来说，为保护自己的利益和划清责任，应该妥善处理这些单证。

通常，货运单证的批注是区分或确定货运事故责任方的原始依据，特别是在装货或卸货时，凭单证上的批注除可确定承运人对货物负责的程度外，有时还直接影响到货主的利益，如能否持提单结汇、能否提出索赔等。

由于海上风险多变，因而也是造成货运事故的主要原因之一。凡船舶在海上遭遇恶劣气候的情况下，未明确货损原因和程度，应核实航海日志、船方的海事声明或海事报告等有关资料和单证。

货运事故发生后，收货人与承运人之间未能通过协商对事故的性质和程度取得一致意见时,则应在共同同意的基础上,指定检验人对所有应检验的项目进行检验,检验人签发的检验报告是确定货损责任的依据。

五、索赔的程序

索赔是指货主对因货运事故造成的损失,向承运人或船东或其代理提出赔偿要求的行为。根据法律规定或习惯做法,货主应按照一定的程序提出索赔,并提出能证明事故的原因、责任和损失的单证。

(一)发出索赔通知

海上货运公约,如《海牙规则》、《维斯比规则》、《汉堡规则》以及各承运人的提单条款,一般都规定货损事故发生后,根据运输合同或提单有权提货人,应在承运人或承运人的代理、雇佣人交付货物当时或规定时间内,向承运人或其代理提出书面通知,声明保留索赔权利,否则承运人可免责。

无论根据《海牙条约》还是航运习惯,一般都把交付货物是否提出货损书面通知视为按提单记载事项将货物交付给收货人的初步证据。也就是说,即使收货人在接收货物时未提出货损书面通知,以后在许可的期限内仍可根据货运单据的批注或检验人的检验证书,作为证据提出索赔。同样,即使收货人在收货时提出了书面通知,在提出具体索赔时,也必须出具原始凭证,证明其所收到的货物不是清洁提单上所记载的外表良好的货物。因而,索赔方在提出书面索赔通知后,应尽快地备妥各种有关证明文件,在期限内向责任人或其代理正式提出索赔要求。

(二)提出索赔申请书或索赔清单

索赔方一旦正式向承运人递交索赔申请书或索赔清单,则意味着索赔方正式提出了索赔的要求。因此,如果索赔方仅仅提出货损通知而没有递交索赔申请书或索赔清单,或出具有关的货运单证,则可解释为没有提出正式索赔要求,承运人不会进行理赔。货物一旦发生灭失或损坏,通常由收货人向承运人或其代理提出索赔。但是,当收货人根据货物保险条款从承保货物的保险人那里得到了赔偿后,保险人可代替收货人向承运人或其代理进行追偿。

六、索赔权利的保全措施

为了保证索赔得以实现。需要通过一定的法律程序采取措施,使得货损事故责任人对仲裁机构的裁决或法院判决的执行履行责任,这种措施就称为索赔权利的保全措施。

实践中,货方作为索赔人采取的保全措施主要是留置承运人的运输工具,如扣船,以及要求承运人提供担保两种形式。

(一)留置运输工具

在货损事故的责任比较明确地判定属于承运人,又不能得到可靠的担保时,索赔人或对货物保险的保险公司,可以按照法律程序,向法院提出留置运输工具的请求,如扣船请求,并由法院核准执行。

扣留运输工具,如船舶,其目的是通过对船舶的临时扣押,保证获得承运人对其责任的货损赔偿的担保。这样可避免货损赔偿得不到执行的风险。在承运人按照要求提供保证承担赔偿责任的担保后,应立即释放被扣船舶。

同样,扣船也会带来风险。如果法院判决货损责任不在承运人,则因不正确的扣船而给承运人带来的经济损失,要由提出扣船要求的索赔人承担。同时也会产生其他不必要的纠纷和负面影响。因此,一些国家,如欧洲大陆国家及日本,规定索赔人提出扣船要求时,必须提供一定的担保作为批准扣船的条件。我国《海事诉讼特别程序法》中对此作了相应规定。

(二)提供担保

提供担保是指货损事故责任人对执行仲裁机构或法院的判决提供的担保,主要有现金担保和保函担保等两种形式。

(1)现金担保。现金担保指由货损事故责任人提供一定数额的现金,并以这笔现金作为保证支付赔偿金的担保。现金担保在一定时期内影响着责任人的资金使用,因此较少用。在实际业务中通常都采用保函的形式。

(2)保函担保。保函担保是使用书面文件的担保形式。保函可由银行出具,也可由事故责任人的保赔协会等出具。银行担保的保函比较安全可靠。保函中一般应包括:受益人;担保金额;造成损失事故的运输工具,如船名及国籍;有效期;付款条件(应写明根据什么条件付款,如规定根据商检证书、仲裁机关的裁定或法院判决书等);付款时间和地点。

七、海上货运事故的理赔

(一)索赔的受理与审核

承运人或其代理受理索赔案件后,即需对这一索赔进行审核。审核是处理货损事故时的重要工作。在从事理赔工作时主要审核的内容有以下几个方面。

1.对索赔单证完备性的审核

在前面已经列举了索赔时应提供的单证。由于索赔案的具体情况不同,所以需要提供的单证也不尽相同。如果上述单证不足以表明事故的原因和责任,承运人或其代理还可以要求收货人或其代理进一步提供其他单证或公证机构签发的证明文件,即索赔单证必须齐全、准确。

2.对于索赔单证内容的核实

索赔的提出是否在规定的期限内,如果期限已过,提赔人是否已要求延期;提出索赔所出具的单证是否齐全;单证之间有关内容是否相符,如船名、航次、提单号、货号、品种、检验日期等;货损是否发生在承运人的责任期限内;船方有无海事声明或海事报告;船方是否已在有关单证上签字确认;装卸港的理货数量是否正确。

(二)承运人举证的单证

承运人对所发生的货损欲解除责任或意图证明自己并无过失行为,则应该出具有关单证证明对所发生的货损不承担或少承担责任。除前述的收货单、理货计数单、货物溢短单、货物残损单、过驳清单等货运单证外,承运人还应该提供积载检验报告、舱口检验报告、海事声明或海事报告、卸货事故报告等。

(三)索赔金的支付

通过举证与反举证,虽然已明确了责任,但在赔偿上未取得一致意见时,则应根据法院判决或决议支付一定的索赔金。关于确定损失金额的标准,《海牙规则》并没有作出规定,但在实际业务中大多以货物的 CIF 价作为确定赔偿金额的标准。

第二节　陆运货损事故处理

一、铁路货损事故处理

在铁路货物运输中,凡涉及铁路与发货人、收货人之间,或参加运送铁路间、铁路内部各单位间发生货损、货差时。应在事故发生当日编制记录,作为分析事故原因、确定责任的原始证明和处理赔偿的依据。

(一)货损事故记录编制

货损事故记录分为商务记录、普通记录、技术记录三种。

1.商务记录

商务记录在指在货物运送过程中对发生的货损、货差或其他不正常情况的如实记录,是具体分析事故原因、责任和请求赔偿的基本文件。在商务记录中,应确切地记载货物的实际情况和运送当时货物发现的不良状况,以及发生货物损坏的原因。记录中应列举事实,而不应包括关于责任问题和发生损失原因的任何判断。同时,对商务记录各栏内容应逐项填记。

遇有下列情况发生之一,应编制商务记录:

(1)发现货物的名称、重量、件数等同运单和运行报单中所记载的事项不符;

(2)货物发生全部或部分灭失、损害或包装破损;

(3)有货无票或有票无货;

(4)由国境站开启装有危险货物的车辆时。

商务记录必须在发现事故的当日编制,并按每票货物分别编制。如果运送同一发货人和同一收货人的同一种类的货物时,准许在到达站对数批货物编制一份商务记录。

接受商务记录的铁路部门,对记录有异议,则应从收到记录之日起 45 天内,将异议通知编制商务记录的人,超过这一期限则被认为记录业已接受。

2.普通记录与技术记录

货物运送过程中,如发现上述属商务情况以外的情况时,如有需要,车站应编制普通记录,普通记录不作为赔偿的依据。

当查明货损原因是车辆状况不良所致,除编制商务记录外,还应按该货损情况编制有关车辆状态的技术记录,并附于商务记录内。

(二)确定事故的赔偿

1.赔偿请求的提出与受理

发货人、收货人均有权根据运输合同提出赔偿要求。发货人必须以书面形式向发货站提出赔偿要求。当发货人或收货人委托代理人代理索赔时,该代理必须出示发货人或收货人的委托书,以证明这种赔偿请求权是合法的。委托书应该根据赔偿请求按铁路的法令和规章办理。

自赔偿请求提出之日(凭发信邮局戳记或铁路在收到提出的赔偿请求书出具的收据为凭)起,铁路必须在180天内审查此项请求,并对赔偿请求人给予答复。

2. **索赔的依据及有关文件**

索赔人在向铁路部门提出赔偿要求时,必须同时出具下列文件:

(1)一旦货物发生全部灭失,由发货人提出赔偿时,发货人应出具运单副本,如由收货人提出赔偿时,则应同时出具运单副本或运单;

(2)货物发生部分灭失或质变、毁损时,收货人、发货人均可提出索赔,同时应出具运单以及铁路到达站给收货人的商务记录;

(3)货物发生运输延误时应由收货人提出赔偿,并提交运单;

(4)对于承运人多收运送费用的情况,发货人可按其已付款额向承运人追回多收部分的费用,但同时应出具运单副本或铁路规定的其他有关文件。如由收货人提出追回多收费用的要求,则应根据其支付的运费为基础,同时还需出具运单。

在提出索赔的赔偿请求书上,除应附有运单或运单副本外,在适当情况下还需附商务记录,以及能证明货物灭失、损坏和货物价值的文件。

3. **索赔请求时效**

凡根据运输合同向铁路部门提出的索赔,以及铁路对发货人、收货人关于支付运费、罚款的赔偿要求应在9个月内提出,有关货物运输延误的赔偿,则应在2个月内提出。上述时效的计算方法是:

(1)关于货物损失或部分损失以及运输延误的赔偿,自货物交付之日起计算;

(2)关于货物全部灭失的赔偿,自货物按期运到后30天内;

(3)关于补充支付运费、杂费、罚款要求,或关于退还此项款额的赔偿要求,则应自付款之日起计算,如未付款之时,从货物付款之日起计算;

(4)关于支付变卖货物的货款要求,则自变卖货物之日起计算。

二、公路货损事故处理

(一)货损事故责任的确定

公路承运人对自货物承运时起至交付货物期间内所发生的货物灭失、损害是由于装卸、运输、保管以及交接过程中发生运输延误、灭失、损坏、错运等负赔偿责任。

1. **责任范围**

(1)货损。货损是指货物磨损、破裂、湿损、变形、污损、腐烂等。

(2)货差。货差是指货物发生缺少、失落、错装、错卸、交接错误等。

(3)有货无票。货物存在而运单及其他票据未能随货同行,或已遗失。

(4)运输过失。因误装、误卸,办理承运手续过程中的过失,或漏装过失等。

(5)运输延误。已接受承运的货物由于始发站未及时运出,或中途发生变故等原因致使货物未能如期到达。

造成货损差的其他原因,还有破包、散捆、票据编制过失等。

2. 免责范围

对下列原因造成的货损事故,公路承运人不承担赔偿责任:

(1)由于自然灾害发生的货物遗失或损坏;

(2)包装完整,但内容已短少;

(3)由于货物的自然特性所致;

(4)因根据卫生机关、公安、税务机关有关规定处理的货物;

(5)由托运人自行保管、照料所引起的货物损害;

(6)货物未过磅发生数量短少;

(7)承托双方订有协议,并对货损有特别规定者。

(二)货损事故记录的编制

货损货差商务事故记录的编制,一般根据下列要求进行:

(1)事故发生后,由发现事故的运送站或就近站前往现场编制商务记录,如果是重大事故,在有条件时还应通知货主一起前往现场调查,分析责任原因;

(2)如发现货物被盗,应尽可能保持现场,并由负责记录的业务人员或司机根据发现的情况会同有关人员做好现场记录;

(3)对于在运输途中发生的货运事故,司机或押运人应将事故发生的实际情况如实报告车站,并会同当地有关人员提供足够的证明,由车站编制一式三份的商务事故记录;

(4)如货损事故发生于货物到达站,则应根据当时情况,会同司机、业务人员、装卸人员编制商务记录。

(三)货损事故的赔偿

1. 赔偿处理手续

受损方在提出赔偿要求时,首先应做好赔偿处理手续,具体做法如下:

(1)向货物的发站或到站提出赔偿申请书;

(2)提出赔偿申请书的人必须持有有关票据,如行李票、运单、货票提货联等;

(3)在得到责任方给予赔偿的签章后,赔偿申请人还应填写"赔偿要求书",连同有关货物的价格票证,如发票、保单、货物清单等,送交责任方。

2. 计算货损差的不同情况

在计算货损差的金额时,主要有三种情况:

(1)发货前的损失,应按到达地当天同一品类货物的计划价或出厂价计算,已收取的运费也应予以退还;

(2)到达后损失,应按货物运到当天同一品类货物的调拨价计算赔偿;

(3)对价值较高的货物,则应按一般商品调拨价计算赔偿。

第三节　空运货损事故处理

一、航空货物索赔的含义

货物索赔是托运人、收货人或其代理人对承运人在货物运输组织的全过程中,所造成的货物毁灭、破损、遗失、变质、污染、延误、内容短缺等,向承运人提出索赔。

二、索 赔 人

有权提出索赔的人主要有以下两类:

(一)货运单上列明的托运人或收货人

托运人、收货人是指主运单上填写的托运人或收货人。向航空公司提出索赔的应是主运单上填写的托运人或收货人。客户或分运单上的托运人、收货人或其他代理应向主运单上填写的托运人或收货人提出索赔。

(二)持有货运单上托运人或收货人签署的权益转让书的人员

(1)承保货物的保险公司;

(2)索赔人委托的律师;

(3)有关的其他单位;

(4)集运货物的主托运人和主收货人。

如果收货人在到达站已将货物提取,则托运人将无权索赔。如托运人要求索赔的话,应有收货人出具的权益转让书。

三、索赔的地点和时限

(一)索赔的地点

托运人、收货人或其代理在货物的始发站、目的站或货损事故发生的中间站,可以书面的形式向承运人(第一承运人或最后承运人或当事承运人)或其代理人提出索赔要求。

(二)索赔的时限

(1)货物损坏(包括短缺)属于明显可见的索赔要求,应从发现时起立即提出并最迟延至收到货物之日起 14 天内提出。

(2)货物运输延误的索赔要求,在货物由收货人支配之日起 21 天之内提出。

(3)货物毁灭或遗失要求,应自填开货运单之日起 120 天之内提出。

任何异议,均按上述规定期限,向承运人以书面形式提出。除承运人有欺诈行为外,有权提取货物的人如果在规定时限内没有提出异议,将丧失对承运人诉讼的权利。

(4)关于提出索赔的货物,货运单的法律有效期为两年。

四、索赔所需的文件

索赔所需的文件主要有以下几种:

(1)正式索赔函 2 份(收货人/发货人向代理公司、代理公司向航空公司)。

(2)货运单正本或副本。

(3)货物商业发票、装箱清单和其他必要资料。

(4)货物舱单(航空公司复印)。

(5)货物运输事故记录(货物损失的详细情况和索赔金额)。

(6)商检证明(货物损害后由商检等中介机构所做的鉴定报告)。

(7)运输事故记录。

(8)来往电传。

五、理赔

(一)理赔的最高限额

受理赔偿的部门根据要求首先应备制有关文件,如货运单、舱单、货物事故调查报告等;其次提出合理的赔偿金额,如果货物没有办理声明价值,则承运人按照实际损失的价值进行赔偿,最高赔偿限额为 20 美元/kg;如托运人已办理声明价值并交付声明价值附加费,则赔偿金额已不超过声明价值为限。对已使用航段的费用不退还,但对未使用航段的运费应退还索赔人。

(二)理赔程序

(1)货物运输事故签证。当航空地面代理人在卸货时,发现货物破损,即由航空公司或航空公司地面代理人填写《货物运输事故签证》,这份签证主要是对目的站货物出现问题的一个证明。在填写这份签证之前,收货人需要进一步确定内装物的受损程度,可以同航空公司的货运人员共同开箱检查,确认货物的具体受损程度。在开箱检查时,会出现两种情况:一是外包装破损,内装物完好;二是外包装破损,内装物破损。在第二种情况时,又会出现由于货主没有按照航空货物包装的要求来进行包装,而导致的货物受损,这种情况就需要货主和承运人共同承担责任。这份证明要客观地描述货物出现的状况,尽量不要出现"短少"等模糊性词语。这份签证由航空公司的货运部门签发后,再由收货人签字,其中一份由航空公司留存,另一份由收货人留存。

(2)提出索赔申请书。自发现货物出现问题后,一定要按照公约规定的赔偿时限提出赔偿要求,需要向航空公司提出书面索赔申请书。

(3)航空公司审核所有的资料和文件。包括正式索赔函(2 份)、货运单证本或副本、货物商业发票、装箱清单、货物舱单、货物运输事故签证、商检证明、运输事故记录、来往电传等文件。

(4)填写航空货物索赔单。由航空公司填写航空货物索赔单,索赔人签字盖章,表明航空公司正式认可索赔的有关事项。

(5)货物索赔审批单。航空货物的索赔根据货物的金额不同,需要各级领导审批。

(6)责任解除协议。在索赔人收到索赔款时签署责任解除协议书,即放弃诉讼权及进一步索赔权。

(7)诉讼地点及时限。如托运人或收货人欲对承运人起诉,起诉地点应为承运人的所在地、或签约的所在地或目的地法院。诉讼应在航空器到达目的地之日起,或应该到达之日起,或运输停止之日起 2 年内提出,否则,便丧失诉讼权。

第四节 国际多式联运的货损事故处理

在国际多式联运全过程中,不仅使用两种或两种以上的运输工具来完成各区段的运输,而且要完成各区段不同运输方式之间的衔接、换装工作。因此,发生货损、货差等货运事故的可能性要比单一运输方式下大得多。

一、多式联运中的主要事故种类

国际多式联运中的主要事故有:货物破损、擦损、水渍损、汗渍损、污损、盗损,气温变化引起的腐烂变质、冻结或解冻损及其他原因引起的货物全损或灭失。

二、多式联运中货损事故处理的主要特点

(一)索赔与理赔的多重性

根据多式联运合同,多式联运经营人承担货物全程运输任务,对全程运输过程中发生的货物损害负责;而多式联运经营人为了完成全程运输任务,就需要与各区段的实际承运人建立分运合同,并与各区段衔接地点的代理订立代理合同,以实现各区段的运输。在货方投保全程运输险和多式联运经营人投保运输责任险的情况下,货损事故处理中索赔和理赔的次数还会增加,如货方已投保全程货物运输险,则多式联运经营人根据合同向受损人承担责任后、向保险人索赔,保险人理赔后,再根据分运合同向责任人索赔。

(二)多式联运经营人采用的责任形式对货损事故的影响

在统一责任制下,多式联运经营人要对运输全程负责;各区段的实际承运人要对自己承运的区段负责,无论事故发生在哪一个区段,都按统一的限额进行赔偿,这会造成在能够确知货损事故发生区段和实际责任人的情况之下,多式联运经营人按统一限额做出赔偿后,再向实际责任人追偿时得不到与理赔额相同的赔偿,特别是事故方发生在海运区段,而事故原因又符合海运公约规定的免责规定时,甚至得不到任何赔偿的局面造成不应有的损失。在网状责任之下,多式联运经营人对运输全程负责,各区段的实际承运人对自己承担的区段运输负责,在确知事故发生区段的情况下,多式联运经营人或实际承运人都按事故发生区段适用的国际公约或地区法律规定和限额进行赔偿。这样,多式联运经营人对货物的赔偿与实际承运人向多式联运经营人的赔偿都可以按相同的责任基础和责任限额进行。

(三)多式联运中对隐藏损害的处理

集装箱货物多式联运是由多种运输方式、多个实际承运人共同完成一票货物的全程运输,该运输过程中发生的货物灭失、损害有两种情况:一种能够确定货损发生的运输区段及负责人,另一种则不能确定,即为隐藏损害。无论发生哪一种损害,根据合同联运经营人均应承担

责任,但在隐藏损害发生,多式联运经营人对货物进行赔偿后,由于不能确定货损事故发生区段和实际承运人,可能会造成多式联运经营人独自承担赔偿责任的局面。因此,对隐藏损害的处理也成为多式联运事故处理的一个特点。

为了避免隐藏损害造成的联运经营人独自承担赔偿责任的情况,可采取的处理方式有两种:一种是联运经营人按统一责任制规定的限额对货方赔偿后,不再追究实际责任人,而由参加多式联运的所有实际承运人共同承担这些赔偿数额。这种做法很难被各实际承运人接受,所以很少在实际中使用。另一种做法就是假定该事故发生在海运阶段,这种做法一般要与联运经营人投保运输责任险相结合,多式联运经营人按统一责任制标准或网状标准向货方赔偿后,可从保险人处得到进一步的赔偿。而保险人能否得到进一步的赔偿,则是另外的事情。这种做法目前已得到各方面的认可,并应用于实际隐藏损害赔偿的处理。

三、国际多式联运中的索赔

(一)根据货损原因确定索赔对象

受损人在索赔时应首先根据货损造成的原因及有关合同情况确定实际责任人,并向其提出索赔。如果货物在目的地交货,收货人发现箱内所装货物与贸易合同规定有差距,数量不足,货物的品种、质量、规定与合同规定不符,由于货物外包装不牢或装箱不当使货物损坏,或未在合同规定的装运期内交货等情况,则收货人可以凭有关部门、机构出具的鉴定证书向发货人提出索赔。如果在目的地交货时,货物数量少于提单或装箱单上记载的数量,或货物的灭失或损坏是由于多式联运经营人免责范围以外的责任造成的,收货人或其他人有权提出索赔。对于投保的货物在保险人责任期间内发生的属于承包责任范围,保险人应予赔偿货物的一切灭失、损害,受损方均凭有关证明、文件和保险合同向保险公司提出索赔。

(二)索赔时应具备的单证

索赔时索赔方必须具备索赔申请书、运输合同及合同证明(运单或提单)、货物残损单及货物溢短单(理货单、重理单等)、货物残损检验证明书、索赔清单等单证和文件。另外,还应出具商业发票、损害修复用单、装箱单、拆箱单、卸货报告等其他可作为破损事故处理和明确责任方、责任程度的一切商务、运输单证。受损方为保护自己的利益应妥善保管、处理和使用这些单证、文件。在发生保险索赔时应出具保险合同等有关单据。

(三)索赔金额必须合理

(1)索赔金额应以货损的实际程度、数量及货物价格等因素为基础计算。

(2)必须考虑责任方在合同及相关法规中规定的责任限额,该限额是多式联运经营人和实际承运人对货损赔偿的最高限额。

(3)必须考虑责任方在合同及相关法规中的免责规定,符合免责规定的损害一般不能得到赔偿。

(四)索赔与诉讼必须在规定的时限内提出

根据国际多式联运公约,有关多式联运的任何诉讼,如果在两年期间没有提出,即失去时效。时效时间自多式联运经营人交付货物之日起次日开始计算。在货物交付之后6个月内,或货物应交付之日后 6 个月仍未交付的情况下,如果没有提出书面索赔通知,则诉讼在此期限届满后即失去时效。接到索赔要求的人可于以上的时效期内随时向索赔人提出书面申明以延长时效期间,这种期间可用一次申明或多次申明再度延长。

(五)诉讼与仲裁应在规定的地点提出

各种方式运输公约对提出诉讼和仲裁的货方地点都有明确的规定。如果某法院根据所在国家法律规定有权处理多式联运诉讼,且下列地点之一是在其管辖范围,则原告可选择这些地点的任一法院提起诉讼:被告的重要营业所或经常居所所在地,或订立多式联运合同的地点,或按合同规定接管多式联运货物的地点或交付货物的地点,或多式联运合同中为此目的所指定并在多式联运单据中载明的任何其他地点。

思考与练习

一、简答题

1.什么是货运事故?

2.简述海运事故提出索赔的原则和应具备的条件。

3.简述空运货损事故索赔的地点和时限。

4.编制商务记录的情况有哪些?

5.简述多式联运中货损事故处理的主要特点。

二、案例分析题

我国某船公司为国内一企业承运进口化学物品,承运人将其装于甲板上,但未在提单上注明"货装甲板"。因航行中天气恶劣,有一部分货物落入海中。当收货人向承运人索赔时,承运人称该货物属于甲板货,不属于承运人的责任范围,拒绝赔偿,试分析承运人是否应该赔偿收货人的损失,为什么?

三、实训

分组讨论以下案例,并写出结果和原因。

1.包装不善的责任承担

出口一批粉状商品,价格条件 CIF,投保一切险(ALL RISKS),纸桶包装,客户来信反映,货到目的地有 1/3 包装桶损坏,不能继续转运,也不能按此形状售出。客户在收货人仓库对已损坏的纸桶重新包装,花费了一批包装费用和人工费用。这些费用应由谁来负担?

2.运输过程中发生货物灭失的责任

托运人泰国曼德斯粮食公司出口一批大米,由承运人墨西哥政府商业海运公司班轮运输。货物装船后,承运人向托运人签发了海运提单,提单背面订有适用《海牙规则》的条款。但船在开航前发生火灾,致使货物受到损害,经调查,火灾的起因是由于经船长授权的雇佣人员在对排水管道加温时疏忽所致。托运人对未能交货造成的损失要求承运人赔偿。

问:承运人是否应承担赔偿责任?为什么?

3.货物运输途中造成质量问题的承担

印度国金狮股份有限公司向德国托马斯有限责任公司出口羊绒披肩,并签订了 FOB 合同。金狮股份有限公司在装船前向检验机构申请检验,检验结果是货物符合合同的质量要求。金狮股份有限公司在装船后及时向托马斯有限责任公司发出装船通知,但在海上航行中由于货物被雨水浸泡,质量降低。货物到达目的港后,托马斯有限责任公司要求金狮股份有限公司赔偿差价损失。

问:金狮股份有限公司是否应该对上述损失负责?

参考文献

[1] 中国国际货运代理协会. 国际货运代理理论与实务[M]. 北京:中国商务出版社,2007.

[2] 陈军,李海华. 国际货运代理实务[M]. 北京:科学出版社,2009.

[3] 孙家庆. 国际货运代理[M]. 大连:东北财经大学出版社,2010.

[4] 王明严,陈广. 国际货物运输实务[M]. 北京:中国经济出版社,2012.

[5] 刘大为,王金良. 国际货运代理实务[M]. 广州:华南理工大学出版社,2010.

[6] 王爽,王艳. 国际货物运输与代理实务[M]. 北京:中国水利水电出版社,2011.

[7] 李秀华. 国际贸易货代师[M]. 北京:中国劳动社会保障出版社,2011.

[8] 肖建辉. 国际货运代理实务[M]. 北京:清华大学出版社,2012.

[9] 宣玲玲. 国际货运代理实务[M]. 北京:电子工业出版社,2012.

[10] 师向丽. 国际货运代理实务[M]. 上海:上海财经大学出版社,2009.

[11] 孙家庆,杨旭. 国际货运代理风险规避与案例分析[M]. 北京:科学出版社,2009.

[12] 中国货代协会网. http://www.cifa.org.cn/index.asp.

[14] 刘小卉. 国际货运代理(第二版)[M]. 上海:上海财经大学出版社,2011.

[16] 赵加平. 国际货运及代理操作实务[M]. 北京:中国海关出版社,2011.

图书在版编目(CIP)数据

国际货运代理/向吉英主编. —2 版. —西安：
西安交通大学出版社,2017.8
ISBN 978-7-5605-6927-7

Ⅰ.①国… Ⅱ.①向… Ⅲ.①国际货运-货运代理-
教材 Ⅳ.①F511.41

中国版本图书馆 CIP 数据核字(2017)第 209909 号

书　　名	国际货运代理(第二版)	
主　　编	向吉英	
责任编辑	袁　娟	
出版发行	西安交通大学出版社	
	(西安市兴庆南路 10 号　邮政编码 710049)	
网　　址	http://www.xjtupress.com	
电　　话	(029)82668357　82667874(发行中心)	
	(029)82668315　82669096(总编办)	
传　　真	(029)82668280	
印　　刷	陕西奇彩印务有限责任公司	
开　　本	787mm×1092mm　1/16　　印张 15.875　　字数 379 千字	
版次印次	2014 年 2 月第 1 版　2017 年 8 月第 2 版　2017 年 8 月第 1 次印刷(累计第 2 次印刷)	
书　　号	ISBN 978-7-5605-6927-7	
定　　价	36.80 元	

读者购书、书店添货,如发现印装质量问题,请与本社发行中心联系、调换。
订购热线:(029)82665248　(029)82665249
投稿热线:(029)82668133　(029)82665379
读者信箱:xj_rwjg@126.com